JLA
図書館実践シリーズ ································

図書館と法

図書館の諸問題への法的アプローチ

改訂版増補

鑓水三千男 著

Japan Library Association

日本図書館協会

The regal approach to the problem of the library

(JLA Monograph Series for Library Practitioners ; 12)

図書館と法 ： 図書館の諸問題への法的アプローチ ／ 鑓水三千男著. － 改訂版増補. － 東京 ： 日本図書館協会, 2021. － 354p ； 19cm. － (JLA図書館実践シリーズ ； 12) － ISBN978-4-8204-2100-9

t1. トショカン ト ホウ a1. ヤリミズ, ミチオ
s1. 図書館－法令 ①011.2

まえがき

　図書館法は，1950年4月30日に公布され，同年7月30日に施行されました（第17条は翌年4月1日施行）。図書館法の制定に当たっては，文部省社会教育施設課が中心となって奔走し，省内も協力・助力を惜しまなかっただけでなく，連合軍総司令部の民間情報教育部も図書館法に深い関心を抱き，絶えず奨励や助言を与えたほか，日本図書館協会もまた終始これを支持していたとされています（山室民子「図書館法実施に際して」『図書館雑誌』第44年第4号，p.56，昭和25年4月20日）。図書館法の成立は，関係者の長年の熱い思いが実現された結果であり，これにより図書館の将来に大きな期待が持たれたことが窺われます。また，この当時から，図書館の発展のためには人材が重要であるとの認識が持たれており，当時の文部省社会教育施設課長は，上記の雑誌において「職員の制度をこの法により確立したのは道理に適ったことというべきでしょう」と述べています。

　ところで，図書館を取り巻く環境は，図書館法制定当時と大きく変わっており，そして，図書館に期待される役割もまた，時代の変遷と無縁ではありえません。この当時図書館法の制定に活躍した多くの方々が，成立以来「還暦」を迎えようとしている図書館法の下にある現在の公立図書館の状況，例えば，図書館への指定管理者制度の導入による民間事業者の経営参入や司書の配置が進んでいない市町村立図書館の現状を見たならば，

いったいどのように感じるのでしょうか。

　2007年11月に，地方分権改革推進委員会が「中間的な取りまとめ」を公表しましたが，その中で，第1次地方分権改革によって機関委任事務の廃止などの一定の成果が得られたものの，その後の時代状況の変化によって，地域間格差などの新たな課題が顕在化し，いまや根本改革によって分権型社会を創造するのでなければ，日本の未来はないとの認識を示しています。

　「中間的な取りまとめ」は，併せて，自治を担う住民・首長・地方議会の意識改革の必要性を強調し，自治体職員の資質向上を求めています。地方公共団体の自治権が拡大することは，住民・首長・議会議員・自治体職員がそれにふさわしく成熟し，資質能力を向上させることが不可欠であり，「仏の中に魂を入れる」ためにこれらの者が自ら自己改革を目指して研鑽を積む必要性があることを強調する内容となっています。

　市民も首長や議員に自治体のさまざまな課題をお任せするだけの存在ではなく，地域の課題を解決するために自ら考え自ら政策を提案することが求められています。すなわち，「公」を担うのは，首長・議員・自治体職員だけではなく，市民もまた責任ある「公」の担い手として登場することを分権型社会は求めているのです。

　例えば，地域医療，高齢者福祉をはじめ，経済状況の急激な変動に伴い発生した地域間格差の発生・拡大と自治体の崩壊の危機などのさまざまな課題について，市民一人ひとりが自分自身の問題として受け止め，その対策を考えていかざるを得ない状況が起きています。また，裁判員制度などに代表されるように，市民が法を身近に感ずる機会も増えています。こうした問題について市民があらためて学ぼうとするときに，その機会を

提供する施設の筆頭が図書館です。

　図書館は知の宝庫であり，情報の一大集積場でもあり，さらに図書館に備えられたネットワークを活用すれば，全国各地の図書館・大学・研究機関などから多種多様な情報を入手することが可能です。こうした機能を活用することで，市民は自らの知的活動を十全に拡大することができるようになります。市民は図書館を利用して，自らが知りたい情報を取得し，必要な研究を行い，地域の課題解決に必要な知識を得ることができるでしょう。

　また，図書館は生涯学習の重要な拠点であり，その機能を一層充実させることが特に公立図書館を設置する地方公共団体に求められているように思います。2008 年 6 月に社会教育三法が改正され，図書館法もその対象となっていますが，この改正は生涯学習の充実を図るとの観点から説明されているところです。ただ，今回の改正は，家庭教育の向上への関与・貢献の視点を図書館奉仕に加えるなど，やや異質とも思える要素も認められ，このように図書館をめぐっては新たな動きも出てきています。

　一方，不機嫌な時代を反映してか，利用者による問題行動も多く認められるようになり，図書館におけるさまざまなトラブルが顕在化しつつあります。図書館資料の長期独占，未返還，盗難などの「古典的」な迷惑行為のほかにも，ホームレスによる他の利用者との軋轢や，利用者による図書館職員に対する暴言等も珍しくないといわれています。こうした「病理現象」にも図書館職員は適切に対応することが求められるようになり，その負担は決して軽いものではありません。

　他方，公の施設として設置される公立図書館について，指定管理者制度の導入の当否が議論され，図書館の本来的機能に照

らして民間事業者による管理になじむものかどうか，との根源的な検討も依然として行わざるを得ない状況もまた，存続しています。

　このように図書館をめぐる状況は一様ではありません。市民から見た図書館と図書館職員の働く場としての図書館とでは，それぞれ異なる様相を呈するのであって，それぞれ異なる法的アプローチがありえます。図書館をめぐるさまざまな法的環境の変化を踏まえて，図書館と各分野の法との関係を原点に返ってあらためて整理しようとするのが本書の狙いです。すなわち，前段で「図書館をめぐる法的環境」について，図書館と憲法，地方自治法，図書館法などの関係を概説した後に，個別の問題について法的論点を整理しました。次に，後段で，図書館をめぐって多く発生することのある困難な問題について，Ｑ＆Ａの形でまとめてみました。

　この小稿は，「図書館実践シリーズ」の一つとして刊行されるものであり，図書館職員の方々を主たる対象としていますが，日々の業務において感じておられる問題点の解決のためにいささかでも参考になるのであれば，筆者の望外の幸せです。

2009 年 9 月

鑓水三千男

改訂版に際してのまえがき

　日本図書館協会から「図書館と法」を出版して 10 年が経過しました。筆者は，この本を出版したときは一地方自治体職員であり，しかも図書館に勤務したことがないにもかかわらず，無謀にも図書館と法に関するさまざまな問題について，自説を展開してまいりました。その責任上，北は北海道から南は沖縄まで研修講師のご要望があれば，その都度対応したつもりです。

　研修講師として臨んだ研修会ではほぼ例外なく，図書館をめぐる困難事案についてのご相談を受けていますが，日本図書館協会等から図書館の危機管理に関する参考資料が出版され，各図書館で危機管理に関するマニュアルの策定が求められているのもこうした状況と無縁とは思えません。こうした困難事案に対し，可能な限り具体的に解決のための一定の方向性をお示しすることも「図書館と法」の一つの目的でした。

　ところで，現在，各地域で導入が行われている指定管理者制度については，その法的問題点が，筆者から見て必ずしも納得のいく形で解消されているわけではないように感じています。すなわち，指定管理者制度の導入状況についてはいくつかの研究がありますが，法的視点から見て公立図書館に指定管理者制度がなじむのかどうかについて，あるいは，現行の法制度の中で整合性をもって説明できる制度なのかについて，必ずしも十分検討された見解が示されていないように感じています。加えて，前回の「図書館と法」では，指定管理者制度に関して必ずしも十分に筆者の見解を述べることができなかったように思えます。

　こうした諸点を踏まえて，今回，指定管理者制度に係る法的な疑問について若干の私見を加えることとしました。

その他にも，本書出版後に複数の方々から内容の不十分な点が指摘されましたし，図書館をめぐる法状況にもいろいろ変化がありましたので，機会があれば改訂したいと考えておりました。幸い，日本図書館協会の担当者の方から，初版が在庫僅少になっており，増刷したい旨の意向を示されましたので，この際，思い切って改訂をさせていただくことといたしました。

前述のとおり，図書館の専門家でもなく，研究者でもないずぶの素人である筆者が，図書館に関する法的な諸問題についての著書を出版すること自体，無謀な行為であることは重々承知しておりますが，図書館を愛する一利用者として，現場で図書館業務に携わる方々に少しでもお役に立てればという思いで，ここに改訂版をお示しいたしたく思います。

2018 年 7 月 　　　　　　　　　　　　　　　　　　　　　　　鑓水三千男

改訂版増補にあたって

2019 年，図書館を含む社会教育施設を地方公共団体の条例の定めにより，教育委員会から長部局の所管に移すことが可能となる「法改正」がありました。今回の「法改正」は地方分権改革の一環とされていますが，制度本来の趣旨に反して，国が一部の地方公共団体に働きかけて，当該団体から国に対して要望したように取り繕うという異例の展開の中で行われたのです。私は，社会教育施設の長部局への移管は不要であり，教育委員会のありようをも含めて，大いに問題すべきものと思っています。今回の増補はこの点に絞って，地方制度論とともに私見を述べようとするものです。

2021 年 3 月 　　　　　　　　　　　　　　　　　　　　　　　鑓水三千男

目　次

まえがき　　　iii

改訂版に際してのまえがき　　　vii

(I 部)　図書館の法的環境 ················· 1

●1章●　図書館と日本国憲法 ······················· 3

　1.1　はじめに　　3
　1.2　人権と図書館　　5
　　(1)　図書館と学問の自由　　5
　　(2)　図書館と知る権利　　6
　　(3)　図書館と参政権　　8
　　(4)　図書館と教育を受ける権利　　10
　　(5)　図書館と生存権　　11
　　(6)　図書館と幸福追求権　　12
　　(7)　図書館と法の下の平等（住民以外の利用関係）　　14
　　(8)　図書館と表現の自由　　16

●2章●　地方自治制度における公立図書館の
　　　　　法的位置 ·································· 21

　2.1　はじめに　　21
　2.2　組織法的視点　　21
　　(1)　図書館と地方自治法　　23
　　(2)　図書館と地方教育行政法　　24

目 次

2.3 行政作用法的視点　28

2.4 障害者差別解消法の図書館への影響　29

●3章● **図書館法と図書館**…………………………………… 34

3.1 基本的考え方　34

3.2 2008年の図書館法改正の概要　35

(1) 図書館が行う事業への追加　36

(2) 社会教育施設の運営能力の向上　36

(3) 専門職員の資質の向上と資格要件の見直し　36

3.3 改正図書館法に係る諸問題　37

(1) 司書の必要的設置　37

(2) 館長の司書資格　38

(3) 社会教育における学習の成果を活用して行う活動の
機会の提供　41

(4) 私立図書館に対する関与の強化　43

●4章● **図書館と地方自治法に係る法的諸問題**……49

4.1 公の施設としての図書館と図書館法上の図書館の
違いは何か　49

4.2 長が所管する図書館法上の図書館はありうるか　50

4.3 長部局で社会教育を担当できるか　52

●5章● **図書館資料滞納者に対しどう対応すべきか**…59

5.1 はじめに　59

5.2 図書館資料の滞納者に過料を科すことができるか　60

5.3 図書館資料の滞納者に教育委員会規則である図書館
管理規則で過料を科すことはできるか　63

5.4 図書館資料の滞納者から督促手数料を徴収することは
できるか　65

5.5 図書館資料の滞納者に過料を科し,督促手数料を徴収
することは,そもそも適当か　66

5.6 過料や督促手数料を科す方法のほか,図書館資料の
延滞についてどう対応すべきか　69

(1) 図書館資料の返却遅滞の場合の措置　69

(2) 利用者が返却したと主張している場合,または借りた
覚えがないと主張している場合の措置　72

(3) 返却に応じない利用者に対する措置−刑事告訴の
可能性　73

●6章● **図書館と委託制度・指定管理者制度** ⋯⋯⋯⋯ 78

6.1 はじめに　78

6.2 図書館と公の施設の管理委託制度　80

6.3 図書館と指定管理者制度−総論　82

6.4 図書館と指定管理者制度−各論　86

(1) 法的側面から　86

(2) 図書館の実質的な機能的側面から　102

6.5 図書館と指定管理者制度のそもそも論　108

6.6 図書館と指定管理者制度−その他の実務的諸問題　110

(1) 公の施設の設置の目的を効果的に達成するとは
どのような意味か　111

(2) 社会教育施設は指定管理者になじむか　112

(3) 図書館の非営利性と指定管理者の業務収益　114

(4) 指定管理者とその職員の適正労働　116

(5) 管理受託者の業務と責任の範囲　117

(6) 他の図書館との相互協力と指定管理者　119
(7) 学校や他の公共施設等との協力事業に対する影響　121
(8) 住民との関係　121
(9) 守秘義務の所在　122
(10) 貴重資料など公有財産の管理責任　124
(11) サービスに対するトラブル－国家賠償法との関係　128
6.7　指定管理者制度導入後の状況　130
6.8　市場化テストと図書館　133

●7章●　**図書館とPFI** ……………………………………155
7.1　PFI事業の背景　155
7.2　PFIによる図書館整備―桑名市の例で考える　158
7.3　PFI手法による図書館整備の問題点　164

●8章●　**図書館職員の法的性格** ……………………………169
8.1　図書館に司書を置かなければならないか　169
8.2　公立図書館に専任の司書が配置されない理由は
　　　何か　171
8.3　司書の専門性とは何か　178

●9章●　**資料選定・資料廃棄に係る法的諸問題** ……185
9.1　図書館資料の選定に住民の意思の反映はどこまで
　　　可能か　185
9.2　図書館資料選定の基準　189
9.3　資料廃棄の裁量－船橋市西図書館問題　191

●10章● **図書館の無料原則と受益者負担** ⋯⋯⋯⋯⋯ 199

10.1 図書館の無料原則の範囲　199
10.2 図書館をめぐる受益者負担の問題　200
(1) 集会室の利用　200
(2) 図書館資料の移動費用　202
(3) 外部データベースの利用　203

●11章● **図書館とプライバシーの保護** ⋯⋯⋯⋯⋯⋯ 207

11.1 捜査事項照会　207
11.2 マスコミによる取材と図書館　209
11.3 個人情報保護と図書館　212

●12章● **図書館を長部局に移管することの問題点** ⋯⋯⋯⋯⋯⋯⋯⋯⋯⋯⋯⋯⋯⋯ 221

12.1 はじめに　221
12.2 答申が主張する内容は適切か　222
(1) 中央教育審議会の答申に述べられた長部局への移管のメリット　222
(2) 立法事実は本当にあるのか　223
(3) 社会教育振興のために行うべきことは何か　225
12.3 社会教育施設の運営を長部局の職員が実行できるか　227
12.4 社会教育施設の長部局移管は執行機関多元主義の趣旨に反する　228
(1) 長部局による教育委員会支配を促進するのではないか　228

(2)　教育委員会は政治的に中立であるべきである　230

12.5　補助執行により長部局に社会教育機関を移管させる
　　　ことは脱法ではないか　231

(1)　補助執行の制度趣旨　231

(2)　補助執行制度の利用は脱法行為ではないか　232

12.6　教育委員会に求められる矜持　234

(1)　教育の本質　234

(2)　学校教育と社会教育は車の両輪ではないか　236

(3)　教育委員会に対する長支配　238

(4)　図書館は教育委員会が直営すべき　239

Ⅱ部　図書館サービスとトラブルQ&A …………247

Q1　図書館における問題行動に対処する基本的な
　　考え方はどうあるべきでしょうか? …………………248

Q2　図書館におけるクレーマーに対応するために
　　録音したいのですが,問題はありませんか? ……………255

Q3　図書館における貸出の法的性格を説明してください …257

(1)　図書館資料の貸借の法的性格　257

(2)　貸出は公の施設の利用そのもの　259

(3)　図書館の利用関係に私法が適用される場合　261

Q4　図書館資料を汚損,破損,紛失した場合の賠償の
　　方法と限界について教えてください …………………263

(1)　汚損・破損の態様　263

(2)　賠償の根拠　263

(3) 賠償の方法　264

(4) 賠償の限界　265

Q5　図書館使用者が貸出登録をする場合の制限の
　　　可否と限界はありますか?…………………………………268

(1) 図書館利用者の貸出登録の原則　268

(2) 登録の限界－図書延滞者等に対する措置　271

Q6　迷惑利用者を館外に退去させる法的根拠を
　　　教えてください…………………………………………………274

(1) 館内で迷惑行為を行う者　274

(2) 図書館利用以外の目的での来館　278

(3) 必要な措置と根拠　285

Q7　特定の利用者に貸出を制限できる根拠はありますか? …288

(1) はじめに　288

(2) 返却期限を遵守せず,督促しても容易に返却しない者　288

(3) 配架されるのを待って何度も同じ資料を借りていく
　　　利用者・同じ資料を何度も借り直して長期間独占
　　　する利用者　289

(4) 自動貸出停止の問題点　291

Q8　資料のリクエストを拒否できる根拠はありますか?……293

(1) リクエストによる相互貸借の恣意的利用　293

(2) 相互貸借と受益者負担　295

(3) 高価な図書館資料の購入要望　297

(4) 同じ資料の予約,キャンセルを繰り返す利用者　299

(5) リクエストと裁判－熊取図書館事件　301

Q9　館内外で事故が起きたとき,賠償責任の及ぶ範囲は
　　　どうなるでしょうか?………………………………………310

(1) はじめに　310

(2) 図書館開館時に利用者が殺到し転倒した場合　310

(3) 館内で子どもが走り回り,子ども同士がぶつかって
    怪我をした場合　311

(4) 館内で盗難事件が発生した場合　312

(5) 自転車置き場で利用者の自転車にいたずらされた
    場合　314

(6) 図書館の入口につながれた利用者のペットの犬が
    咬傷事故を起こした場合　315

Q10 複製機器の利用に関するトラブルへの対処法を
    教えてください……………………………………………318

(1) はじめに　318

(2) 利用者から図書館資料の複製サービスの範囲や
    部数について苦情が寄せられている場合　318

(3) 複製サービスの仕上がりが悪いとのクレームが
    あった場合　320

(4) 利用者が一般の書店では入手不可能な資料を
    全部複製したいと申し出た場合　321

(5) 「図書館資料は図書館内では全部複製ができないのに,
    館外では事実上野放しである。それであれば,図書館内
    でも全部複製を認めるべきだ」と主張された場合　323

(6) デジタルカメラで図書館資料を複製している者に
    対する措置　325

Q11 減価償却を理由に図書館資料の弁償に応じない者
    への対処法を教えてください………………………………331

Q12 集会室の利用を特定の団体が独占し,その他の団体の
    利用を制限できますか?………………………………………333

(1) 集会室が公の施設として設置された場合　333

(2) 集会施設が行政財産として管理されている場合　334

c o n t e n t s

Q13　図書館に監視カメラを設置して問題は
　　　ないでしょうか? ……………………………………………335

あとがき　　338
改訂版へのあとがき　　341
索引　　344

第 Ⅰ 部

図書館の
法的環境

図書館職員の方々が参照する法令といえば，図書館法や図書館関係の文部科学省の告示などが最も親和性のあるものでしょうが，意識していようとしていまいと，図書館は多くの法令と密接な関係を有しながら存在しています。

　例えば，図書館法制定の直接の根拠は社会教育法第 9 条第 2 項ですが，その社会教育法の上位法は教育基本法であり，さらにその淵源は日本国憲法に求めることができます。日本国憲法の具体的な条文中に「図書館」という文言はありませんが，図書館の果たす社会的機能は日本国憲法と無縁ではありません。

　また，図書館法第 2 条によれば，図書館法で想定している「図書館」の設置主体は，地方公共団体，日本赤十字社または一般社団法人もしくは一般財団法人（従前は，民法第 34 条の規定により設立された財団法人または社団法人でしたが，民法に基づく公益法人の制度が廃止され，「一般社団法人及び一般財団法人に関する法律」が制定された結果，2006 年 6 月に，図書館法もこのように改正されたもので，施行は 2008 年 12 月 1 日）ですが，このうち，市民にとって最も身近な図書館は地方公共団体によって設置される公立図書館でしょう。公立図書館は「公の施設」として設置されますので，地方自治法が深く関係してきます。

　このように，図書館をめぐってさまざまな法令がかかわってきますので，論を進めるにあたって最初に図書館をめぐる法的環境を整理しておきたいと思います。

1章 図書館と日本国憲法

1.1 はじめに

　上述したように，日本国憲法の具体的な規定中に「図書館」という文言はありません。しかし，日本国憲法の掲げる価値観と図書館の果たすべき機能は根底で深くかかわっているということができます。言い換えれば，図書館に期待されている諸々の機能は，日本国憲法が保障している基本的人権と密接な関係を有しているということです。

　日本国憲法は，1946年11月3日に公布され，翌1947年5月3日に施行されました。憲法は，国の最高法規であり，国の法令体系の頂点に立つものであって，憲法の条規に反する法律および政令・省令ならびに地方自治体の条例・規則はその効力を有しないことはいうまでもありません。そのため，日本国憲法に適合するように多くの法律もこの時期に整備されたのですが，その最も重要な法律の一つに教育基本法があります。その立法の精神は，制定当時の同法の前文に高らかに謳われています。

　　「われらは，さきに，日本国憲法を確定し，民主的で文化的な国家を建設して，世界の平和と人類の福祉に貢献しようとする決意を示した。この理想の実現は，根本において教育の力にまつべきものである。

われらは，個人の尊厳を重んじ，真理と平和を希求する
人間の育成を期するとともに，普遍的にしてしかも個性ゆ
たかな文化の創造をめざす教育を普及徹底しなければなら
ない。
　ここに，日本国憲法の精神に則り，教育の目的を明示し
て，新しい日本の基本を確立するため，この法律を制定す
る。」[1]

　教育基本法は，憲法の理念を具体的に実現するためには教
育が重要であるとの認識を踏まえて，新しい日本の教育の目
的を示したものですから，その価値観は日本国憲法と軌を一
にするものです。教育基本法を「準憲法」と評価する学者も
いるほどです[2]。教育基本法は 2006 年 12 月にその全部が改
正されましたが，改正前の教育基本法第 7 条第 2 項では，「国
及び地方公共団体は，図書館，博物館，公民館等の施設の設
置，学校の施設の利用その他適当な方法によって教育の実現
に努めなければならない」として，図書館が日本国憲法の理
念を実現するための「教育」の場として想定されていること
が明らかにされています[3]。

　それでは，図書館は日本国憲法の掲げる価値や理念のどの
部分にかかわってくるのでしょうか。具体的には，図書館は，
日本国憲法の保障する基本的人権の実現のための基盤を用意
するところにあるといってよいでしょう。この点については，
塩見昇大阪教育大学教授（当時，元・社団法人日本図書館協会理
事長）が明確に整理されておられますので[4]，基本的にこれ
に準拠しながら，若干の補足を試みたいと思います。

1.2 人権と図書館

人権は，大別して，自由権，参政権，社会権に分けることができるとされています[5]。

自由権は，国家が個人の領域に対して権力的に介入することを排除して，個人の自由な意思決定と活動を保障する人権です。言い換えれば，国家に対し不作為を求める権利ということができます。

参政権は，国民として国家の意思の形成に参画する権利，簡単にいえば政治に参加する権利ということができます。この政治参加は，主として議会の議員の選挙権・被選挙権を通じて達成されることとなります。

社会権は，福祉国家の理想に基づき，特に社会的・経済的弱者を保護し，実質的平等を実現するために保障されるに至った人権です。自由権が国家に対し不作為を求めたのに対し，社会権はより積極的に，国家に対し一定の行為を要求する権利，すなわち作為請求権として構成されています。ただし，社会権は国に対して憲法上の規定を根拠にして具体的な請求権を規定しているというよりは，プログラム規定として，これらの社会権をより具体化するための法整備を求めるという意味があるとされています。

図書館は，これらの各権利の実現のために必要な施設として位置づけることができます。詳述すると次のようになります。

(1) 図書館と学問の自由
学問の自由の内容としては，学問研究の自由，研究発表の

自由，そして教授の自由の3つがあるといわれています[6]。学問の自由とは，国家権力が学問研究，研究発表，学説内容などの学問的活動を弾圧したり，その成果について発表を禁止することは許されないとするものです。このように説明すると学問の自由とはもっぱら大学における学問研究の自由等を意味するとも解されますが，それだけではありません。すなわち，学問研究は大学だけのものではありませんし，専門的な研究者のためだけのものでもありません。国民が在野で学問し研究する場合にも，その保障は当然に及ぶものです。

　ところで，図書館との関係はどのように整理することができるでしょうか。

　国民は，生涯学習の一環として，また，政治参加や社会活動の一環として，自らの自由な意思により自主的に研究し，学問し，真理を探究することがありますが，その際に必要な資料を収集し，既存の学問研究の成果を活用するために利用することができる最も身近な施設は図書館でしょう。図書館は，各種情報の宝庫であり，さまざまな分野の知的活動の成果を収集し，整理し，保存し，提供する機能を通じて，市民の学問研究に貢献することが想定されているのです。

(2)　図書館と知る権利

　日本国憲法上，知る権利を正面から保障した規定はありません。しかしながら，日本国憲法上知る権利が国民の基本的人権として認められているということを否定する学者・研究者はいないでしょう。国民の知る権利は，憲法的な議論における沿革上は報道の自由の保障との関係であらわれました。いわゆる博多駅テレビフィルム提出命令事件最高裁決定（昭

和44年11月26日大法廷）は「報道機関の報道は，民主主義社会において，国民が国政に関与するにつき，重要な判断の資料を提供し，国民の『知る権利』に奉仕するものである。したがって，思想の表明の自由とならんで，事実の報道の自由は，表現の自由を規定した憲法21条の保障のもとにあることはいうまでもない」と判示して，知る権利に言及しています。

　こうして知る権利は，報道の自由・表現の自由をはじめとした精神活動に関する基本的人権保障の不可欠の前提となる一方で，その後現代的な政治状況やコミュニケーション状況に照らした現代的な位置づけをされるに至っています。すなわち，マスメディアや国家機関による情報の寡占化・独占化により，一般の国民が必要な情報にアクセスすることができない中で，政治的・社会的・公的な関心事項に国民が積極的に参加するためのツールとして，これらに対する情報を収集するための情報開示請求権として主張されるに至っています。

　各地方公共団体が制定した情報公開条例では，市民の「知る権利」に奉仕するものとして「情報開示請求権」を明確に規定する例が多くなっていることはご承知のとおりです。

　ただし，図書館との関係で知る権利を論ずるとき，こうした意味での情報開示請求権を意味するものではありません。むしろ，国民がさまざまな情報を入手しようとするときの手段として，図書館に集積されている各種の資料や情報が国民の知る権利の実現に貢献するということになります[7]。言い換えれば，図書館が国民の知る権利に奉仕するということは，可能な限り多様な社会的・政治的・経済的・文化的立場の情報を収集し，これを利用者の利用に供するということです。この結果，国民は，図書館を通じてその必要とする資料を自

らの判断により入手することができるようになります。こうした機能を果たすことが期待される図書館，特に公立図書館には，特定の主義主張や立場に偏った資料ではなく，多様な価値観を反映した資料収集を行うことが求められるものと考えます。換言すれば，多様な価値観の確保が図書館の大きな役割ということになります。

こうした観点からは，1973 年 8 月に明るみに出た山口県立山口図書館図書隠匿事件[8]や 2005 年 7 月に最高裁判所で判決のあった船橋市西図書館蔵書廃棄事件[9]は，図書館の自殺ともいうべき，あってはならない事件といえるでしょう[10]。

(3) 図書館と参政権

参政権は国民が国政に参加する権利であり，この政治参加は，主として議会の議員や地方公共団体の首長の選挙権・被選挙権を通じて達成されます。このほか，国民投票や住民投票[11]における投票を通じて参加する場合も含まれます。

こうした参政権を国民が適正に行使するためには，投票等の権利行使に際して十分な判断材料が提供されていることが必要です。このことは既に述べたように，国民の知る権利が認められる理論的背景でもあります。国民の知る権利は，国や地方公共団体等の保有する行政情報等の開示を求める権利として現代的意義を持つと同時に，図書館との関係でいえば，いつでも図書館を通じて社会・経済・政治・教育等広範な分野の情報が入手できる基盤を整備することによって実質的に保障されるという側面を持ちます。

図書館は，国民が参政権を行使するためさまざまな情報を入手しようとするときに，最も頼りになる身近な施設です。

すなわち，図書館法第3条は，図書館奉仕のため，第1号で「郷土資料，地方行政資料……を収集し，一般公衆の利用に供すること」と規定し，第7号で「時事に関する情報及び参考資料を紹介し，及び提供すること」と規定し，さらに同法第9条は都道府県の設置する図書館に対し官報等の国立印刷局の発行する刊行物の提供する旨を規定しており，図書館がこれらの資料を収集整理して，国民の参政権を実効あらしめるための各種の資料や情報を提供する施設として機能することを明らかにしています。

　特に，地域を二分するような大きな社会的・政治的事件が発生した際に賛成派・反対派から配布される膨大なビラやチラシなどは貴重な郷土資料になりうるもので，それを収集保存する作業は図書館にこそ期待されている事務です。これらの資料が後日住民の閲覧に供されることで，当該地域のありようを検証する貴重な契機となり，住民の将来的な意思決定（参政権の行使）に際しての判断材料になりうるものです。

　こうした郷土資料の収集，整理，保存は地味な作業ですが，これこそが地域における情報の拠点あるいは知の宝庫として，図書館が積極的に取り組むべき事業ではないかと考えられます。公文書館は公文書を収集，整理，保存しますが，公文書以外のいわゆる地方文書は図書館法第3条の規定する郷土資料として図書館が積極的に収集すべきと考えます。郷土資料の収集には，地元住民との信頼関係を構築することが必要不可欠であり，しかも長期にわたる地道な努力が求められる作業です。レファレンスサービスなどと並んで，公務員である図書館職員が最も能力を発揮できる場面であり，指定管理者制度を導入した図書館には遠く及ばない事務事業と考えます。

(4) 図書館と教育を受ける権利

　教育を受ける権利は，社会権の一つとして位置づけられています。その条理的な根拠についてはさまざまな考え方がありますが，少なくとも3つの要素が含まれているといわれています [12]。

　第1に生存権（経済的権利）的要素です。教育を受ける権利は，憲法第25条の生存権の文化面へのあらわれであって，すべて国民がその生活能力の基になる教育を低廉な費用で受けられるように，国家に「教育の機会均等化」のための経済的配慮を要求する権利であるとする考え方です。この考え方では，奨学制度の充実や教育費の公費負担，私学への助成制度などを推進することが国家による教育を受ける権利の具体的な実現となります。

　第2に公民権（政治的権利）的要素です。国民主権と国民教育との結びつきを重視し，国民が真に国民主権の担い手として成熟するために，憲法理念に即した教育を受ける権利を国家に対し要求することができることとしたとする考え方です。

　第3に学習権（発達権）的要素です。これは，すべて国民は生まれながらにして教育を受けて学習し人間として成長・発達していく権利を有しており，国家に対して積極的な条件整備を要求することができると構成する考え方です。教育条件の整備という観点からは教育を受ける権利を学習権的に構成することが適当であると考えられます。

　憲法第26条第1項は，「すべて国民は，法律の定めるところにより，その能力に応じて，ひとしく教育を受ける権利を有する」と規定しています。この規定中の「教育」とは，典型的には，学校による教育を意味しますが，それのみに限る

わけではありません。いわゆる社会教育も含まれます。また，「教育を受ける権利を有する」とは，国は，そうした権利を実現できるよう必要な措置を講ずべきであるという意味と理解されています。

　具体的には，国は各種の学校を設けて学校教育制度を整備する義務があり，また，社会教育を助成し，図書館，博物館，公民館等の施設の設置，学校の施設の利用その他適当な方法によってその実現に努める義務があるといわれています[13]。

　このように，教育を受ける権利は，社会教育の場面にあっては，図書館をはじめとする社会教育施設の整備と相まってまっとうされるべきものと考えられます。とりわけ，高齢化が進む現在，職業生活から引退した高齢者が知的好奇心を満足させるために図書館を積極的に利用しているという現状があり，その高齢者の知的向上心に奉仕するために，従前以上に図書館が機能することが期待されています。

(5)　図書館と生存権

　憲法第25条第1項は，「すべて国民は，健康で文化的な最低限度の生活を営む権利を有する」と規定しています。この生存権の保障は，社会権の典型的な権利であり，原則的な権利です。国民は誰でも，人間に値する，人間の尊厳にふさわしい生活をする権利を有するものであり，これを保障することが国の義務であり，そのために必要な措置をとる責任を有することを意味します。

　これを受けて，生活保護法，児童福祉法，老人福祉法等の社会福祉諸法，国民健康保険法，国民年金法，厚生年金保険法等の社会保険諸法が制定されていることはご承知のとおり

です。このほか，環境関係の諸立法，公衆衛生に関する諸立法も生存権を実質的に支える法制度として整備されているのです。すなわち，生存権の保障は，主として，社会福祉，社会保障および公衆衛生の分野で「人間らしい生存」を国家に求めていると解されています。

それでは図書館との関係はどうでしょうか。上述のとおり，教育を受ける権利の要素として，生存権の文化的側面を強調する見解があり，これによれば，図書館も生存権と無縁ではないといえるのかもしれません。

ただし，いかに生存権の文化的側面を強調したとしても，憲法第25条第1項を直接の根拠として，例えば図書館未設置市町村の住民が当該市町村を相手に「身近に図書館がなくて日常的に図書館を利用できないことは，文化的で最低限度の生活を保障する憲法第25条第1項に違反する」として図書館の設置を求めることまでは許容されないというべきでしょう。憲法の生存権保障は，いわゆる「プログラム規定」と解されているからです。すなわち，「文化的で最低限度の生活」を営み得ないとする国民が，この条文を直接の根拠として国や公共団体に具体的な生活上の給付を求めることができるのではなく，立法機関がこのプログラムを現実のもの（国民に具体的な権利を発生させる根拠となる法律）につくりかえるまでは，具体的な義務は発生しないと考えられています。

(6) 図書館と幸福追求権

図書館法第2条は，図書館の目的の一つとして「レクリエーション」に資すると規定していますので，これを憲法の保障する基本的人権の一つの発現としての余暇享受権を具現化

するものと理解する見解があります[14)]。

　確かに，図書館法第3条第1号にも図書のほかレコード，フィルム等との収集にも十分留意する旨規定されていますし，多くの住民は，その成果としての図書館資料から小説やエッセイなどのほか，音楽CDやビデオテープなどを借り出し，これを楽しんでいるのですから，住民のレクリエーションへの貢献は無視できない重要な機能であるに違いありません。

　なお，余暇享受権が憲法の保障する幸福追求権として認知されているかどうかは，必ずしも明確ではありません。日本国憲法は第14条以下に具体的な人権規定を置いていますが，これらは歴史的に国家権力から侵害されることの多かった人権を列挙したもので，すべての人権を網羅的に列挙したものではありません。社会状況の展開によって，新しい人権を保障すべき法的な利益があれば，追加することを躊躇すべきではなく，その場合の憲法上の根拠がこの幸福追求権ということができます。言い換えれば，幸福追求権は，個別の基本的人権を包括する基本権というべきもので，個別の人権が妥当しない場合に，第13条が適用されることになります[15)]。

　これまで，例えば環境権，眺望権，入浜権，プライバシー権，嫌煙権等が新しい人権として主張されてきました。このうち，裁判で正面から認められたものはそれほど多くはないのですが，余暇享受権についても，「世界人権宣言」や「国際人権A規約（経済的,社会的及び文化的権利に関する国際規約)」などで触れられていますので，そう遠くない時期に，人間らしい生活を送るために不可欠の新しい人権として認められるかもしれません。そうすると，図書館はレクリエーションにも資する施設として位置づけられていますので，図書館もこ

の視点から新たな取り組みが求められることになる可能性も
あるでしょう。特に，より人間らしい生活が望まれ，長時間
労働の問題点が指摘され，働き方にも多様性と余裕を持つべ
きとの議論が行われる昨今，図書館も余暇享受権の実現に積
極的に貢献すべきとの意見があっても不思議ではありません。

(7)　図書館と法の下の平等（住民以外の利用関係）

　そのほか，図書館の利用関係の中で，憲法の規定ないし趣
旨が引用される場合として，法の下の平等を規定している憲
法第 14 条の規定があります。具体的には，公立図書館にお
ける住民以外の利用をどう評価するかという問題です。

　公立図書館は，地方公共団体が住民の福祉の増進を目的に
設置する施設ですから，地方自治法第 244 条に規定する公の
施設に該当します。ところで，地方自治法第 244 条第 2 項で
は「普通地方公共団体は，……正当な理由がない限り，住民
が公の施設を利用することを拒んではならない」旨規定し，
同条第 3 項では普通地方公共団体は住民が公の施設を利用す
ることについて不当な差別的取扱いをしてはならない旨規定
しています。これらの規定は，公の施設を設置した普通地方
公共団体と当該普通地方公共団体の住民間の関係を規定した
ものです。したがって，これらの規定は，当該地方公共団体
の住民以外の者に対し，当然にその住民と同様の利用権を保
障するものではありません。

　しかしながら，上述したように，公立図書館が憲法で保障
する各種の基本的人権と深いかかわりを有する施設であり，
その機能は地方公共団体の地域を越えて発揮されることが望
ましいことを併せ考えるとき，事情の許す限り，公立図書館

を設置した地方公共団体の住民以外の者にも，憲法第 14 条の趣旨を踏まえて，住民と同様の取扱いをして，利用を認めていくことが適当であると考えられます[16]。

　なお，最近，図書館および図書館員に対し理不尽な要求や暴力的な行動をとる「図書館クレーマー」が増えているといわれています。こうした困った利用者に対しては，図書館長は，公物警察権に基づき，館内の秩序を維持して他の図書館利用者の利用権を保障するために，退館を命じ，または図書館の利用を制限することがあります。いずれの図書館でも，この旨の規定を教育委員会規則である図書館運営規則に定めているのが通常です。

　この措置は，一見すれば，住民の図書館利用権を制限するものですが，その法的根拠は，地方自治法第 244 条に求めることができます。同条第 2 項は「普通地方公共団体（次条第 3 項に規定する指定管理者を含む。次項において同じ。）は，正当な理由がない限り，住民が公の施設を利用することを拒んではならない」と規定しており，その反対解釈として，正当な理由があれば，住民の公の利用権を拒否することができることとなります。したがって，図書館長が行う図書館利用者に対する権利制限は，正当な理由があれば実施可能であって，憲法が定める平等取扱い原則に抵触しないということになります。

　この公物警察権に基づく秩序維持権限の行使は，地方自治法上認められた公の施設に関する住民の利用権を制限することとなりますので，行政処分であり，公権力の行使にあたりますから，公務員以外の者が行使することができないものです。この点については再述しますが，指定管理者の選任した図書館長以下の職員が秩序維持権限を行使できないというこ

とは，図書館に指定管理者制度が導入できないと解する大きな根拠になりえます。

(8)　図書館と表現の自由

　図書館に収蔵された図書館資料の著作者にとっては，思想の自由・表現の自由の発露として，当該図書館資料が著述されたものですから，これを図書館員がその個人的な好みにより，恣意的に廃棄することが許されないのは，船橋市西図書館事件で裁判所により示されたとおりです。

　問題は，図書館利用者に憲法が保障する基本的人権としての表現の自由が認められるかという点です。この問題については，松井茂記大阪大学名誉教授が「表現の自由が保障されても，その表現を受け取り，表現に接する自由が保障されていなければ，表現の自由の保障の意味がない」[17]として図書館利用者に表現の自由を認めています。また，「図書館の利用者には，その利用の制限を憲法21条の保障する表現の自由に含まれる，図書館で情報を受け取る自由の侵害として争うことができると考えるべきである」[18]とも主張しています。

　しかし，松井教授の主張は，地方公共団体が設置する公の施設という立場からの論説ではなく，一般的抽象的な図書館の役割を論じているものであって，そこで特定の図書館利用者の人権は論じられていても，他の利用者の利用権との調整という視点は入っていないようです。また，同教授が援用している最高裁判所の判例[19]は未決拘禁者新聞閲覧に係る制限に関するものであり，その中では「新聞紙，図書等の閲覧の自由が憲法上保障されるべきことは，思想及び良心の自由の不可侵を定めた憲法19条の規定や，表現の自由を保障した憲

法 21 条の規定の趣旨，目的から，いわば派生原理として当然に導かれるところであり」と原則を述べており，当該事案については旧監獄法[20]に基づく閲覧制限は合理的な理由があるから憲法違反ではないと結論づけています。

　確かに最高裁判所は，図書等の閲覧の自由を表現の自由の派生原理として認めていますが，筆者は，図書館利用者の諸権利のうち表現の自由はより直截に知る権利の問題として構成すべきではないかと考えています。

　すなわち，表現の自由を受け手から見たときに，憲法上の権利として構成されるのが知る権利ではないでしょうか。憲法で保障される表現の自由は，これまで発信者からの立場で議論されてきており，松井教授のほか，必ずしも受け手からの視点はなかったように思われます。しかし，表現の自由も，なるほど受け手が公権力から不当な制約状態に置かれれば，意味を失うこととなりますので，受け手の視点からの表現の自由も重要な課題でしょう。ただし，図書館資料の著者が，その思想的傾向のゆえに図書館から恣意的な廃棄の対象となったりして不当な措置を受けたときは，表現の自由の侵害になりうることは争いがないと考えますが，その図書館資料の不当な廃棄によって図書館利用者がただちに「表現の自由・思想の自由」の被侵害者となるかについては，議論があると思われます。

　図書館において収集された図書館資料を不当に廃棄，隠匿その他の方法により図書館利用者の利用に供されない場合には，図書館利用者の知る権利の侵害になるとは思いますが，ただちに表現の自由の侵害になるかどうかは，筆者は疑問に思っています。図書館利用者は，表現の自由の視点から反射

的な利益を受けるのであり，ただちに表現の自由の被侵害者とはいえないように思われるのです。この場合には，知る権利の侵害を受けたと構成することで，利用者の法的利益の保護は，必要十分ではないでしょうか[21]。

とりわけ，利用者の立場からの表現の自由の有無については，いわゆるホームレス問題との関係で議論になりうるので，これについては，後述します。

なお，著作者に表現の自由があるからといって，図書館に対し自分の著書を収蔵するよう請求する権利があるわけではありません。図書館資料の選定は，図書館司書がその専門性に基づき（通常は，図書選定委員会等の内部組織の議論を経て）行われるものであり，法的には図書館長の裁量に属するといえるからです。

注

1) 教育基本法は，2006 年 12 月 22 日にその全部が改正され，その結果，前文も以下のように改正されたが，ここでは制定当時の前文を掲げることとする。改正前の前文こそが教育基本法制定当時の認識をより的確に表現していると考えるからである。

「我々日本国民は，たゆまぬ努力によって築いてきた民主的で文化的な国家をさらに発展させるとともに，世界の平和と人類の福祉の向上に貢献することを願うものである。

我々は，この理想を実現するため，個人の尊厳を重んじ，真理と正義を希求し，公共の福祉を尊び，豊かな人間性と創造性を備えた人間の育成を期するとともに，伝統を継承し，新しい文化の創造を目指す教育を推進する。

ここに，我々は，日本国憲法の精神にのっとり，我が国の未来を切り拓く教育の基本を確立し，その振興を図るため，この法律を制定する。」

2) 有倉遼吉「教育基本法の準憲法的性格」有倉遼吉編『教育と法律』

1961，p.12～13

3) 改正後の教育基本法では，社会教育に関する規定は第12条に移され，その第2項に次のように規定している。

　　「国及び地方公共団体は，図書館，博物館，公民館その他社会教育施設の設置，学校の施設の利用，学習の機会及び情報の提供その他の適当な方法によって社会教育の振興に努めなければならない。」

　　この規定により改正前の第7条第2項の規定の趣旨は維持されている。加えて，国および地方公共団体に対しより積極的に社会教育の実施を求めているとも受け止められ得る規定内容になっている。

4) 塩見昇・山口源治郎編著『図書館法と現代の図書館』日本図書館協会，2001，p.23

5) 芦部信喜『憲法　第三版』岩波書店，2002，p.81

6) 芦部信喜，前掲書，p.156

7) 図書館法第9条は，国（政府）や地方公共団体に対し公立図書館に公の出版物を提供する旨規定し，公立図書館の資料収集に資することとしているのも，国民の知る権利に奉仕する図書館の機能を踏まえてのことと考えられる。塩見昇，前掲書，p.26

8) 山口県立図書館の資料整備課長が家永三郎，小田実，吉本隆明，宮本顕治らのいわゆる左翼的な知識人と呼ばれる著者の著書などを中心とする約50冊の図書を「政治的思想的に好ましくない」「公序良俗に反する」としてダンボールに詰めて書庫の奥に放置した事件をいう。

9) 船橋市立西図書館の司書が，西部邁，渡辺昇一や「新しい歴史教科書をつくる会」のメンバーの著書など約100冊もの大量の書籍を，船橋市図書館資料除籍基準に該当しないのにもかかわらず，個人的な好き嫌いの判断によって廃棄したとされた事件である。

　　最高裁判所の判決の概要およびこれに対する評釈としては，中林暁生「公立図書館による図書廃棄と著作者の表現の自由」『ジュリスト平成17年度重要判例解説』p.17

　　なお，最高裁判所の判決は，東京高等裁判所の判決を破棄し差し戻した。これを受けて東京高等裁判所は，2005（平成17）年11月に最高裁判所とほぼ同様の判断に基づく判決を下しており，この判決に対して最高裁判所が上告不受理の決定を下したことで，2006（平成18）年4月に確定している。

10)　馬場俊明「『図書館の自由』の真価が問われている－船橋市西図書館蔵書廃棄事件におもう」『三角点』甲南大学文学部図書館学研究室, 第16号, 2005, p.13～

11)　最近, 地方自治体がその自治体にとってきわめて重要な事項に住民の意思を直接反映させようとして住民投票条例を制定する場合が多くなっている。住民投票条例には, 自治基本条例の中で住民の政治参加の一環として位置づけ, 常設型の条例として制定する場合と, 特定の課題, 例えば, 合併の是非や空港, 原子力発電所建設などの大型の公共工事の実施に関して住民の意思を確認するために行われる場合とに大別できる。

12)　兼子仁・芦辺信喜・池田正章・杉原泰雄編著『演習憲法』青林書院, 1984, p.372

13)　宮沢俊義・芦部信喜補訂『全訂日本国憲法』日本評論社, 1984, p.274

14)　その憲法的な根拠は, 第13条の保障する幸福追求権および憲法第25条に健康で文化的な最低限度の生活を営む権利に根拠を求めることができるとされている。渡辺重夫『図書館の自由と知る権利』青弓社, 1989, p.111

15)　芦部, 前掲書, p.114～115

16)　稲葉馨『注釈地方自治法〈全訂〉』成田頼明・園部逸夫・金子宏・塩野宏編, 第一法規, 2000, p.5556

17)　松井茂記『図書館と表現の自由』岩波書店, 2013, p.18

18)　松井, 前掲書, p.19

19)　最高裁判所判決1983年6月22日（『民集』37巻5号, p.793）

20)　現在では, 旧監獄法は「刑事収容施設及び被収容者等の処遇に関する法律」と名称を変更している。

21)　船橋西図書館事件では, 図書館利用者の権利侵害という議論はされていなかった。裁判では当事者が主張しない視点からの判断は言及されないが, 原告から, 著者の権利利益の侵害だけではなく, 図書館利用者の権利利益の侵害もあったのだという論点が示されれば, この問題についても最高裁判所の判断が示されたであろう。

2章 地方自治制度における公立図書館の法的位置

2.1 はじめに

　図書館法第 2 条によれば，図書館の設置主体は，地方公共団体，日本赤十字社または一般社団法人もしくは一般財団法人とされています。従前は，私立図書館の設置主体は民法第34 条の規定により設立された財団法人または社団法人でしたが，民法に基づく公益法人の制度が廃止され，「一般社団法人及び一般財団法人に関する法律」が制定された結果，図書館法もこのように改正されたことは，既述のとおりです。このうち，住民にとって最も身近な図書館が地方公共団体の設置する，いわゆる公立図書館です。そこで，ここでは公立図書館の設置および運営が，地方公共団体の事務事業としてどのように位置づけられているかを整理してみることにします。

2.2 組織法的視点

　まず，行政組織の側面から検討します。憲法は，第 8 章において，次のとおり地方自治に関する規定を 4 か条設け，地方自治制度の大綱を憲法自体に示して，地方自治を制度的に保障しています。

① 　地方自治の本旨に基づく地方自治の尊重（第 92 条）

② 　地方公共団体の議会の議員および長の公選制（第93条）

③ 　地方公共団体の機能，特に自治立法権，自治行政権および自治財政権の保障（第94条）

④ 　地方自治特別法についての住民投票制（第95条）

　このうち，憲法第92条は，「地方公共団体の組織及び運営に関する事項は，地方自治の本旨に基いて，法律でこれを定める」と規定し，これに基づいて多くの法律が制定され，全体として地方自治制度が構築されています。例えば，地方自治制度に関する事項を全般的に定める法律としては地方自治法，地方公共団体に関する基本的一般的な事項を定める法律としては地方公務員法，地方財政法，地方税法，地方交付税法，公職選挙法等，地方公共団体の特定の行政部門を定める法律としては地方公営企業法，地方教育行政の組織及び運営に関する法律，教育公務員特例法，警察法，消防法，消防組織法，農業委員会等に関する法律等があります。

　公立図書館は，地方公共団体を構成するいわゆる行政委員会のうち教育委員会の組織の一部を構成します。教育委員会

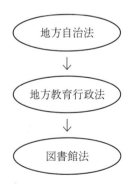

については，地方自治法に概略的規定が置かれ（第180条の8），これを受けて「地方教育行政の組織及び運営に関する法律」（以下，「地方教育行政法」）により具体的かつ詳細な規定が置かれています。

(1) 図書館と地方自治法

　地方自治法は，地方公共団体の種類や組織運営に関する事項を定めています。教育委員会は，知事または市町村長，人事委員会，監査委員などとともに地方公共団体を構成する執行機関として設置されています。地方自治法第180条の8にその職務権限として，「教育委員会は，別に法律の定めるところにより[1]，学校その他の教育機関を管理し，学校の組織編成，教育課程，教科書その他の教材の取扱及び教育職員の身分取扱に関する事務を行い，並びに社会教育その他教育，学術及び文化に関する事務を管理し及びこれを執行する」と規定されています。

　また，公立の図書館をはじめ，博物館，美術館などは地方自治法上の公の施設として設置されることは既に記述しました。公の施設の設置根拠として，地方自治法に基づくものと，直接個別の法律によるものがあります。例えば，少年自然の家などは社会教育施設として各都道府県で設置されていますが，個別法ではなく，文部科学省の指導等により各地方公共団体が「地方自治法上の公の施設として」設置しています。

　一方，図書館は図書館法を，博物館は博物館法を直接の根拠として設置することとなります。個別に根拠法がある場合でも，それぞれ広義の公の施設であることに変わりはありませんから，個別法が優先的に適用されますが，個別法に規定

がない場合または個別法が妥当しない場合には，一般法である地方自治法が適用されることとなります。したがって，公の施設でもある公立図書館についていえば，図書館法が特別法，地方自治法が一般法という関係に立ちます[2]。

(2) 図書館と地方教育行政法

地方教育行政法は，地方公共団体における教育行政の組織および運営の基本について規定したものであり，全6章から構成されています。このうち，同法の第3章は教育委員会および地方公共団体の長の教育行政における権限について，第4章は教育機関の設置および管理の基本，教育機関の職員の任免について，第5章は文部科学大臣および教育委員会相互の関係について，それぞれ規定しています。

なお，地方教育行政法は，2014年6月に，従前の教育委員長と教育長を一体化した「新教育長」の設置や総合教育会議の設置などかなり大幅な改正がありましたが，図書館に直接関係する規定の改正はありませんでした。

特に注目すべき規定は，次のとおりです。

① 教育委員会の職務権限（第21条）

「教育委員会は，当該地方公共団体が処理する教育に関する事務で，次に掲げるものを管理し，及び執行する。」

これらの事務のうち，図書館に関するもので重要なものを挙げると，

　ア　教育委員会の所管に属する第30条に規定する学校その他の教育機関の設置,管理および廃止に関すること（第1号）

24

イ　教育委員会および学校その他の教育機関の職員の任免
　その他の人事に関すること（第3号）
ウ　校長，教員その他の教育機関職員の研修に関すること
　（第8号）
エ　青少年教育，女性教育および公民館の事業その他社会
　教育に関すること（第12号）
などがあります。
　上記のア，イおよびウに掲げられた「その他の教育機関」
の中に図書館が含まれますし，エの「その他社会教育」に図
書館の事業が含まれることはいうまでもありません。これら
の規定を受けて，地方教育行政法の個別の条項において必要
な事項が定められています。

②　地方公共団体が設置すべき教育機関（第30条）

　地方公共団体が法律の定めるところにより設置する教育機
関として，学校，図書館，博物館，公民館その他を規定して
おり，また，条例で教育に関する専門的，技術的事項の研究
または教育関係職員の研修等に関する施設その他の必要な教
育機関を設置することができる，と規定しています。
　これらの教育機関のうち，「住民の福祉を増進する目的を
もってその利用に供するための施設」として設置される学校，
図書館，博物館，公民館等は公の施設に該当します。したが
って，これらの施設の設置および管理については，地方自治
法第244条の2第1項の規定によれば条例で定めなければな
らないのですが，例外として，後述するように，地方教育行
政法第33条の規定により教育委員会には規則制定権が認め
られており，教育機関としての公の施設の管理については，

教育委員会規則で対応することが可能となっています。

　なお，教育委員会規則は，地方公共団体の長が定める規則と同列ではなく，地方公共団体の長の定める規則と教育委員会規則が抵触する場合には，前者が優越します[3]。

③　教育機関に関する地方公共団体の長と教育委員会の所管
（第32条）

　「学校その他の教育機関のうち，大学……は地方公共団体の長が，その他のものは教育委員会が所管する」と定めていることから，図書館の設置，管理および廃止に関する事項は教育委員会の所管となります。したがって，これらの事項について地方公共団体の長には権限がなく，教育委員会は地方公共団体の長から指揮・監督・命令を受ける立場にはありません。ただし，地方自治体が条例の定めるところにより長が管理し，および執行することとされた事務（スポーツおよび文化財保護を除く文化に関すること）に係る教育機関は，長の所管となります。

　なお，教育機関の設置について条例案を議会に提出する必要がある場合，議員立法による場合を除き，条例提案権は地方公共団体の長が独占しています（地方自治法第149条第1号，第180条の6第2号）ので，教育委員会が独自に議会に提案することはできません。しかし，教育に関する事務に係る条例案を提案する場合には，当該地方公共団体の長は，地方教育行政法第29条の規定により教育委員会の意見をきかなければならないとされています。

　また，教育機関に関する条例の提案や教育関係予算の編成などについては，本来地方公共団体の長の権限ですが，条例

案の起案や予算編成の実務は，当該事務について最も熟知している部局の職員があたることが合理的かつ効率的です。したがって，これらの事務については，地方自治法第180条の2の規定により，教育委員会の職員に補助執行させているのが通常の事務執行のあり方であると思われます。

④ 教育委員会の規則制定権（第33条）

地方教育行政法第33条は「教育委員会は，法令又は条例に違反しない限度において，その所管に属する……教育機関の管理運営の基本的事項について，必要な教育委員会規則を定めるものとする」と規定しています。したがって，図書館についていえば，設置は条例で，管理は教育委員会規則で，というのが地方教育行政法の想定している役割分担であるということになります。公立図書館については，多くの地方公共団体で「図書館設置条例」や「教育機関設置条例」をもって設置を定め，図書館の管理については，「図書館利用規則」や「図書館管理規則」を定めているものと思われますが，その法的根拠は以上のとおりです。

図書館法第10条は「公立図書館の設置に関する事項は，当該図書館を設置する地方公共団体の条例で定めなければならない」としており，管理については言及していませんが，それはこうした文脈を踏まえたものと理解してよいでしょう。

なお，2000（平成12）年4月1日から施行されたいわゆる地方分権一括法において，地方自治法の一部も改正され，その際に同法第14条第2項中「行政事務の処理に関しては……条例でこれを定めなければならない」という表記が「義務を課し，又は権利を制限するには……条例によらなければなら

ない」と変更されました。これに伴い，いくつかの地方公共団体において，従前は図書館利用規則ないし図書館管理規則に規定されていた行為制限ないし利用制限に関する事項（例えば，「図書館長は，館内の秩序を乱し，又は他人に迷惑を及ぼした者やその他館長の指示に従わない者に対しては，入館を禁じ又は退官を命ずることができる」旨の規定を置く場合）について，図書館設置条例に規定し直した事例があると聞いています。これらの「行為制限」は，権力的な規制をすることがその趣旨目的ではなく，公の施設の利用者間の調整のためのものであると考えられますので，依然として教育委員会規則をもって規定することが許容されるものと考えます[4]。

2.3 行政作用法的視点

次に行政作用の側面から検討します。行政作用の側面とは，行政機関が実施すべき行政の内容から検討するという趣旨です。

教育基本法は，学校教育のほか社会教育もまた振興されるべきものとして強調しています。すなわち，教育基本法ではその第7条（2006年による改正後は，第12条）において，国および地方公共団体による社会教育の奨励が謳われ，その社会教育に資するために国および地方公共団体による図書館等の設置，学校の施設利用等の必要性が説かれているのです。

これを受けて社会教育法が制定され，図書館はその社会教育を行うものとして，社会教育法に規定する社会教育施設として位置づけられています。社会教育法第9条第1項は，「図書館及び博物館は，社会教育のための機関とする」と明定し，そして，社会教育法第9条第2項は，「図書館及び博物館に関

し必要な事項は，別に法律をもって定める」と規定し，これに基づき，図書館については図書館法が制定されて，果たすべき具体的な機能が規定されています。すなわち，図書館法は，行政作用法的にも教育基本法を最上位の法として，そこに示された教育理念を実践するために，社会教育という分野において，図書館という施設を通じて果たす役割を個別具体的に規定しているという構造となっています。

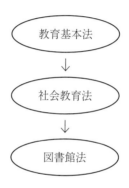

2.4 障害者差別解消法の図書館への影響

　2013年6月に「障害を理由とする差別の解消の推進に関する法律」（以下，「障害者差別解消法」）が成立し，2016年4月1日から施行されました。これにより，図書館は障害者からその利用についてさまざまな障壁があるとして改善を求められたときには，極力これに応じなければならないこととなりました。図書館は，これまでも障害者の利用を促進するためにさまざまな取り組みをしてきたのですが，一層の努力が求められることとなったのです。

障害者差別解消法の目的は，次のようです。

「障害者基本法（昭和45年法律第84号）の基本的な理念にのっとり，全ての障害者が，障害者でない者と等しく，基本的人権を享有する個人としてその尊厳が重んぜられ，その尊厳にふさわしい生活を保障される権利を有することを踏まえ，障害を理由とする差別の解消の推進に関する基本的な事項，行政機関等及び事業者における障害を理由とする差別を解消するための措置等を定めることにより，障害を理由とする差別の解消を推進し，もって全ての国民が，障害の有無によって分け隔てられることなく，相互に人権と個性を尊重し合いながら共生する社会の実現に資することを目的とする。」

障害者差別解消法の概要は，次のとおりです。

まず，法律の理念を実現するために，何人も障害者差別をしてはならないことが明記されました（同法第7条・第8条）。

次に，政府や地方公共団体・独立行政法人・特殊法人などは，障害者への合理的な配慮を対策に盛り込むことを法的義務とし，民間事業者については，努力義務ではあるものの，指導や勧告に従わずに求められた報告をしなかったり，虚偽の事実を述べた場合には罰則の対象となっています。

そして，図書館は地方公共団体の組織の一部であることから，特に同法第7条に注目すべきでしょう。すなわち，同法第7条第1項によれば「行政機関等は，その事務又は事業を行うに当たり，障害を理由として障害者でない者と不当な差別的取扱いをすることにより，障害者の権利利益を侵害してはならない」と定め，また，同条第2項は「行政機関等は，その事務又は事業を行うに当たり，障害者から現に社会的障

壁の除去を必要としている旨の意思の表明があった場合において、その実施に伴う負担が過重でないときは、障害者の権利利益を侵害することとならないよう、当該障害者の性別、年齢及び障害の状態に応じて、社会的障壁の除去の実施について必要かつ合理的な配慮をしなければならない」と規定しているのです。

すなわち、障害を有する図書館利用者から、「図書館にはこれこれの障壁があって、その利用上きわめて不都合があり、その結果自分は図書館利用を阻害されている」旨の申し出があった場合には、原則的にその申し出に沿うように、一定の対応をしなければならないこととなります。

なお、障害を理由とする差別とは「障害を理由として、財・サービスや各種機会の提供を拒否する又は提供に当たって場所・時間帯などを制限する、障害者でない者に対しては付さない条件を付けることなどにより、障害者の権利利益を侵害すること」[5]とされています。

また、合理的な配慮とは「障害者が他の者との平等を基礎として全ての人権及び基本的自由を享有し、又は行使することを確保するための必要かつ適当な変更及び調整であって、特定の場合において必要とされるものであり、かつ、均衡を失した又は過度の負担を課さないもの」とされています[6]。

図書館は障害者から何らかの障壁除去の申し出があった場合、ただちにその申し出のとおりに措置しなければならないということではありません。障害者差別解消法第7条にも「その実施に伴う負担が過重でないときは」と留保がついていますし、「障害者の権利に関する条約」第2条でも「均衡を失した又は過度の負担を課さないもの」との留保がついています

ので，図書館にとって，障害者による申し出にただちに沿うことが財政的・組織的に困難である場合には，当該要望に応じがたいとすることも当然に違法とはいえないと考えます。当該法律も条約も，障害者に対して，個別具体的な障壁除去請求権を付与しているとは解されないし，法律も条約も行政機関に対して不可能を強いているわけではないのです。したがって，障害者からの申し出に対しては，当面は，当該申し出のあった時点で実施可能な範囲で対応すればよいと考えます。ただし，行政機関としては，法律および条約の趣旨を踏まえて，障害者のための長期的な施設・業務改善計画を立案すべきであって，財政的理由等から何もしないという選択はないと心得るべきでしょう。

注

1) 条規の規定中「別に法律の定めるところにより」とされた当該法律として，地方教育行政法のほか，学校教育法，教育職員特例法，教育職員免許法，社会教育法，文化財保護法等が制定されている。

2) 鑓水三千男「地方自治法の一部改正と図書館設置条例」『現代の図書館』vol.38, no.4, 2000, p.276

3) 地方公共団体の長は，その権限に属する事項について，広範な規則制定権を有している。条例で定めなければならない事項または議会の議決を要する事項を除き，首長限りで処理しうる事務について必要な事務処理上の基準等に関し，規則を制定することができる。地方公共団体の長の定める規則は，「地方公共団体の規則」として位置づけられ，当該地方公共団体全体を対象とするものである。

一方，行政委員会の規則は，「法律の定めるところ」によらなければならない（地方自治法第138条の4第2項）。教育委員会規則は，地方教育行政法第14条のような規定があってはじめて，教育委員会が制定できることとなっている。

したがって，地方公共団体の長の定める財務規則は，当該地方公共団

体全体の財務を守備範囲としているが，教育委員会もその権限に属する学校校舎その他教育財産の管理に関して規則を制定することができる。この場合，仮に教育委員会の財務規則と地方公共団体の長の財務規則が矛盾抵触することがあれば，地方公共団体の長の制定した規則が優先することとなる。

4)　鑓水，前掲論文，p.276〜

5)　「障害を理由とする差別の解消の推進に関する基本方針」（2015 年 2 月 27 日閣議決定）による。

6)　2006 年に国連で採択された「障害者の権利に関する条約」第 2 条の定義による。

3章 | 図書館法と図書館

3.1 基本的考え方

　図書館法は，その第2条第1項において，図書館の定義を「図書，記録その他必要な資料を収集し，整理し，保存して，一般公衆の利用に供し，その教養，調査研究，レクリエーション等に資することを目的とする施設で，地方公共団体，日本赤十字社又は一般社団法人若しくは一般財団法人が設置するもの」としています。

　図書館法第3条は，より具体的に図書館奉仕を列挙しています。これらは例示的な列挙と理解されるべき[1]で，これ以外の事業を図書館が行うことを認めない趣旨ではありません。同条に列挙された事項は，社会教育がレクリエーション，芸術，文化等を含む広い概念であること，および図書館がこうした広い分野を包摂する社会教育のための機関として設置され，運営されることが予定されていることを示すものです。

　換言すれば，図書館の機能は「教育，文化，情報の提供」など多面性を有しており，特に住民に対するインフォメーションセンターとしての機能に着目すれば，社会教育の広範囲の概念をもってしても，情報発信機能を社会教育の機能に当然に含めることは困難ではないかと考えられます。

　また，教育が学習の指導を本質とするものであるならば，

「社会教育のための機関」としての図書館も住民の学習を指導する機能を有することとなりますが，図書館の機能に照らし疑問に思います。むしろ，図書館の本質的機能は「学習指導」ではなく「資料提供とレファレンス」ではないでしょうか。このことは，図書館の教育的機能を否定するものではなく，資料提供とレファレンスこそが住民の行う自主的精神に満ちた人格の完成を目指す自己教育に資するものであると考えるからです。

　このように，図書館は社会教育の機能を越えた性格を有する施設として発展しつつあり，こうした意味において，図書館は「生涯学習」を抜きには考えられません。

3.2 2008年の図書館法改正の概要

　2008年6月に「社会教育法等の一部を改正する法律」が成立し，社会教育法，図書館法および博物館法の社会教育関係三法が改正されました。参議院文教科学委員会（2008年6月3日開催）における法案の提案理由および内容に係る概要説明によれば，今回の改正は，「約60年ぶりに教育基本法が改正され，新しい時代の教育理念が明示され，生涯学習の理念，家庭教育並びに学校，家庭及び地域住民等の相互の連携協力に関する規定等が新設されたことから，教育基本法の改正を踏まえ，また，家庭や地域の教育機能の一層の向上を図るため，社会教育行政の果たすべき役割を明確にすること，社会教育に関する国及び地方公共団体の任務，教育委員会の事務に関する規定の整備，公民館，図書館及び博物館の運営の改善，司書等の資格要件の見直しなど，社会教育行政の体制の

整備を図る」ことを目的とするものとされています。

　ここでは図書館に関する部分についてだけ言及することとします。

(1)　図書館が行う事業への追加

　図書館および博物館が行う事業に，社会教育における学習の成果を活用して行う教育活動の機会を提供する事業が追加されました（図書館法第3条第8号，博物館法第3条第1項第9号）。また，図書館奉仕の際の留意事項として，「家庭教育の向上に資することとなるように」との文言が書き込まれました（第3条各号列記以外の部分）。

(2)　社会教育施設の運営能力の向上

　公民館，図書館および博物館は，その運営状況に関する評価および改善ならびに地域住民等に対する情報提供に努めるものとされました（社会教育法第32条および第32条の2，図書館法第7条の3および第7条の4，博物館法第9条および第9条の2）。

(3)　専門職員の資質の向上と資格要件の見直し

　まず，文部科学大臣および都道府県教育委員会は，司書および学芸員等の研修を行うよう努めることとされました（図書館法第7条第1項，博物館法第7条）。

　次に，社会教育施設等において一定の職に3年以上あったことを，社会教育主事，司書および学芸員の資格を取得するために必要な実務経験として評価することができるようになりました（社会教育法第9条の4第1号ロ，図書館法第5条第1項第3号ハ，博物館法第5条第2項）。

また，司書および司書補に係る資格要件の見直しを行い，大学を卒業した者で大学において文部科学省令で定める図書館に関する科目を履修した者を司書となる資格のある者とし，高等学校卒業者のほか，高卒認定試験の合格者等の大学入学資格を有する者も，司書補となる資格を有する者としました。

3.3 改正図書館法に係る諸問題

　以上のとおり，改正された社会教育関係三法のうち図書館法についていえば，いくつか評価できる改正点もあったようです[2]が，改正案の審議過程において疑問視された点や図書館関係者からの強い要望[3]にもかかわらず，法文化されなかった点もあったようです。ここでは，以下の各点について簡単に言及しておきたいと思います。

(1) 司書の必要的設置

　図書館法第13条には，公立図書館に「当該地方公共団体の教育委員会が必要と認める専門的職員……を置く」と規定され，その「専門的職員」が司書（司書補を含む，以下同様）であることは明白であるにもかかわらず，必ずしもすべての公立図書館に司書が配置されているわけではありません。日本図書館協会が2008年5月に明らかにした「図書館法改正法案について，国会で審議していただきたいこと」によれば，司書は年々減り続けており，司書のいない図書館が全国で1,110館，36％を占めており，司書が1人である場合を含めると，全体の60％にも及ぶとのことです。

　図書館は，専門的職員である司書が配置されてはじめてそ

の機能が十全に発揮されることは，いうまでもありません。例えば本を読まなくなったとされる子どもたちへの読書支援，住民等からの資料要望や情報の検索・活用に対するアドバイスなどのレファレンス機能は，専門的知識を持った司書が配置されてこそ発揮できるものですから，少なくとも公立図書館にあっては司書の配置は必要的であってしかるべきです。

　しかしながら，今回の改正に際しては，「図書館に司書を置くのは当然のこと」という理由で，図書館法第13条の改正は実現しなかったようです。上述した公立図書館における司書の配置状況を見るとき，国会審議においては，図書館の現場の状況を踏まえず，現実を直視せずに図書館法改正議論がされた一つの証左といわれてもやむを得ないでしょう。

　確かに，後述するように，地方公共団体では人事行政上の理由から，司書をはじめ専門職を置くことに消極的である傾向が否定できませんが，少なくとも国会の審議では，公立図書館の本来的機能と望ましいあり方に照らし，そのような実態を是とするのか非とするのか，明確な議論がされるべきであったと考えます。司書の必要的配置について，ただちに改善できないとしても，今回の法改正の附帯決議の中で地方公共団体の努力を求める旨言及することはできたはずです。

(2) 館長の司書資格

　図書館長の司書資格についても，明文化は実現されませんでした。その理由は，「規制強化につながる」からのようですが，果たして妥当な理由でしょうか。図書館は公の施設であり行政機関の一部である以上に，まず社会教育施設であり，図書館法に定める図書館サービスを住民に対して適切に提供

する責務を負っており，「図書館という施設の機能を十全に発揮させるための」適正なマネジメント能力が要求されます。

　図書館は，司書という専門職によってその機能が十全に発揮されるべきものです。したがって，その運営の責任者である館長も，司書資格を有することが望ましいことはいうまでもありません。施設管理能力に長けている行政職員が図書館長に就任したからといって，そうした行政執務能力が優れているというだけで図書館長が務まるとは思えず，行政職員が人事ローテーションの中で就くべき職ではないと考えます。すなわち，図書館を図書館として機能させるところに図書館長としての本領があるはずで，この職には図書館運営の専門職としての司書としての資格に加えて，施設管理能力，組織運営能力，職員の統括能力，危機管理能力などの諸能力が求められます。ただし，こうした能力は自然に身につくわけではなく，所要の教育が必要でしょう。

　現在は，図書館長としての管理運営能力については，新任図書館長研修会などにより対応されているようですが，図書館長という職責を全うするために要求される資質能力は研修で十分に修得できるものなのでしょうか。司書養成教育のカリキュラムに，図書館長として求められる上記の諸能力の養成についての教育科目が加えられるべきだと考えます。

　ところで，館長に司書有資格者を当てるべきとの主張には，特に市町村にあっては人材を確保できないという反論が予想されます。確かに，相当数の市町村立図書館では，司書が配置されていないか，1人程度という状況の中では，図書館長として司書資格を要求することは，当該市町村にとっては，ときとして過大な要求になるという見解がありえますし，一

理あるとも思われます。

しかし，今回の改正の背景にもあるように，図書館の社会的役割が増大しつつある中で生涯学習の一大拠点として図書館を評価しようというのであれば，それなりの人材を配置すべきことも論を待たないと思われます。単に，教育委員会ないし地方公共団体の人事上の都合から，必ずしも適任者でない者が館長として配置されるとするならば，図書館が適正に管理運営されるかどうか，大きな懸念が生じます。

かつて，文部科学省は国庫補助の要件として館長の司書有資格を求めていましたが，これは地方分権推進の立場から，「ひも付き」となるとの認識で削除されました。そのこと自体は正当と考えますが，そのことと図書館の機能発揮の観点から図書館長に司書資格を求めることの当否については別の議論であるはずです。国の施策を補助制度を使って実現しようとすることは，地方公共団体の施策を「金で縛る」ことになるという理由から廃止されたものであって，図書館の本質的機能の面からの議論ではなかったと思われます。

すなわち，図書館法の旧第13条第3項が図書館長は司書資格を有するものとすることを，義務とせずに補助金交付の条件としたことは，地方公共団体の自主性を尊重しつつ，国として図書館振興のためにこの条件を満たした図書館をできるだけ多くつくっていこうとする意思の現れである[4]とするならば，国は補助金制度を通じて，図書館は司書資格を有する図書館長の下で運営されるべきであるという図書館法の精神を具現化しようとしていたという評価が可能であり，その限りにおいて積極的な意義が認められるでしょう。

しかし，同項に規定する図書館長が司書資格を有すべきこ

とを補助金交付の条件としていることは明白です。財政難に悩む地方公共団体が，住民の要望に応じて図書館を設置しようとする場合，館長人事のフリーハンドを確保するために国の補助金制度を活用しないという選択をすることは実質的に考えにくいことです。したがって，地方分権を推進する立場から，この制度が地方公共団体を直接拘束するものと評価されたことは決して不思議ではありません。

他方，図書館法第13条から第3項が削除された結果，司書有資格図書館長が3割台から1割台に激減しており，図書館が司書有資格図書館長の下で運営されるという図書館法の趣旨が没却されてしまっています。そうであるからこそ，改めて，図書館の望ましいあり方の観点から再度議論すべきではなかったでしょうか。

(3) 社会教育における学習の成果を活用して行う活動の機会の提供

新しく図書館サービスに加えられた「社会教育における学習の成果を活用して行う活動の機会の提供」の内容は一義的ではありません。社会教育自体が多義的な内容を包含するものであり，図書館にかかわりない社会教育ももちろんありうるわけで，その学習の成果を活用して行う活動もまた，図書館とは無縁の活動であることもあるでしょう。そうすると，そのような社会教育における学習の成果を活用して行う活動に，図書館として機会を提供するとは，どのような場面が想定されるでしょうか。

第3条各号に規定される図書館サービスは，図書館が保有する資料を広範な住民に効果的に活用してもらうことを念頭

において行われるものですから，同条第6号において主催し，開催が奨励されている「読書会，研究会，鑑賞会，映写会，資料展示会等」も，図書館資料を前提とし，図書館の機能に何らかの関係のある事業として例示されていると思われます。そうであれば，新第3条第8号に規定する「活動の機会の提供」もまた，図書館と何らかの関連性のある内容を意味すると解することになるでしょう。しかし，文理上は何の修飾もなく「社会教育における学習の成果」と規定されているのみですから，図書館の集会施設を図書館と無縁の社会教育活動を行う者のために提供することが，図書館サービスの一環として求められることになりかねません。図書館に備えられた集会施設を，図書館も公の施設だからとして社会教育一般のために開放することを求められた場合に，対応に苦慮することになりそうです。すなわち，当該規定が具体的に機能する場面をなかなか想定できないのですが，図書館の機能が許す範囲で対応すればよいということになりそうです。

　もちろん図書館の集会施設も公の施設の一部であり，適正な手続きを経て一般の住民にも開放されるものである以上，社会教育活動を行う個人・団体に使用を認めることはあるでしょう。しかし，それ以上に，例えば図書館のホールを使用させよとか，図書館内において社会教育活動の広報を認めよ，といった要望が出されたときは，図書館長は施設管理権に基づきその適否を判断すればよいのであって，優先すべきは図書館がその機能を全うすることであり，利用者の不便を来すような利用形態を認める必要はないと考えます。

　この規定は，社会教育活動を行う個人・団体が図書館に対して要望を行う場合に，図書館の業務に優先して対応するこ

とを求める権利を定めたものとは解されず，図書館の機能維持を前提として可能な範囲で対応すればよいと考えます。

(4) 私立図書館に対する関与の強化

　今回の改正の中ではあまり目立たないかもしれませんが，気になる部分があります。それは，私立図書館に対する国の関与が強化されたことです。

　すなわち，従前は私立図書館は適用対象外とされていた，文部科学省が定める図書館の設置及び運営上の望ましい基準が私立図書館にも適用されるようになり（図書館法第7条の2），併せて運営の状況についての評価を行うことを義務づけられ（同法第7条の3），さらには，図書館の運営状況に関する情報を積極的に提供するよう努めなければならない（同法第7条の4）としたことです（「図書館の設置及び運営上の望ましい基準」平成24年文部科学省告示第172号，以下，「望ましい基準」）。

　私立図書館とは，「日本赤十字社又は一般社団法人若しくは一般財団法人が設置する図書館」をいいます（図書館法第3条第2項）。従前は，図書館法第25条第1項の規定により，都道府県教育委員会が指導資料作製や調査研究のための報告を求めること，および同条第2項の規定により私立図書館から求めがあれば，これに応じて図書館の設置および運営に関する専門的，技術的指導または助言を行うことができると規定し，その関与は限定的でした。のみならず，同法第26条は国または地方公共団体が私立図書館の事業に対し干渉すること，私立図書館を設置する法人に対し補助金を交付することを禁じており，私立図書館の自主性・自律性・独立性を尊重することとしていました。

法改正の趣旨について，文部科学省の生涯学習政策局長は，衆議院文部科学委員会において，「設置運営上の望ましい基準は，図書館の健全な発展を図るためのものであり，公立・私立の別はなく適用されるべきとの基本的認識に立っていること及び設置主体が公益法人の場合には固定資産税等の税法上の優遇措置が講じられており，こうした公益性の観点からも一定の図書館奉仕に期待しながら設置運営上の望ましい基準を適用することに合理性がある」旨の答弁を行っています[5]。

　また，同局長は，今回の改正と図書館法第26条の関係については，「望ましい基準」は「公立図書館も，私立図書館も，各図書館が自主的な取組みを行う上で指針として利活用していただくという性格である。この基準が私立図書館に対する不当な干渉には当たらないもの，この基準のもとでも各私立図書館がその自主性や自律性に基づいた運営が維持できる，悪影響を及ぼさないものと理解をしている」と述べていることから，私立図書館に関する図書館法第26条のみならず第25条の適用範囲はいささかも変更されないことを明言していると判断することができるでしょう。したがって，文部科学省も都道府県教育委員会も，私立図書館に対し図書館法第7条の3および第7条の4の適用状況について，具体的には，「望ましい基準」の適用状況や，評価の実施およびその結果に基づく運営の改善を図るために必要な措置を講ずるべきこと，そして運営の状況に係る公表についても，その実施を指導したり，私立図書館からの求めがないのに，これらの事項について，専門的・技術的な指導や助言をしたりすることはありえないということになります。

　私立図書館が図書館法第7条の2から第7条の4までの規

定の趣旨を踏まえた措置を講ずることは，努力義務を課しているという形式にはなっていますが，その実効性確保のための手段はなく，私立図書館側の任意の協力に委ねられており，私立図書館は依然として自律的にこれらの制度の導入について判断する権利が留保されていることになります。

　そうであるならば，なぜ今回の図書館法改正に際してこのような規定を追加したのでしょうか。法を制定する場合には，それを必要とし合理化する立法事実が必要です。文部科学省は，図書館法第7条の3および第7条の4については，上述した文部科学委員会において改正を必要とした立法事実について何ら言及しておらず，説明不足であることは否めません。

　そもそも，公立図書館と私立図書館とは利用に際しての法的根拠が異なります。前者は公の施設として設置されることから，住民には地方自治法に定めるとおり当該施設に対する利用権（公法上の権利）が認められますが，私立図書館と利用者の関係は民事上の利用契約に基づくもので，住民が当然に私立図書館の利用権を認められているわけではありません。

　ただし，従前，私立図書館は民法上の公益法人が設置主体であったことから，その事業の実施は，不特定多数の者の利益の増進に資するものでなければならないという建前があり，設置者は行政庁に認可された定款ないし寄附行為に従って図書館を運営しなければならず，これに反する事業運営があれば，公益法人に対する指導としてその是正を求めることは可能であったかもしれません。その場合でも，図書館法第26条が制約的に機能したはずです。

　しかし，2006年6月に民法が改正され，公益法人制度が改革されたことに伴い，私立図書館の設置主体は一般社団法人

または一般財団法人となり，公益法人性を失うこととなり，その法的性格は株式会社と大差があるわけではありません（もちろん，従前からの社団法人または財団法人が一般社団法人または一般財団法人となった後に改めて公益性を認定されて，公益社団法人または公益財団法人となった場合は別です）。したがって，私立図書館が公益法人によって設立されているからではなく，公立・私立を問わず「図書館であるがゆえに」，図書館法第7条の2に規定する「望ましい基準」に従う必要があり，同法第7条の3および第7条の4の適用を受けるべきだという説明が必要なはずですが，文部科学省生涯学習局長の答弁からは，法改正に係る立法事実はうかがい知れません。

　そもそも，私立図書館は，設立に際しても管理運営に際しても，設置者の意思が濃厚に反映される存在です。したがって，公立図書館とはおのずからその管理運営方針も異なり，住民に当然の利用権があるわけではないことは前述のとおりです。したがって，公立図書館とは公開性の点で決定的な差異があります。私立図書館は，利用者を選別することが可能であり，一般の住民に対して広く利用させる法的な義務はないのです。しかしながら，文部科学省は私立図書館についても「望ましい基準」を適用させており，その意図が奈辺にあるかは不明ですが，「図書館」である以上ある程度公的な存在であるという認識があるのかもしれません。しかし，一方で，図書館法第26条は，国または地方公共団体に対し私立図書館の経営に干渉してはならないことを定め，私立図書館の求めに応じて，必要な技術的指導を行うことができる旨規定しており，基本的に積極的関与を認めていません。すなわち，私立図書館の独立性を明確に認めています。

46

また，著作権法施行令第1条の3第6号の規定により，文化庁長官の指定を受ければ，司書等が置かれることを条件に私立図書館も図書館資料の複製が認められます。これをどう考えればよいのでしょうか。著作権法に基づく複製物の提供も，私立図書館について公立図書館と異なる取り扱いをする必要性に乏しいからと考えられます。とりわけ，専門性の高い私立図書館などは，学者・研究者が多く活用することが考えられ，その意味でも複製の必要性は高いといえましょう。こうした実務的な必要性にかんがみ，著作権法施行令が私立図書館にも著作権法第31条第1項を適用させたと解されます。

　ところで，私立図書館の公的性格について，確かに特定個人が所有する蔵書は一般住民に開示する義務はありませんが，図書館法に従って「私立図書館」として設立する以上は，たとえ一定の範囲の者に対してでも広く開示するという目的がなければ設立する意味がありません。特定個人の蔵書と異なり，法人格を有する団体が保有する蔵書は，相続等による散逸を避けられますので，将来に向けて蔵書を維持・保存する意味はありますが，それだけで設立者が私立図書館を設置するとは思えません。やはり，設立者は何らかの意味で社会に貢献したいとの意向から私立図書館を設置したものと解すべきであり，だからこそ文部科学省も私立図書館に一定の公的色彩を認め，「望ましい基準」の対象としたものと考えます。

　私立図書館の設立および運営は，民間団体の自由な意思によってなされるべきであり，その意味において行政とは一定の距離感が必要と考えますが，そのことをわきまえつつも公立図書館との適切な関係の構築を企図することは，何の支障もないはずですから，可能な限り，公立図書館も私立図書館

との連携を模索すべきではないでしょうか。

注

1) 山本昭和「2章　図書館奉仕」『図書館法と現代の図書館』日本図書館協会，2001，p.115。なお，図書館資料の複製も図書館法第3条に規定する図書館奉仕としては掲げられていない。単に，図書館利用者の便宜を考えて，著作権法第31条第1項の範囲で図書館が任意で行っているサービスである。

2) 2008年6月に，日本図書館協会は改正図書館法について主張，意見等を明らかにしているが，それによれば，以下の各点については，是認できるとしている。これらの主張，意見等は，日本図書館協会のホームページ上に掲載されている。
   ①　図書館資料として，「電磁的記録」が加わったこと。
   ②　大学における司書の養成に関する科目を省令で定めることとしたこと。

3) 2008年5月に日本図書館協会は，「図書館法改正法案について，国会で審議していただきたいこと」として，以下の4項目の要望を発表している。
   ①　公共施設建設のための補助金，起債などの対象に図書館を加えること。
   ②　図書館の資料購入費の実効性ある措置を。
   ③　図書館には，司書と司書有資格の館長を配置すべきことを国会審議の中で明らかにする。
   ④　図書館資料の相互貸借を進める合理的な仕組み，経費負担の制度をつくる。

4) 前川恒雄「第5章　公立図書館の職員」『図書館法を読む』日本図書館協会，1990，p.134

5) 2008年5月21日に行われた民主党の高井美穂議員の質問に対する答弁である。しかし，当該答弁には法的にやや疑問がある。2008年6月の段階では，既に「民法第34条の規定による社団法人又は財団法人」との表記は改正されていたので，上記議員による質問の時点においては，従来の公益法人制度を前提とした答弁は不適当であったはずである。

4章 図書館と地方自治法に係る法的諸問題

4.1 公の施設としての図書館と図書館法上の図書館の違いは何か

　本来，図書館は社会教育施設として設置され，その機能・業務は図書館法に規定されているものと理解されてきましたが，近年，さまざまな理由から（主に行財政改革の一環として公立図書館の外郭団体への管理委託を可能とする法技術的理由から），図書館法上の図書館ではない図書館が設置されている事例があるようです。行政の効率化が主張され，地方公共団体も民間企業の経営手法を導入すべきであるという議論が登場する昭和50年代以前には，図書館法に基づく図書館以外の図書館はほとんど例を見なかったようですが，京都市で図書館法に根拠を持たない「図書館」が登場して以来，決して珍しい存在ではなくなりつつあります[1]。また，図書館法に基づかない「図書館」の設置は，指定管理者制度が導入されたことによって，より採用されやすい方法と評価される可能性があります[2]。

　図書館法では，相当数の図書その他の資料を備え，司書その他の専任の職員を配置し，住民の図書等に係る需要に応える施設は，本来，図書館法上の図書館として設置されることが予定されているというべきです。

図書館法に基づかない「図書館」は，地方自治法第244条に規定する公の施設として設置されていますが，そもそも図書館法に基づく図書館も広い意味では公の施設です。ただ，図書館の設置および管理運営については図書館法が地方自治法の特別法として位置づけられることから，図書館法上の図書館については，その設置根拠として地方自治法を引用せず，図書館法（通常は第10条）を引用しているものです。

　図書館法上の図書館であれば，図書館法の規定を前提として設置されるものですから，地方公共団体が図書館を設置するにあたっては，図書館法で定める業務（第3条に規定する図書館奉仕）以上の業務や，当該図書館において特徴のある事業として住民に対して実施を保障する業務などを条例上明らかにするために，図書館法に規定する事項以外の事項を規定する場合を除けば，設置する図書館の名称，住所地等の条文で足りることになります（ただし，このことは，公立図書館を設置する場合において，条例に図書館法で掲げる条文を規定し，図書館法で定める業務内容を当該図書館においても実施する旨確認する意義を否定するものではありません）。

　一方，地方自治法を根拠に設置された公の施設としての「図書館」は，図書館法上の図書館ではなく，したがって図書館法を前提にできませんので，図書館法に定められている事項をすべて条例中に規定しなければ，図書館法上の図書館と同じ機能を住民に保障したことにはなりません。

4.2 長が所管する図書館法上の図書館はありうるか

　図書館法は，図書館について名称独占の規定を持っていま

せんので，地方自治法上の公の施設として設置された図書館に「〇〇図書館」という固有名詞の一部として図書館という名称を冠することは，明文上禁止されてはいません。

　図書館法第29条は，「図書館と同種の施設は，何人もこれを設置することができる」と規定し，地方公共団体が設置する公立図書館，一般社団法人または一般財団法人および日本赤十字社が設置する私立図書館以外でも，何人でも図書館同種施設を設置することができるとしていますので，この図書館同種施設に「〇〇図書館」との名称を冠しても差し支えないことになります。

　もともと図書館法第29条の規定の趣旨は，図書館法が図書館の設置者を限定したことにより，それ以外のものが設置した図書館類似の施設にも「図書館」として存続の余地を残し，併せて同条第2項の規定により公的支援の道を開くことにあったようです[3]。したがって，この規定が地方公共団体による図書館法上の図書館以外の図書館を設置することを容認する根拠とはなりえないと考えられます。

　いうまでもないことですが，地方公共団体が公の施設を設置した場合に，すべて長の所管となるのではありません。当該施設が社会教育施設として位置づけられるのであれば，それは教育委員会の所管に属すべきものです。例えば，「少年の家」，「青年の家」あるいは「総合運動場」などは，設置根拠として図書館法などのような個別法は存在しませんが，それぞれ社会教育施設（体育施設）として，地方自治法第244条を根拠に設置され，教育委員会の所管に属しています。

　公の施設を設置した場合，その管理運営を地方公共団体のいずれの執行機関の所管に属させるかは，当該公の施設の設

置目的およびそこで実施しようとする事業の内容によって決定されるべきです。それが住民の福祉の増進を目的とするものであり、広義の公の施設性を具備するものであっても、一定の教育目的を有する教育機関として設置されたものであれば、その管理および運営は教育委員会の執行権限に属すると解すべきです。

　図書館法上の図書館が社会教育施設であることは明白であり、社会教育に関する事務は、地方教育行政法第21条の規定により、教育委員会の職務権限に属するものですから、図書館法上の図書館の設置、管理および廃止に関し長が権限を行使することはできないことになります。また、公の施設の設置条例は地方公共団体が制定するものであり、条例で定める事項以外の事項を規則に委ねる場合、当該施設に関して管理運営権限を有する機関に委ねられるべきことは当然です。地方教育行政の組織及び運営に関する法律（地方教育行政法）第21条により、図書館の管理権限が教育委員会にあることも明白である以上、図書館法上の図書館に関する管理上必要な規程は、教育委員会規則として定めることになります。

4.3 長部局で社会教育を担当できるか

　かつて島根県出雲市において、当時の市長が市役所の機構改革を実施し、市教育委員会の生涯学習課、スポーツ振興課、図書館の事務を市長部局に新設する文化企画部等が執行することとし、教育委員会の所掌は総務企画課、科学館創設準備室、学校教育課、学校給食センターだけとしたことがありました。社会教育関係の事務事業を教育委員会から切り離し、

長部局で行うこととしたものです。

　こうした試みは，地方自治法第180条の7に規定する補助執行の制度を利用して行われたものです。この手法による教育委員会から長部局への社会教育事業の移管は，脱法行為の疑いがありました。しかし，2007年6月に地方教育行政法の一部が改正されて第26条の2（2014年の改正により，第27条の2）が追加され，条例で定めるところにより，地方公共団体の長が①スポーツに関すること（学校における体育に関することを除く），②文化に関すること（文化財の保護に関することを除く）のいずれかまたは全部に係る教育に関する事務を管理し，執行することができることとなりましたので，社会教育の一部を長部局で行うことについて，立法的には解決されました。すなわち，この法改正で，教育委員会に残った事務は学校教育の一環としての体育と文化財の保護のみであり，社会教育ないし生涯学習の場面におけるスポーツ振興と文化振興は，地方公共団体の長部局で行うことが可能となりました[4]。

　ただ，このような法改正が教育委員会にとって望ましいものであるかどうかについては，一片の疑問もないとはいえないように思います。生涯学習審議会が地方公共団体の長と教育委員会との双方の附属機関として位置づけられることが可能であるように，生涯学習は教育委員会の専管事項ではなく，また，広く地域の文化振興は，地域振興と密接な関係を有することから，長部局が積極的に関与してきた経緯があります。

　すなわち文化，特に映画やアニメーションなどのメディア芸術は，産業の創出や観光産業に付加価値をもたらすなどの産業政策とのかかわりも無視できないものであり，また，地域の伝統文化の保存・継承は地域の活性化を図る重要な施策

として位置づけられています。そこで，長部局に「文化振興課」等の「長の文化」を所掌する組織を設置して，地域の伝統文化や新たな都市的な文化・芸術への支援・助成などを行っているところであって，今次の改正も，現実の役割分担を踏まえて，法的に整理したといえなくもありません。

しかしながら，元来，生涯学習の振興は，福祉，医療，地域振興，文化・芸術，観光，産業振興などの多彩で総合的な色彩の強い観点から行われる傾向の強い分野です。地方公共団体の長によって総合行政を志向する中で行われたときには，その反作用として，教育委員会の行うべき生涯学習ないし社会教育の範囲が一層狭くなっていくように思われます。すなわち，改正法が施行される 2009 年 4 月 1 日以降，スポーツ振興や文化振興に関する教育の事務が長部局に移管された場合は，学校体育・文化財保護以外のスポーツ振興・文化振興は教育委員会には残らず，社会教育として行われる文化振興もスポーツ振興も，教育委員会では実施することがなくなることとなります。やはり，今回の法改正は教育委員会制度にとっても大きな意味を持つものです。

図書館や博物館などの社会教育に係る教育機関の管理・運営は，法改正後も依然として教育委員会の所管ではありますが，教育委員会廃止論やその事務を学校教育に限定しようとする議論も，一部とはいえ地方公共団体の長等によりされています。その中で，社会教育の重要な領域を長部局に移管することとなった今次の法改正が，図書館等の社会教育施設の長部局への移管の第一歩となる可能性を秘めていると危惧することは，それほど突飛なことではないと思われます。

したがって，社会教育に係る事務事業を長部局に移管する

かどうかについては，教育委員会が所管すべき社会教育ないし生涯学習のあり方全般にわたって精密な議論をした上で，慎重に検討されるべきで，地方教育行政法が改正されたという理由だけで，安易に決定すべきではないと考えます。

ところで，中央教育審議会では，教育委員会が所管している社会教育施設を長部局に移管することを検討しているとのことです[5]。長部局へのこれらの施設の移管により，観光や産業との連携が容易になるという発想のようです。地域活性化等に活用したいという思惑が透けて見える議論ではあります。この動きは，政府が地方創生の一環として，博物館行政の長部局への移管の検討を閣議決定したことを受けたものですが，既にこれに先行して，三重県では，地方自治法第180条の7に規定する補助執行によるものと思われる手法を用いて，博物館や図書館など4施設の運営を長部局の環境生活部が行っているといわれています。こうした長部局による教育委員会の事務事業への浸食は，既に出雲市で例がある（ただし，市町村合併により廃止）が，教育委員会では歓迎する向きもあるようです。全国町村教育長会では「急激な過疎化や高齢化に対応するため（社会教育施設と）まちづくり関係部局など多様な主体との連携強化が必要」と主張しているようです。これは，要するに社会教育施設を地域の活性化に利用したり観光資源化しようとするものであり，本来の社会教育施設の設置目的とは異なるものです。いわば教育・研究機能をやめて財産としての物的価値を全面に出そうということではないでしょうか。確かに，公の施設の設置管理運営は自治体の権限であり，教育委員会も自治体の組織の一部ですから，自治体を代表する長の方針に従うべきだという議論なのでしょう

が，平たくいえば，これらの施設について長部局が教育委員会から管理運営権限を奪って，長部局の施策に奉仕させようとするものです。いわば目的外で使用しようとするもので，これらの施設の設置目的に照らし，妥当なことなのか疑問が残ります。まして，「連携強化」の美名のもとに教育委員会の事務事業がいとも簡単に長部局に移管されることに違和感を持たざるを得ません。長部局に移管することによって，これらの施設の社会教育の実質は向上するのでしょうか。

　なるほど地方を旅行する際に，その土地の美術館・博物館の収蔵作品を鑑賞することは大きな楽しみですが，社会教育施設としての博物館・美術館の重心が地域住民から観光客に移り，観光資源化することで，社会教育機能，すなわち教育・研究・資料収集と保存などの機能は制約を受けることにはならないのでしょうか，慎重な判断が求められると考えます。

注
1)　日本図書館協会図書館調査委員会の「公共図書館の条例・規則調査」において，公立図書館について，その設置の根拠法は何か（図書館法，地方自治法等），管理運営規則が教育委員会規則か否か，図書館が教育委員会所管か否か等が調査されている（「公共図書館の条例・規則調査の結果について」『図書館雑誌』vol.94, no.8, 2000.8, p.578）。
　　その中で，回答のあった2,581館の所管については次のようになっている。

	回答数	百分率
教育委員会所管	1,775	96.7%
教育委員会所管ではない	30	1.6%
無回答	31	1.7%
計	1,836	100%

　図書館法上の図書館でない場合，地方自治法上の公の施設として長部

局の所管とすることが多いと思われるので，上記の表において教育委員会所管ではないとした 30 館と無回答の 31 館とが図書館法上の図書館ではない可能性が高いものと考えられる。

2) 2004 年 4 月に開館した山梨県山中湖村の山中湖情報創造館には，図書館法を根拠にしない「図書館」が設置されている。山中湖情報創造館は地方自治法第 244 条の公の施設としての位置づけがされており，当該図書館については，その設置に深く関与してきた NPO 法人が指定管理者として指定されている。後述のとおり，図書館法に基づく図書館に指定管理者が導入できるのかについては法的疑義があるが，山中湖情報創造館の「図書館」が図書館法上の図書館ではなく，地方自治法上の公の施設であれば個々に指定管理者制度を導入することに特段の法的疑義はなくなることとなる。

3) 森耕一編『図書館法を読む』日本図書館協会，1990，p.186〜

4) したがって，「長部局で社会教育を担当できるか」という設問自体無意味になってしまったのであるが，かつて地方公共団体が明文の規定がないにもかかわらず，教育委員会の権限を長部局に事実上移管した事例について，その際に活用された法的手法の当否を含めて検証しておきたいと思う。

筆者は，地方自治法および地方教育行政法の趣旨に照らし，長部局が社会教育事業を実施することはできないと考えていた。その理由は次のとおりである。すなわち，出雲市の措置の法的根拠は，地方自治法第 180 条の 7 に規定する補助執行制度にある。本件の場合は，市教育委員会の側から市長に協議し，社会教育事業を市長部局で実施するよう求めたということになるが，これが市教育委員会の自主的かつ自由な判断の結果なのか，市長の側からの強力な誘導ないし要請に基づくものなのかは，必ずしも明らかではない。そもそも同条に基づく補助執行制度は，教育委員会をはじめとする委員会および委員が一般的な執行機関である長から独立して特定の分野の業務執行にあたることを前提として，行政の一体性を保持し，事務の効率的処理を確保するために長と委員会および委員の間の調整を図るために用意された方途の一種である。したがって，この制度を利用して実質的に委員会および委員の権限を奪うことは当該制度の予定するところではなかったと考えられる。教育委員会の事務を市長部局に処理させる典型的な事例を挙げるとすれば，情報公開制度における開示請求の受付相談窓口を市長部局に設置した際に，住民の

利便性を考慮し当該市町村の情報公開制度の統一的運用を確保するために，教育委員会関係の情報公開請求に関する受付事務についても，同条の補助執行により市長部局の職員に処理させるような場合であろう。

　次に，地方自治法の解釈は，同法の他の規定および他の法律との整合性を確保しつつ行われるべきもので，当該規定の解釈により他の制度を無視ないし没却させるような解釈は到底許されないと考える。このような解釈は法の濫用というべきであり，脱法行為というべきであって，公務員の法令遵守義務の精神からも許されるべきではないと思う。

　上述のとおり，地方公共団体の事務は複数の執行機関に分任されており，その権限は，それぞれ地方教育行政法等に規定されているところである。その地方自治制度の根幹にかかわる権限配分について，地方公共団体の長の独占を可能とする解釈および運用を行うことは，地方自治法，地方教育行政法の趣旨に違背するのではないだろうか。すなわち，地方自治法は多元的な執行機関制度を採り，教育については教育委員会制度を採用して，教育行政の政治的中立性を確保する観点から，地方公共団体の長とは別に合議制の執行機関を設けている。教育委員会の守備範囲は，学校教育にとどまらないのであって，社会教育もその守備範囲に属するものである。また，社会教育は学校教育に劣後するものでも従属するものでもなく，いずれも人格の完成を目指す国民の学習権に奉仕するものとして，相互に連携して実施されるべきものであり，これらは一の執行機関において総合的・統一的に行われるとするのが法の趣旨であると理解すべきである。

　当時の出雲市の措置は，こうした法の趣旨を軽視し，社会教育を実質的に市長の権限に移管させるものであり，また，教育委員会を独立した執行機関から長の附属機関へと変質させるおそれがあるのであって，地方自治法および地方教育行政法に抵触する可能性のきわめて高い，不当なものであったと考えている。

5）　日本経済新聞（2018年4月10日）。なお，日本学術会議は，平成29年7月20日付で「21世紀の博物館・美術館のあるべき姿－博物館法の改正へ向けて」と題する報告書を公表しているが，この報告書においては，教育委員会が所管する博物館・美術館・図書館等の施設を教育委員会から首長部局に移管させるべきと主張しているわけではない。

5章 図書館資料滞納者に対し どう対応すべきか

5.1 はじめに

　図書館資料滞納問題は，古くて新しい問題です。いずれの図書館も滞納問題に悩んでおり，その解消は図書館職員にとって日常業務の中でも重大な関心事でありましょう。

　いうまでもなく，図書館利用者は，各図書館の利用規則に定めるところに従い，一定の期限までに返却することを前提として図書館資料を借り出すのであり，その返却期限の遵守は，図書館利用者にとってはイロハのイです。そして，次の利用者のために，この返却期限は厳守されるべきですが，残念なことながら，返却期限を遵守しない図書館利用者は少なからず存在し，図書館職員の悩みの種となっています。

　そこで，図書館職員は返却期限を徒過した図書館利用者に対し，図書館の督促手続きに従って，最初は電話で，次にははがき等で返却を督促することになりますが，それでも返却しない者は必ずいるものです。こうした長期の滞納者は，うっかり返却期限を徒過したというよりは，一種の「確信犯」ともいうべき者であり，借り出した図書館資料をたびたびの督促にもかかわらず返却しないということは，もはや返還の意思はなく図書館資料を自己のものとするという意思の現れと解することが可能となります。そうすると，刑法的には横

領罪が成立するような場合があり，刑事告訴することのほか
に，図書館法上強制的な手段が認められていない以上，法的
に究極的な手段として民法上の民事訴訟手続きに従い返還訴
訟を提起するという選択肢もありえます。しかし，図書館と
しては，訴訟を提起する前に，可能な限り簡易で迅速な手段
により返却の実効性を上げたいと考えることでしょう。

そこで，議論されているのが，滞納者に過料を科す方法に
より返却を促進すること，および督促手続きによる図書館の
財政的負担を解消する一助として督促手数料を徴収すること
の当否です。

5.2 図書館資料の滞納者に過料を科すことができるか

結論からいえば，地方自治法第 14 条第 3 項が「普通地方公
共団体は，法令に特別の定めがあるものを除くほか，その条
例中に，条例に違反した者に対し，2 年以下の懲役若しくは
禁錮，100 万円以下の罰金……又は 5 万円以下の過料を科す
る旨の規定を設けることができる」と定めているので，条例
により図書館資料の返還義務を規定し，その違反者に対して
過料を科すことは可能となります。ただし，図書館法は，図
書館の設置は条例により，図書館の管理に関する基本的事項
は地方教育行政の組織及び運営に関する法律（地方教育行政法）
第 33 条の規定により，図書館運営規則（図書館利用規則）と
して教育委員会規則で定めることとなっており，図書館設置
条例では，図書館の名称および位置を規定すれば必要最小限
の要請は満足されるので，そのような規定形式をとっている
地方自治体では，過料を科すためには，新たに条例を制定す

ることになると考えます。

　ところで，地方自治法の該当規定は 2008（平成 20）年の地方分権一括法の成立により新たに加わったものであり，図書館法制定時点から存在したものではありません。すなわち，過料を科すということは，設置は条例により，管理運営は教育委員会規則によるという図書館の関係法の基本的な要請のほかに属することで，現行の条例および規則の役割分担のほかに生じた想定外の事態なのです。そこで，図書館資料滞納者に過料を科すのであれば，返還の義務とその違反者に対して過料を科する旨を条例で定めなければならず，新規の条例が必要となります。

　その条例私案を下記に示します。

　図書館資料の返還義務を怠った者に対する過料に関する条例

（目的）
第 1 条　この条例は，図書館資料の滞納者に対して過料を科すために必要な事項を定めることにより，図書館資料の返還の遅延を防止し，図書館利用者の利用権を保障し，併せて図書館利用者間の公平を確保し，もって図書館業務の円滑な遂行に寄与することを目的とする。

（返還の義務）
第 2 条　図書館資料の貸出を受けた者は，図書館利用規則（昭和○年○○教育委員会規則第・・号。以下，図書館利用規則」という。）第・・条の定めるところにより，貸出を受けた際に提示された期限までに図書館資料を返還しなければならない。

（過料の徴収）

第3条　図書館長は，前条の規定に違反して期限までに図書館資料を返還しなかった者で，図書館から督促を受けた者に対して過料を科すことができる。

2　前項の過料は，返却期限を徒過した回数ごとに，○○円とする。

3　第1項の過料は，図書館資料を督促するに際しこれを科すものとする。

4　第1項の規定にかかわらず，図書館資料を前条の期限までに返還できなかったことについて，やむを得ないと図書館長が認めるときは，第2項の金額を減免することができる。

（報告）

第4条　図書館長は，前条第1項の規定により過料の処分を行った場合には，その都度教育委員会に報告するものとする。過料を科した後にその額を減免した場合も同様とする。

（委任）

第5条　この条例に施行に関し必要な事項は，教育委員会規則で定める。

　　　附　　則

この条例は，○年○月○日から施行する。

上記私案は，図書館法上の図書館に妥当するものであり，長部局が設置する図書館同種施設としての「図書館」については，その「図書館同種施設の設置及び管理に関する条例」を改正して，図書館返還義務違反者に対して過料を科す旨の

規定を置くこととなると思われます。同条例では、管理に関しては、本来条例事項であることから（もちろん、施行規則に委任しても差し支えないのですが）、条例で規定している例もあり、原則は条例を改正して対応することになると思われます。

　ところで、過料は、法理論上は秩序罰として、行政法上の義務違反に対して科すべきものとされています。督促はあくまで図書館が行うものであり、督促が行われたから過料が科せられるものではなく、督促を契機に科されるものではありますが、あくまで科されるべき行為は図書館利用者の義務違反です。したがって、本来は督促を行う行わないにかかわらず、返却義務違反者全員にあまねく科せられるべきものです。ただし、図書館が督促を行う前に図書館資料を返還した者に対しては、比較的義務違反の程度は軽微であるとして過料を科さないという選択もありましょうから、実務的には、図書館が数回にわたり督促したにもかかわらず返還に応じない者に限って、督促時に過料を科すということになるのではないでしょうか。

5.3 図書館資料の滞納者に教育委員会規則である図書館管理規則で過料を科すことはできるか

　上述のとおり、図書館資料滞納者に過料を科すことのできる法的根拠は、地方自治法第14条第3項です。2008年以前は、条例違反者に対し過料を科すことができる旨の規定はありませんでした。一方、同法第15条第2項に「普通地方公共団体の長は、法令に特別の定めがあるものを除くほか、普通地方公共団体の規則中に、規則に違反した者に対し、5万円

以下の過料を科する旨の規定を設けることができる」と規定していますので，これを根拠に図書館管理規則に過料を規定することができるかどうかが問題になりそうです。

　結論から申し上げれば，図書館管理規則で図書館資料返還義務違反者に対し過料を科すことはできません。地方自治法第15条に規定する規則とは「地方公共団体の規則＝長が定める規則」をいい，教育委員会規則は法に個別の委任がある場合を除くほか，地方自治法第15条を直接の根拠に過料を科すことはできないとされています。また，地方教育行政法第33条が教育機関の管理の基本的事項について教育委員会規則の制定権限を教育委員会に委任していますが，この委任事項に過料を科す権限までを委任していると解することは，地方自治法第15条とのバランスからいっても，困難でしょう。

　なお，督促手数料を地方自治法上の手数料としてではなく，実費として徴収することも困難であると考えます。実費は文字どおり事務に要した実際の費用を徴収しようとするものですが，これは徴収に係る事務が任意である場合において，両当事者の合意を踏まえて当該事務が実施され，その費用として徴収されるものであり，事務自体が申し込みと承諾を前提とする民事的なものであると解されるからです。

　すなわち，当該事務が当事者の合意を前提とするものではなく，行政側の一方的な行為である場合に，当該事務に関して実費を求めること（＝原因者負担）を求めることは適当ではなく，必要があれば手数料として条例に基づき徴収すべきものと考えます。図書館に関して実費徴収が認められる典型例は，図書館資料の複製物の提供の場面でしょう。

5.4 図書館資料の滞納者から督促手数料を徴収することはできるか

　地方自治法第227条に「普通地方公共団体は，当該普通地方公共団体の事務で特定の者のためにするものにつき，手数料を徴収することができる」と規定しているので，当該地方公共団体の手数料条例に図書館資料の督促手数料を徴収する旨規定することにより，法的には図書館資料滞納者に対し返還を求める督促手続きを行う場合に，これに要する費用の負担を手数料として求めることは可能と解します。

　しかし，そもそも督促に関する事務は，図書館法が成立した時点から図書館の基本的な事務として行われてきたものであり，図書館資料の滞納は「浜の真砂は尽きぬとも，世に図書館資料の滞納は無くならざりし」ものであったと思われ，また法的には「特定の者のためにする事務」であることに変わりはないはずですから，従前から督促手数料が想定されてもよかったはずです。したがって，今さらながら督促手数料を徴収するということ自体，従前とは異なる特別な理由が求められるのではないでしょうか。

　手数料は条例に規定して初めて徴集が可能となるものであり，条例改正といえども立法事実（条例の制定改正を合理化する事実）が求められます。少なくとも新たに督促手数料を徴収しようとするならば，例えば，従前よりも滞納件数が大幅に増加し，督促手続きに要する費用が多額になって督促の実施が地方公共団体の財政を圧迫することとなったので，適正な原因者負担が求められるとか，手数料を徴収することで返還期限までの返還を促進し，図書館利用者の負担の公平性を

図る必要があるといった理由が必要ではないでしょうか。こうした立法事実は，単に督促を必要とする生の事実だけを挙げればよいわけではなく，目的の正当性，比例性，合目的性，手段の合理性，副次的弊害の存否などが検証されるべき[1]であって，安易に科すべきものとは思えません。あくまでも従前とは異なる状況が生じていて，督促手数料を徴収しなければ，図書館の円滑な運営と図書館利用者間の公平を確保できないといった事由の存在が必要ではないかと考えます。

5.5 図書館資料の滞納者に過料を科し，督促手数料を徴収することは，そもそも適当か

上記のとおり，徴収の根拠を条例で規定することで，過料も督促手数料も徴収が可能となると考えますが，これが妥当かどうかという点になれば別の結論が出そうです。

まず，図書館に関する事務は教育委員会の所管ですから，図書館資料の滞納に係る過料の徴収でも，督促手数料の設定でも教育委員会が所管する社会教育施設に関する事項ということで，徴収のための条例を制定するには，現場の図書館が教育委員会の管理部門に強く要請し，条例案の議会への提出が長の専権事項になっているために，教育委員会が長部局の理解を得なければなりません[2]。そして，議会においては，教育委員会職員が当該条例の必要性について立法事実に基づき説明しなければなりません。

加えて，条例が成立して，図書館資料滞納者に対し過料や督促手数料を科すこととしても，図書館職員は，その納入に係る通知事務を新たに抱えることとなりますし，地方自治法

第231条の3は「分担金，使用料，加入金，手数料及び過料その他の普通地方公共団体の歳入を納期限までに納付しない者があるときは，普通地方公共団体の長は，期限を指定してこれを督促しなければならない」と規定しているので，これが納入されなければ，図書館職員は新たにこれらの督促事務を行わざるを得なくなります。

同条第3項の規定により，これらの過料および督促手数料の納付がなく，督促してもなお納付がなければ，地方税の滞納処分の例により強制的に徴収することとなります。そもそも過料や督促手数料を徴収せざるを得ないような図書館資料滞納者は，督促をしても返却しないような者であり，これらの者に対して過料や督促手数料の納付を求めても無視される可能性が高く，したがって新たな滞納が生ずることが予想されます。

しかも，過料や督促手数料は地方公共団体の債権として高額であるとはいえず，わざわざ手間と暇をかけて滞納処分まで実施して回収することは，費用対効果の点で疑問なしとはいえません。図書館職員はこうした強制徴収事務に慣れてはいないのですから，精神的にも手続き的にも過度な負担を職員に課すことになりかねません。もちろん，これを承知で条例化を図ろうとするのですから，事務負担の増加は，覚悟の上ということになるでしょうが。

さらに，過料を科すこと自体に対して審査請求が提出されるリスクも考えなければなりません。その場合には，行政不服審査法の定めるところにより裁決に向けての作業をしなければなりませんし，地方自治法の定めるところにより，議会に諮問して裁決しなければなりません。滞納した図書館利用

者が合法的に抵抗しようと思えば，教育委員会は，かなりの手間と暇を惜しまず本件事案に対応しなければならなくなります。したがって，費用対効果を考えるのであれば，他により合理的な方法があるように思えるのです。

　すなわち，過料や督促手数料を科すことにより一種の威嚇効果を期待するのであれば，悪質な図書館資料滞納者に対しては，返還請求権を行使して民事訴訟法により図書館資料の回収を図ること，および刑法第 252 条に規定する横領罪にあたるとして刑事告訴する方がはるかに有効ではないでしょうか。

　民事訴訟の提起には地方自治法第 96 条第 1 項第 12 号の規定により議会の議決が必要ですが，訴訟提起に先立って記者会見を開催し，悪質な図書館資料滞納者には訴訟をもって臨むという「断固たる姿勢を示す」ことで，図書館資料滞納者に任意の返還を促すことが適当であると思慮するところです。

　なお，かつては公立図書館で延滞料を徴収していた時期があったようですが[3]，現在ではほとんどその例を見ることはありません。この延滞料は罰則として科せられるものであり，したがって条例事項であることは過料と異なるところはないのですが，日本において，こうした罰則を科している例がほとんどないことは，図書館資料滞納者に過料を科すことの適否を判断する先例になると思われます。

　すなわち，図書館資料滞納者に過料を科すことおよび督促手数料を徴収することは法的には可能ですが，実効性に乏しいといえるのではないでしょうか。

5.6 過料や督促手数料を科す方法のほか，図書館資料の延滞についてどう対応すべきか

(1) 図書館資料の返却遅滞の場合の措置

　図書館資料は，図書館利用規則に定められた期間内で利用が認められるものです。当該期間が経過すれば，利用者は当然に図書館資料を返却する義務が生じます[4]。

　図書館利用者が期限までに資料を返却しない場合には，図書館長が返却請求権を行使すべきことになります。この場合，明文の規定はありませんが，図書館長が図書館の管理運営の責任を有する旨規定する図書館法第13条の規定，および図書館長に図書館の管理権限を委任する図書館利用規則の趣旨から当然のことと考えます。

①　督促

　図書館資料の返却請求は，通常，督促から始まります。この場合，まず電話，電子メールなどにより返却を促すことがほとんどでしょう。相手が図書館職員の勤務時間中に不在であったり，電話での督促を行ったにもかかわらずなお返却されない場合には，郵便の方法をとることとなると思います。

　この場合に問題となるのが，読書の秘密との関係です。督促は，図書館資料を借りた本人に行うべきですが，本人が不在の場合には，資料の内容を告げずに「期限までに図書館資料の返却がされていないので，至急返却するように伝言願いたい」旨の対応は差し支えないと考えます。

　なお，未成年者の保護者に伝言を依頼した際に，当該保護者から図書館資料の内容について照会があったとしても回答

すべきではありません。未成年といえども読書の秘密は保護されるべきだからです[5]。

次に、郵便で督促する場合に、予算上の理由から、封書ではなくはがきを用いるときでも、第三者には読まれないような形状のもの（名宛人のみが開披するような形状のもの）にしなければなりません。

② 訴訟の提起

図書館利用者に対する督促を行ってもなお返却しない場合には、最終的には民事訴訟手続により返却を請求するための訴訟を提起することになるでしょう[6]。

ところで、自治体にとって義務履行確保のための法は必ずしも整備されているとはいえません。すなわち、図書館資料を定められた期限までに返却しなくても、これを強制的に返却させる法的根拠はありませんので、一般の民事事件と同じように、債務名義（典型的には裁判所の確定判決）を得た上で執行官による強制執行を経るほかはありません[7]。この場合、図書館資料を借りたことおよび返却していないことに争いがなければ[8]、返却しないことに合理的な理由が認められることは考えられませんので、裁判所における審理は1、2回程度で終了し、勝訴のうちに決着するものと思われます。したがって、訴訟そのものは難易度の高いものではなく、訴訟代理人として弁護士に事件処理を委任するまでもなく、職員だけでも十分対応できます。

なお、民事訴訟法に少額訴訟という制度がありますが、この制度は図書館資料返還訴訟にはなじみません。この少額訴訟は、60万円以下の金銭の支払いを求める場合に限り、利用

することができる制度で，物の返還を求める請求にはなじまないものです。少額訴訟は，原則として1回の審理で紛争の解決を図る手続きです。したがって，現物の返還に代わって代価を求める場合には，当該制度を活用することは可能でしょう。

ただし，同一の管理裁判所において同一の年に少額訴訟を提起できる回数は10回までで，回数を偽ると10万円以下の過料に処せられます。

③　貸出制限

図書館資料を借りて期限までに返却しないことが常態化している利用者がいる場合，どのような対応が可能でしょうか。

まず，図書館利用規則で根拠を明確することにより，一定の期間貸出を禁止ないし制限する「ペナルティ」を課すという方法があります。この場合における貸出禁止ないし制限は，正確にいえば，図書館利用者の利用調整のための措置であって，制裁という性格のものではありません。したがって，その運用は公の施設としての図書館の役割と他の利用者との利益のバランスを考えて行われるべきで，形式的であってはなりません。貸出期間を遵守しない利用者にはまず警告を行い，なお返却期間を遵守する姿勢が見えない場合に，貸出制限に係る措置を実行するなどの抑制的な運用が望ましいものです。

そもそも，図書館利用者は，図書館資料を図書館におけるルールを遵守して利用する責務があり，ほしいままに利用できるものではありません。図書館利用者に課せられる貸出期間の設置，貸出冊数の制限などは図書館利用規則で定められるべきですが，こうした制限を設ける理念的根拠は，利用者

間の公平の確保・利用の調整に求められます。

　図書館においてルールを遵守して利用する責務は，公の施設の利用権に内在する制約です。地方自治法や図書館法に明確な法的根拠があるわけではありませんが，あえて根拠を明文の規定に求めるとすれば，憲法第 12 条にその趣旨が規定されています。民法第 1 条第 2 項および第 3 項もまた，法の基本原則として，「権利の行使及び義務の履行は，信義に従い誠実に行う」べきことを求め，権利の濫用は許されない旨を明らかにしています。このように，憲法の保障する権利・自由ですら濫用が禁止されているのですから，法律によって保障されている諸権利もまた当然に濫用が禁じられているものと解されます。

(2)　利用者が返却したと主張している場合，または借りた覚えがないと主張している場合の措置

①　返却したと主張している場合

　図書館資料の貸出および返却は，通常，資料貸出券を提示して行われるものですから，返却したと主張しても資料貸出券による返却した旨の電磁的処理の跡がなければ，根拠が薄弱といわなければなりません。当該利用者が何らかの方法で返却したことを立証しなければ，利用者の主張だけで返却義務の履行を認めることは困難であると考えます。図書館側としては利用者が返却義務の履行をしたことについて，「どうも確実らしい」という心証が形成されない以上，あくまでも返却義務の履行を求めるべきであり，相手が応じなければ上記 (1) ②に掲げる手続をとるべきでしょう。

②　借りた覚えがないと主張している場合

　図書館資料の返却を怠っている利用者に返却を求めた場合，当該利用者が借りた覚えがないと主張したとしても，その名義で貸し出した記録があれば，図書館側とすればそれを明示した上で，当該利用者に対し資料の返却を求めることとなります。貸出記録がある以上，少なくとも当該利用者の貸出券を使用して図書館資料を借りた者がいるわけですから，当該利用者に対してはそのことの説明を求めるべきです。

　例えば，利用者が資料貸出券を紛失または盗難にあったとして，その資料貸出券を第三者が悪用して図書館資料を借りたのではないかと主張することが考えられますが，図書館利用規則では，資料貸出券の貸借を禁止し，また資料貸出券を紛失した場合にはその旨速やかに図書館に届け出ることを求めているはずです。その報告義務を全うしなかった結果，図書館資料が当該利用者名義で借り出されたとしても，そのことによる責任は，当該利用者が負担すべきものと考えます。したがって，貸出記録に当該利用者の名義で特定の図書館資料を貸し出したこととなっており，その返却義務が履行されていない場合には，当該利用者が返却義務を負うべきです。

(3)　返却に応じない利用者に対する措置－刑事告訴の可能性

　返却義務があるにもかかわらず，度重なる督促にも応じないということは，返却の意思がない（換言すれば，自己の所有とする意図がある）と認めてよい場合がありえます。一般的な督促は，上記のとおり，電話やはがきによる場合が多いでしょうが，こうした再度の督促にも応じなければ，図書館資料

を返却せず，自己の物とする（横領する）意思があると考えてもよいかと思います。したがって，民事訴訟を提起して返却を求める場合のほか，併せて刑事告訴の可能性についても検討してみたいと思います。

　民事訴訟を提起し，および刑事告訴するための前提として，返還に応じない利用者に対し，次のような内容証明郵便を送付して注意喚起をしておくことが適当です。

　　あなたは，以下に記載する図書館資料を〇年〇月〇日までの期限で貸借されましたが，当該期限までに返却されていません。その後，当図書館から〇月〇日に電話で返却を要請し，さらに〇月〇日及び〇月〇日の日付をもって葉書で返却を督促したところですが，遺憾ながら何のご連絡もありません。

　　よって，当図書館としては，県民（市民）の財産である図書館資料を適正に管理する立場から，あなたがこれ以上返却を怠ることを看過することはできません。また，これまで再々返却を求めたにもかかわらずこれに応じないことは，返却の意思がないものと判断せざるを得ません。

　　あなたのこうした行為は，県民（市民）の財産を不法に領得するものとして，当図書館としては，返還請求訴訟及び刑事告訴等の法的措置を講ずることといたしますので，ご承知置きください。

　　なお，返却の意思がおありであれば，〇月〇日までに，速やかに返却してください。

　たかだか数百円ないし数千円の図書館資料が返却されない

からといって，住民に対し民事訴訟や刑事告訴で対応するのかとの異議が出そうですが，少額だからといって悪質な図書館利用者を放置することは，結局図書館資料は返さなくてもよいのだという誤った認識を持たれ，図書館利用に係る住民のモラルハザードを助長することにもなりかねません。加えて，返却されない図書館資料の数が累積することは，不適切な財産管理にあたるとして，住民監査請求の対象となることもありうるのです[9]。

　このような，強硬手段をとることについては，図書館の現場では意見の一致を見たとしても，教育委員会事務局の管理部門では抵抗感があるかもしれません。しかし，図書館資料が多く返却されないまま漫然と経過していることについて，適切な措置を講じなかったことにより住民による図書館の利用に支障が出た場合の責任は，まず図書館長が負うべきですから，教育委員会事務局の管理部門と十分な協議を行い，理解を求め，あらかじめ記者発表などを行って，このような方針をとることについて一般に周知させた上で，決断すべき場合があるのではないかと考えます[10]。

注

1) 『自治実務セミナー』（2018 年 3 月号）に掲げられた山本博史氏（千葉県政策法務課）の論文「条例における立法事実の要素と構築過程」が参考になる。

2) 形式的には，地方教育行政法第 29 条の規定により，長が教育委員会所管に関する事務に係る条例案を議会に提出する場合教育委員会との協議を要することとなる。したがって，長の独断で指定管理者制度を導入する条例案を議会に提出することは適正手続き違反と評価されるであろう。逆に，仮に指定管理者制度導入が首長主導で行われるとしても，教育委

員会は同法により意見を求められるのであるから，そこに教育委員会の判断も加わる以上，教育委員会としての見識が求められることとなり，単純に首長主導を言い訳にはできないこととなる。

3) 岸本岳文「6章　公立図書館における『無料の原則』」『図書館法と現代の図書館』日本図書館協会，2001，p.175

4) 返還請求をいつまで行使できるかについては，明文の規定はないが，民法上の請求権の消滅時効期間に準じて考えるべきではないだろうか。民法の消滅時効期間については，従前は，返還請求権を行使しうる状況になってから10年であったが，2017年6月に民法が改正され，時効消滅期間については，5年とされている。図書館資料返還請求権は，公の施設の利用関係から生ずるものであるが，地方自治法第236条（公法上の金銭債権について，5年の消滅時効を規定）のような特別の規定があれば格別，そうでなければ民法の事項に関する規定が適用になる（この意味で，民法は，公法・私法を問わず，法の一般原則を定めている）。

5) 保護者が未成年者に対する監護教育権（民法第820条）を根拠に図書館資料の書名や内容の開示を求めた場合でも，原則として応ずるべきではないと考える。現在，いわゆる親権は「権」と呼ばれていても基本的には親が子を監護教育する義務，すなわち「親義務」と解すべきことに異論はないといわれている。そうして，親権の行使（＝親義務の履行）は「子の利益」を基調として行わなければならず，「子どもの権利条約」第16条第1項が「いかなる児童も，その私生活，家族，住居若しくは通信に対して恣意的に若しくは不法に干渉され又は名誉及び信用を不法に攻撃されない」（外務省ホームページに掲載された訳出による）と規定していることも想起されるべきである。結局，親権者がその子どもが借りた図書館資料の書名や内容を知るのでなければ子に対し義務としての適正な監護教育ができないという合理的な理由が示された場合を除き，図書館資料の書名や内容を開示すべきではないと考える。

6) 地方公共団体が訴訟を提起する場合には，地方自治法第96条第1項第12号の規定により議会の議決を要することとなっている。後述する調停を申し立てる場合も同様である。したがって，訴訟提起や調停を申し立てる場合には，その旨の議案を議会に提出しなければならない。

7) 債務名義は裁判判決のみではなく，調停を申立て，当該調停が成立した場合における調書も債務名義となる。ただし，図書館資料を借りた

者が調停に出頭しなければ調停は成立しないので，その場合には，裁判を提起するほかはない。

8) 返却の有無で問題となる場合があるとすれば，図書館利用者がブックポストへの投入を主張するが，図書館において返却の事実が確認されない場合であろう。ブックポストは，利用者の便宜を考慮して閉館時に図書館資料を返還できるように設置されたものであるが，個々に投入されただけでは返却義務が履行されたとはいえないと考える。返還義務の履行は，開館時であれば返却カウンターに持参しただけでは足りず，図書館職員がこれを受領して貸出記録を抹消して初めて完成するものと解されるので，ブックポストへの投入による返却も，開館日に図書館職員がブックポストから回収した図書館資料の貸出記録を抹消して初めて返還義務が履行されたというべきである。それゆえ，図書館資料をブックポストに投入したと主張するだけでは，いまだ返還義務は履行されていないとすることが適当である。

9) 現に，高松市では 2000 年 10 月に，貸出期限が経過したにもかかわらず適切な対応をとっていないことは財産管理を怠っており違法があるとして，住民監査請求が提出されていることにも留意すべきであろう。

10) ちなみに，刑事告訴したとしても，返却義務者があわてて図書館資料を返却したとすれば，起訴猶予ないし不起訴ということになるであろうし，民事訴訟についても目的を達成したとして訴えを取り下げればよい。

6章 図書館と委託制度・指定管理者制度

6.1 はじめに

　図書館に限らず，地方公共団体が設置する施設の管理について「業務委託」が広く行われていますが，これは法的にはどのように説明されるのでしょうか。

　地方公共団体を一方の当事者とする「業務委託」とは，当該地方公共団体の権限に属する事務または業務を対等の関係に立つ他の者（多くの場合，企業その他の民間事業者）に依頼して行わせる場合をいいます。この場合は「業務委託契約」を締結することになります。地方公共団体と民間事業者との間で行われる業務委託によって遂行されるべき業務は，一般的には，施設・設備の保守・点検業務，清掃業務，警備業務などの事実行為であり，公権力の行使にあたる行為，例えば許認可事務などは，公務員の本来的な守備範囲に属するという理解から，対象としてはなじまないとされています。

　図書館における業務委託の対象としては，清掃業務や警備業務のほか，人材派遣会社との業務委託契約によりカウンター業務や図書館資料の出納業務も対象とされているようです。このように便利に使われている「業務委託」ですが，この手法が特に公の施設の管理について，「包括業務委託」という形で採用された場合には法的な問題が生じます。

「包括業務委託」とは，例えば市営プールの管理について，その管理に係る事務（清掃，警備，施設の点検等安全確保，施設の利用調整等）を個別に民間事業者に委託するのではなく，いっさいを包括的に民間事業者に委ねる場合をいいます。いわば「丸投げ委託」ということになります。そして，多くの場合，当該民間事業者が委託を受けた事務事業をさらに個別に再委託するような体制ないし構造になっているようです。

　こうした業務委託が問題となるのは，現場の管理責任の所在が不明確になり，危機管理が徹底しないという懸念があるからです。上記のような，市営プールが市の外郭団体や民間事業者に包括業務委託という手法で管理が委ねられ，これらの受託者がさらに複数の事業者に業務を細分化して再委託されている場合，プールの吸水口に利用者が吸い込まれ死亡するに至ったようなときに，最終的な責任はどの事業者に帰せられるか，しばしば問題となります。

　そもそも公の施設の管理委託は，従前（指定管理者制度が導入されるまで），地方自治法上は「管理委託制度」をとることが予定されていました。管理委託制度の下では，委託先は公共団体または公共的団体，あるいは地方公共団体が2分の1以上出資する民間事業者に限られ，それ以外の民間事業者は参入できませんでした。また，委託先については，公の施設の設置管理条例において明示して，議会の議決を経ることとされていました。しかし，包括業務委託制度を利用すればこうした制約を脱することができるために，意図的にこのような手法を採用した地方公共団体もあったようです。

図書館と公の施設の管理委託制度

　2003 年 6 月 6 日に地方自治法が改正されて指定管理者制度が導入されたのですが，それ以前は，先に述べたとおり，公の施設の管理については管理委託制度を採用していました。管理委託制度は，1963 年の地方自治法改正に際して，従来の営造物の概念に替わるものとして「公の施設」の概念が採用され，これと同時に導入されたものです。

　従来の公の営造物[1]にあっては，病院の清掃や公園の樹木の管理等を私法上の契約（業務委託契約）により第三者に委託することは許容されていましたが，住民へのサービス（利用）提供に直接関連することについては，施設の公共性から地方公共団体が最終的な権限と責任を持つべきことを理由として，委託経営は消極的に理解されていたものです。

　一方，公の施設については，地方自治法第 244 条の 2 第 3 項において，「公の施設の設置の目的を効果的に達成するため，必要があると認めるときは，条例の定めるところにより，その管理を公共団体又は公共的団体に委託することができる」と規定し，住民サービスに直接関係する事務についても，委託が可能となりました。

　すなわち，管理委託制度の導入の目的は，施設の種類によっては（例えば，宿泊施設など），その経営を民間的発想の上に立って行う方が適当と考えられる場合があるというものでした。したがって，権力的要素の希薄な公の施設，民間において同種の事業を行っている公の施設，経済的利益を生ずるような公の施設などで，その設置の目的を一層効果的に達成することができる場合（地方公共団体が自ら管理運営するより一層

向上したサービスを住民が享受することにより，住民の福祉をさらに増進させることになる場合）に，管理の委託が許容されることになったのです。

　この場合でも，上記のように「設置の目的を効果的に達成するため，必要があると認めるとき」のほかに，①管理受託者は公共団体または公共的団体に限られること，②施設の利用に係る許認可のような公権力性のある権限は委託できないこと，といった要件ないし制約が課せられており，公共性の確保に配慮した制度となっていました。

　その後，1991年の地方自治法改正により，管理委託制度はさらに拡大が図られました。管理受託者に対する地方公共団体の長の監督権限が強化される一方で，管理受託者として新たに「普通地方公共団体が出資している法人で政令で定めるもの」が加えられたのです。これによって普通地方公共団体が2分の1以上を出資する株式会社が公の施設の管理受託者として参入できることになり，営利法人による公の施設の管理・経営に道を開くことになりました。このとき同時に導入された利用料金制度（管理受託者が施設利用者から徴収した利用料金を自らの収入とすることが認められ，また，当該利用料金は公の施設を設置する地方公共団体の条例の範囲内で，長の承認を得て，管理受託者が自ら決定することができることとした制度）を併用すれば，管理受託者は，自主的な経営努力が求められるにしても，公の施設を活用して，利潤を得るための経済活動が制度的に保障されたことになります。

　ただし，図書館については，管理委託制度になじむかどうか疑義があり [2]，文部科学省も1986年ごろまでは否定的でした [3]。実際，公立図書館で管理委託制度を導入した例として

は，1981年に設置された京都市立図書館がありますが，同図書館は図書館法上の図書館ではなく，地方自治法上の公の施設として設置されたことに注意すべきです。

　その後も，公立図書館に管理委託制度を導入する地方公共団体は圧倒的に少数であって，都道府県立図書館ではその例がなく，すべて市区町村立図書館でした。

　ちなみに，文部科学省の資料「公立図書館における業務委託」によると，2002年9月4日現在で，公立図書館全館数2,664館のうち業務委託を行っている館数は465館，このうち都道府県立が64館，市区町村組合立が2,600館となっています。上記のとおり，都道府県立図書館で地方自治法上の管理委託制度を導入した事例は皆無でしたが，市区町村立図書館では例があり，文部科学省が上記の資料を作成するについて，地方自治法上の管理委託制度と民法上の委託契約による業務委託を区別して集計したとは思えませんので，市区町村組合立図書館における業務委託を行っている館数には，地方自治法上の管理委託制度を採用した館数も含まれていると思われます[4]。

6.3 図書館と指定管理者制度－総論

　2003年6月に改正された地方自治法において，従前の管理委託制度が廃止され，新たに指定管理者制度が導入されました。指定管理者制度の導入によって，民間事業者のノウハウを活用した公の施設の管理が可能となったとされています。これは，企業経営的な手法により効率的で質の高いサービスの提供を目指すニューパブリックマネジメントの考え方を背

景としているといわれています。

　2005 年 8 月 17 日付けの時事通信『官庁速報』によれば，社団法人地方行政調査会が行った 47 都道府県（回収率 100%），242 市区（同 83.9%），511 町村（同 15.4%）を対象とする，同年 2 月現在の指定管理者制度の導入・検討状況によれば，以下のとおりでした。

	一部施設で導入済み	導入施設はないが，導入を予定	導入について検討中	当面導入予定もなく，検討もしない
都道府県	31.9%	68.1%		
市区	45.8%	37.4%	13.3%	2.5%
町村	16.1%	15.4%	30.9%	30.5%

　このように，多くの地方自治体で指定管理者制度の導入が行われ，または検討されています。そして，関係条例の整備も進んでいます。

　なお，指定管理者制度になって変わった主要な点は，以下のとおりです。

① 　管理を委ねる相手が拡大し，法人その他の団体であれば足り，団体の公共性や管理の対象となる公の施設を設置した普通地方公共団体との一定の結びつきは要求されません。したがって，株式会社等の営利法人も可能となりました。

② 　委ねられる権限に公の施設の利用に関する処分権限（利用許可や許可の取消しなど）も含まれることになりました。

③ 　従前の管理委託契約から指定管理者の指定という行政処分によることとなりました。

④　委ねる相手方に対する地方公共団体の監督が強化・拡充
　されました。

　問題は，地方自治法上の公の施設，博物館，公民館などの
社会教育施設のほか，図書館もまた指定管理者制度の導入の
対象とされていることです。

　全国的には，既に相当数の地方公共団体において図書館に
指定管理者が導入されています。日本図書館協会の調査（「図
書館における指定管理者制度の導入等について2017年調査（報
告）」）によれば，都道府県立図書館については岩手県，岡山
県，愛知県など6館，市町村立図書館については，2016年に
530館（231自治体）が導入し，2017年に32館（14自治体）
が導入を予定しています。一方，指定管理者制度から直営に
戻した図書館は，13館となっています。

　このように，公立図書館への指定管理者制度の導入は抗し
難い流れのようにも見えますが，そもそも，図書館は指定管
理者を導入することが許される施設なのでしょうか。筆者は，
法的側面から見ても，図書館の本来的機能から見ても，図書
館に指定管理者制度の導入はできないと考えています。

　文部科学省も当初は，公立図書館を直営すべきものである
と理解していたように思えます。1986年に当時の中曽根内閣
の文部大臣であった海部俊樹氏は，衆議院予算委員会におい
て「清掃とか警備とか保守というようなことの民間委託の問
題は別といたしまして，やはり図書館法の規定から見ても公
立図書館の基幹的な業務については，これは民間の委託には
なじまないものでしょうし，生涯学習をするという非常に大
きな目標があります」と答弁しています。指定管理者制度は，
株式会社その他の団体を管理運営の受け手の事業者としてい

84

るものですから，管理委託制度よりもより民間性の強い制度です。公立図書館が管理委託制度になじまないならば，論理的には一層，公立図書館は指定管理者制度になじむはずがないのです。実際，2008年に当時の渡海紀三朗文部科学大臣は，参議院文教科学常任委員会において，「図書館は長期的な視野に立った運営をすべき図書館においては，指定管理者制度はなじまない」と答弁しています（下線：筆者）。

　しかし，文部科学大臣のこうした答弁にもかかわらず，文部科学省は，図書館に指定管理者制度を導入することも許されると認識しているようです。「図書館の設置及び運営上の望ましい基準」（以下，「望ましい基準」）において指定管理者を前提とするような記述が行われているのは，従前の国会答弁に照らしてみたときに，明らかに矛盾した態度というべきです。海部大臣は，「図書館法の規定上なじまない」といっているのですから，まして民間企業性が強い「指定管理者の導入は図書館法では想定していない，公立図書館には，図書館法の趣旨目的から考えて指定管理者制度の導入は許されない」という趣旨で理解すべきものと考えます。

　現在の文部科学省は，忖度すれば，「公立図書館に指定管理者制度を導入することはなじまないけれども，明白に禁止されているわけではない。その選択は地方公共団体の政策による」と言いたいのでしょう。しかし，公立学校は学校教育法上，地方公共団体が管理する旨を明確に規定されているから公立学校に指定管理者制度の導入はできないけれども，図書館法では管理運営者が設置者である地方公共団体が担うべき旨規定されていないので「なじまないけれども許される」というならば，言葉遊びといわれてもやむを得ないと考えます。

このように，文部科学大臣の国会答弁をなし崩し的に否定することは，きわめて問題があります。文部科学省が海部大臣の答弁内容を否定するのであれば，現在の文部科学大臣が国会の場で正式に海部大臣の答弁を撤回すべきです。それが国民代表者によって構成される国会に対する誠実な態度といえるでしょう。

なお，総務省は，地方公共団体に向けて2010年に通知を発して，指定管理者制度の導入および運用について注意喚起をしており，また当時の片山善博総務大臣も記者の質問に答えて「図書館は指定管理者制度に馴染まない」旨の発言をしています[5]。

6.4 図書館と指定管理者制度－各論

(1) 法的側面から

次に，細かいことですが，法的な視点から図書館と指定管理者制度の問題点を掲げます。

① 指定管理者と地方自治法の要件

まず確認しておきますが，管理委託制度においても同様でしたが，指定管理者制度においても，導入を認めている地方自治法上の要件は，同法第244条の2第3項が規定するように「公の施設の設置目的を効果的に達成するため必要があると認めるとき」だけです。公の施設の設置目的は，公の施設ごとに判断されるべきですから，公立図書館に指定管理者制度を導入するためには，図書館の「設置目的を効果的に達成するため必要があると認めるとき」でなければなりません。

図書館の設置目的は図書館法第3条で定めるとおりであり，図書館奉仕の内容が指定管理者制度の導入によって向上することが必要なのです。したがって，指定管理者制度の導入によって，開館時間が延長されたとか，開館日が増えたということは，住民の利便性が向上したといえますが，こうしたメリットは単に図書館奉仕の一部についての限定的な効果であって，図書館法第3条に規定する図書館奉仕の全体が向上したと評価されなければ，指定管理者制度の導入によって図書館の設置目的が効果的に達成されたとはいえないでしょう。しかしながら，実際には指定管理者による選書が問題視されたり，レファレンス能力の低下が懸念されたり，他館との連携が円滑でなかったり，読書会や講演会の開催が不十分とされたりするなど，さまざまな問題が発生しています。

　ちなみに，公立図書館に指定管理者制度を導入することで，地域の賑わいをもたらすことを期待する向きがありますが，地域の賑わいを生じさせることは地方自治法上，指定管理者制度を導入する要件ではありません。それを期待するのは自由ですが，本質的な問題ではなく，他事考慮というべきかと思います。ましてや特定の事業者を招聘することが指定管理者制度の導入によって合理化されるわけではなく，そのために指定管理者制度が導入されるとするならば，本末転倒というべきです。

　また，図書館に係る経費を削減するために指定管理者制度を導入することは，導入の動機にはなるでしょうが（国がそのことを期待していますので），地方自治法上の要件ではありません。地方自治法は，指定管理者制度導入の動機としての経費削減には一言半句も触れていないのです。したがって，指

定管理者制度を導入する際に議会において経費削減を目的とするという説明は，地方自治法上はまったく要求されていない要件であるといえます。法的には，この点も他事考慮というべきです。したがって，指定管理者制度を導入する際の説明は，導入によっていかに図書館の機能（図書館法第3条に規定する各種の図書館奉仕）が向上し，住民の利便性が上昇するかという観点から行うことが求められると考えます。

② 指定管理者と図書館の設置者

次に，図書館法第2条の規定により，図書館の設置者は，地方公共団体，日本赤十字社または「一般社団法人及び一般財団法人に関する法律」に基づく一般社団法人もしくは一般財団法人に限定されています。

特殊法人である日本赤十字社による図書館の設置はともかく，図書館については，公立図書館は地方公共団体が設置し，私立図書館は「一般社団法人及び一般財団法人に関する法律」に基づく一般社団法人または一般財団法人が設置してそれぞれ運営することとしており，「公設民営」という運営方法はそもそも図書館法では想定していないと考えられます。

一般社団法人も一般財団法人も法的には地方公共団体ではありませんが，図書館法は図書館の設置者をこれらの法人に限定しているのであって，公立図書館の運営を民間企業に委ねることが可能であるとの結論を当該規定から論理的に導き出すことは困難です。当該規定から設置と運営を分離する論理的な帰結を導き出すことはできないというべきでしょう。

加えて，図書館法第3条が規定する図書館奉仕には，単に図書館資料を貸し出すだけではなく，郷土資料の収集・提供

や住民からの読書相談に応じたり，他館や学校等との協力関係を構築したりするなど，知の拠点として，長期的な視野に基づき実施するべき事務事業や，住民との信頼関係を構築し円滑な業務運営を行うことができる事務事業も含まれており，これらの諸活動が営利を目的とする民間企業等に委ねられることを想定しているとは到底考えられません。

　また，後述するように，図書館法第13条第1項は「公立図書館に館長並びに当該図書館を設置する地方公共団体の教育委員会が必要と認める専門的職員，事務職員及び技術職員を置く」と定めており，当該職員については，地方教育行政の組織及び運営に関する法律（地方教育行政法）第34条の規定により，教育委員会が任命することとなっています。すなわち，公立図書館は，図書館法上地方公共団体が設置し，その運営は教育委員会が任命する公務員である図書館職員があたるのですから，公立図書館は社会教育機関として教育委員会が直接管理することが図書館法上想定されているのであって，指定管理者制度を導入して設置と経営を分離するという趣旨を図書館法の各規定からうかがうことは困難です。

③　指定管理者が図書館長に就任できるか

　図書館法第13条第1項は，図書館に図書館長を置くと定め，地方教育行政法第34条の規定により，図書館長は教育委員会によって任命されることとなっていますので，当然に公務員となります。したがって，公立図書館に，当該公立図書館の枢要な業務を担い，これを管理運営する職員として公務員ではない職員が配置されることは，（図書館奉仕の一部を業務委託契約により補助的に担わせることはともかく）想定されてい

ないというべきです。

　教育委員会が図書館長その他の職員を任命することは教育委員会の人事権・任命権によるものであり，この人事権・任命権は，公権力の一部を構成するものであって，指定管理者が行使できるものではありません。

　また，教育委員会が任命する図書館長は公務員であり，指定管理者の管理に属するものではありませんから，指定管理者から指揮・命令を受けることはなく，また，逆に指定管理者は民間の事業者であり，法的根拠なくして公務員から指揮・命令を受けることもありません（都道府県が設置した公の施設を当該施設の所在市町村の管理運営に委ねる場合のように，指定管理者がたまたま地方公共団体であっても，指定管理者として登場する以上，その関係は民間事業者と異なるところはありません）。

　ところで，公立図書館とその館長の教育委員会任命制との関係については，文部科学省は大阪府大東市からの図書館運営特区に係る質問に応じて下記のように回答しています。少々長くなりますが，引用します。

　「図書館経営のためには責任が必要であることから，図書館法では公立図書館にその責任者たる館長を置くこととする規定を設けており（図書館法第13条第1項），その任命については，教育委員会が行うこととされています（地方教育行政の組織及び運営に関する法律（以下，地教行法という。）第34条）。この任命規定については，図書館については首長部局ではなく教育委員会が管理するものであることから，その職員の任命を地方公共団体の長ではなく教育委員会が行う旨規定されているものです。教育委員会は公務員たる職員については任命を行いますが，教育委員会が図書

館の管理を指定管理者に行わせる場合で，任命権の対象となる公務員たる職員がいないときには，地教行法34条は適用されません。すなわち，この場合，図書館に館長を置く必要はありますが（図書館法第13条第1項），公務員でない館長については教育委員会が任命する必要はないものです。したがって，指定管理者に館長業務を含めた図書館の運営を全面的に行わせることはできるものと考えています。」（後略，下線：筆者）

　この見解には論理の飛躍があり，到底支持できません。

　公立図書館が教育委員会によって直接管理運営される場合には，当該図書館の館長に公務員を充てるのは図書館法上も地方教育行政法上も当然です。一方で，仮に指定管理者に公立図書館の管理運営を全面的に行わせることとした場合には，当該公立図書館に公務員はいるはずもありませんから，そこに配置される「図書館長」は当然に指定管理者の職員でしょう。しかし，民間事業者の職員を教育委員会が図書館長として任命することは権限外であり，そもそも考えられません。

　すなわち，上記文部科学省の見解は，当たり前のことを当たり前のこととして述べただけであって，むしろ「指定管理者の職員を教育委員会が図書館長として任命する必要がない」のではなく，教育委員会が民間事業者たる指定管理者の任命する当該民間事業者の職員を「図書館長」として任命できるはずがないのです。

　文部科学省の上記見解で，図書館法上は図書館長を置かなければならないと言明しながら，置かない場合を前提として指定管理者の職員が図書館長の業務を全面的に実施できるとしているのは，非論理的です。「置く」とされている以上は置

くべきなのであって，それが置かれない場合を前提とすること自体，図書館法違反の状況を踏まえての説明であり，図書館法上許されるはずがありません。図書館法第13条第1項は「（図書）館長を置く」と明確に規定しており，その他の職員のように「当該図書館を設置する地方公共団体の教育委員会が必要と認める」という裁量的な表現の適用対象ではないのです。加えて，恒常的に公的な組織に組織の責任者がいないことを前提にすることは，法的にありえないことです（一時的に欠けることはあるでしょうし，一時的に他の職にある者が兼務することもあるでしょうが）。例えば，地方自治法上，地方公共団体にはその長として，知事または市町村長を「置く」こととなっていますが，「これが置かれない場合には」という前提自体，地方自治法は想定しておらず，こうした問題設定自体がまったく無意味です。

　一般的に，法律の名宛人が自治体の場合には，当然に法の趣旨を遵守し尊重するでしょうから，「ねばならない」と義務的に規定せずに，「する」という断定調で規定しているのであって，その趣旨は，「ねばならない」と読むべきなのです。したがって，図書館法はそういう趣意で「図書館長を置かねばならない」と規定せずに「図書館長を置く」と規定していると解すべきです。これを「置かねばならない」と規定していないので置かない場合もありうるのだという解釈は牽強付会というべきでしょう。

　公の施設も地方公共団体においては行政組織です。行政組織でもある図書館の組織を整備してその目的に従った機能を全うするようにするのは教育委員会の権限であり，責任でもあります。およそ行政組織を作っておいてその長を任命しな

いということは通常はありえないことです。

　しかし，文部科学省は上述したように，大東市図書館特区
に係る照会に対して「図書館長は任命しなければならないが，
図書館長がいないときは，教育委員会は任命できない」とい
う趣旨の不思議な説明をしています。図書館長がいないのは
教育委員会が任命しないからであって，教育委員会が適正な
人事権・任命権を行使すれば，図書館長の不在という事態は
容易に解消できるのですから。したがって，文部科学省は「指
定管理者制度を導入すれば教育委員会が図書館長を任命しな
くても差し支えない」と解釈しているとしか思えません。し
かし，そのことは本来，地方教育行政法が認めている法状況
とは明らかに異なるというべきです。

　そもそも公立図書館は，図書館法の規定により，公務員で
ある館長が置かれ，図書館長は地方教育行政法上，教育委員
会が任命し，図書館法の趣旨からすれば公立図書館は教育委
員会により直接的に管理運営されることが法的に予定されて
いると解されます。この点からも指定管理者の導入は法的に
疑義があるのです。これに対し，文部科学省の上記見解は，
換言すれば，「指定管理者制度を導入して全面的に公立図書館
の管理運営を民間事業者に行わせることとしてしまえば，教
育委員会が図書館長を任命する必要がない。だから指定管理
者制度を導入できる」と説明しているにすぎません。すなわ
ち，指定管理者の導入を前提として，導入後の状況を説明し
ようとしている（それ自体，上記のとおり，まったく論理的では
ないと考えますが）というべきなのです。

　繰り返しますが，図書館は社会教育施設であり，教育機関
であることは，指定管理者制度を導入したとしても何ら変わ

るところはありません。一方，地方教育行政法第34条は，「教育委員会の所管に属する学校その他の教育機関の校長，園長，教員，事務職員，技術職員その他の職員は，この法律に特別の定めがある場合を除き，教育委員会が任命する」と規定しています。したがって，公立図書館に置かなければならないとされる図書館長は，地方教育行政法に別段の定めがない場合には，教育委員会が任命すべきであり，そして地方教育行政法に別段の定めはないのです。

教育委員会が任命する者が公務員であるべきことはいうまでもありません。換言すれば，図書館に指定管理者制度を導入したとしても，文理解釈上，図書館長は設置せざるを得ず，その図書館長は教育委員会が任命する公務員である以上，指定管理者が配置することはできません。つまり，図書館長まで指定管理者が配置するような「全面的な」指定管理者制度の採用は，現行法令上（図書館法を改正するのでなければ）困難であるということになりそうです[6), 7)]。

そうすると，仮に図書館に指定管理者制度を導入したとしても，図書館長が必置であり，教育委員会の任命によらなければならない限り，図書館長が管理する業務と指定管理者が管理する業務とが並存することとなり，図書館長を頂点とする命令系統と指定管理者ないしその管理に属する職員を頂点とする命令系統とが並置されることとなります。

岩手県立図書館では，指定管理者制度を導入しつつも，図書館長ならびに副館長および若干の職員は教育委員会職員が配置されているようですが，それは図書館法および地方教育行政法に忠実な対応であると思われます。また，指定管理者との事務のすみ分けとして，官民の役割分担を掲げており，

その中で県立図書館の性格上,「基本方針に掲げた項目[8]遂行にあたっては,県立図書館としての的確な運営を図るとともに,他の自治体や教育機関等との調整も必要なことから,事務事業の遂行における根幹部分(方針決定,資料選定,支出執行等)は県が決定するもの」としています。社会教育に係る枢要な事務事業の企画立案を,教育委員会の専権事項として教育委員会職員が行うこととしていることも,図書館法および地方教育行政法の趣旨に合致した対応であると思われます。しかし,こうした対応は苦肉の策と思われ,公の施設を全面的に民間事業者に委ねることを目的とした指定管理者制度の設計思想にふさわしいかどうかは,疑問です。

こうした状況が生ずるとするならば,図書館に指定管理者制度を導入することは図書館の円滑な経営にとって効果的であるとはいえず,指定管理者制度の制度設計に照らして想定どおりとはいえないと考えます。換言すれば,図書館に指定管理者制度を導入することには法的に無理があり,その無理は現行制度を前提にする限り,解消は困難というべきなのです。こうした困難は,本来導入すべきでない公の施設に無理やり指定管理者制度を導入したことにより生ずる結果ですから,そもそも図書館法上図書館には指定管理者は導入できないという原点に返るべきでしょう。

④ 指定管理者と「図書館の設置及び運営上の望ましい基準」
について

次に,「望ましい基準」についてです。この文部科学省告示において,都道府県立図書館は市町村立図書館に対し,必要な調整や支援を行うとされています。こうした支援や業務上

の調整においては，都道府県立図書館が市町村立図書館に対して事実行為として指導し助言を行うこともあると考えられます。指定管理者制度を導入した都道府県立図書館が直営の市町村立図書館に対して，事実行為であるとしても，こうした指導や助言を行うことになるのか，そもそも行えるのか，筆者は疑問に感じています。

　地方分権一括法成立以来，都道府県と市町村とは水平・対等の関係となり，命令と服従の関係ではなくなりました。もともと都道府県立図書館と市町村立図書館とは上下関係にあったわけではありませんが，都道府県立図書館が市町村立図書館の職員研修を企画するなど，指導的役割を演じていたことは否定できません。こうした関係は，互いに直営を前提として公的な組織として運営されていたからこそ抵抗なく行われていたものです。指導的立場に立つとされる都道府県立図書館を指定管理者が運営することとなり，期限つきの運営となったときに，都道府県立図書館が責任をもって市町村立図書館に対し指導・助言ができるかという点に懸念があるということです。必ずしも法的な問題ではありませんが，民間事業者の運営する都道府県立図書館に対し，直営の市町村立図書館が，従前どおりの信頼関係を前提とした調整や支援を寄せることができるかという懸念もあります。

　指定管理者が管理運営する場合でも都道府県立図書館に変わりはなく，割り切って，上記告示によって指定管理者が市町村立図書館に対して主導的立場から関係を構築すればよいとの見解もあるでしょうが，直営の市町村立図書館からすれば，民間事業者が運営する都道府県立図書館に対して指導・助言を求める信頼関係を構築できるかどうかが問題なのです。

都道府県立図書館への指定管理者制度の嚆矢となった岩手県立図書館も，市町村図書館との連携協力支援に係る事務は，教育委員会から任命された公務員である図書館長が行うシステムを採用しているのも，示唆的です。

⑤　指定管理者と図書館協議会 [9)]

　図書館協議会は，図書館法第 14 条第 1 項の規定により「公立図書館に設置することができる」とされ，「望ましい基準」によれば，「地域の実情を踏まえ，利用者及び住民の要望を十分反映した図書館の運営がなされるよう」努めるものとされ，実務上は学校教育関係者，社会教育関係者および学識経験者等から選任されるのが通例のようです。図書館協議会は，図書館法上は任意設置ですが，ほとんどの公立図書館で設置されているようであり，住民・図書館利用者の意見を図書館の管理運営に反映するための重要な機関です [10)]。

　問題なのは，公立図書館に指定管理者制度を導入した場合，図書館法第 14 条に規定する図書館協議会と，指定管理者により任命される図書館長との関係が説明困難な状況に至るということです。

　図書館協議会を設置する場合，その委員は，図書館法第 15 条の規定により教育委員会が任命することとなっています。図書館協議会は法的には教育委員会の附属機関であり，具体的には図書館長の諮問機関として機能するものです。つまり，図書館の管理運営に関し図書館長の諮問に応じ意見を述べるものであって，その委員の身分的位置づけは，教育委員会により任命される特別職の非常勤公務員です。

　指定管理者に図書館業務を全面的に行わせる場合，非常勤

の特別職とはいえ公務員によって構成される図書館協議会は存続しうるのでしょうか。存続する場合，民間事業者の職員である「図書館長」の諮問機関の委員に，教育委員会の任命する非常勤特別職公務員が就任することになるわけで，民間事業者の職員の諮問に応える公務員によって構成される附属機関という存在を法的に合理的に説明できるかどうか疑問です。筆者は，公務員からなる公的な附属機関が民間人から諮問され，これに答申を行うという法制度を寡聞にして承知しておりません。

また，図書館への指定管理者導入によって，図書館協議会は廃止になると解釈した場合も，問題があります。図書館協議会の設置を認める図書館法に，指定管理者制度の導入に伴って図書館協議会を設置しなくてもよいという趣旨の規定はなく，そうした解釈を許容する法的根拠が図書館法にないからです。むしろ図書館協議会は，「望ましい基準」においては，設置が推奨されるという前提で記述されていると判断され，図書館協議会は図書館に外部有識者の意見を反映させる重要な機関であって，指定管理者制度を導入したからといって廃止できるものではありません。

しかしながら，指定管理者制度を導入した場合，コスト増を嫌う指定管理者は図書館協議会を廃止する傾向にあるようです[11]。図書館協議会は条例により設置することが必要ですから，指定管理者の意思だけでは図書館協議会は廃止できません。自治体としては，指定管理者制度を導入すると同時に，指定管理者の意向に従い図書館協議会を廃止する場合には，当該条例を廃止しなければなりません。そうすると，図書館に係る経費削減のためには図書館協議会を廃止することも躊

踏しない＝図書館経営には他者の意見の反映は不要だということになり，何のための民営なのか，ということになります。指定管理者制度を導入しようとする自治体が，図書館協議会を廃止しても指定管理者が選任する「図書館運営委員会」で足りると考えているとすれば，従前の図書館協議会が時として図書館長に対して「耳の痛い」意見具申をする「お目付け役」の機能を有する場合などを考えたとき，指定管理者が任命した「図書館運営委員会」が指定管理者にとって都合の悪い意見を述べる組織になりうるかどうかについての想像性が欠如しているといわねばなりません。

　こうした面倒な説明を要する制度を図書館法がそもそも容認しているとは考えにくく，竹に木を接いだような説明になってしまうのではないかと思います。

⑥　図書館長と公物警察権

　次に，公物警察権について言及したいと思います。指定管理者制度を導入する場合であっても，公物警察権は行政の側に留保されると考えられます。

　図書館長は，施設の管理責任者として，図書館内の秩序を維持して利用者が相互に円滑な利用を確保できるようにする責務があります。教育委員会規則として制定される図書館の管理運営規則でも，館内の秩序維持のために図書館利用者に対しその利用を制限したり退館を求めたりすることを図書館長の権限として規定しています。これらは，公物警察権に分類されるものであり，公権力の行使そのものです。仮に，図書館長から退館命令を出されて図書館の利用ができなくなった者は，地方自治法第244条の4の規定により，審査請求を

行うことができると解されるので，当該権限の行使が公権力の行使であることは疑いがありません。

指定管理者制度を導入する際の行政と指定管理者の権限配分において，図書館内の会議室の使用許可権などは指定管理者に附与されますが，公物警察権は，上述のとおり行政側に留保されると理解されており，これは国においても同様です。公物警察権といった公権力の行使にあたる者は公務員 [12), 13)]であって，民間人ではあり得ません。公物警察権の問題は，公の施設全般にいえることであって，図書館だけの問題だけではありませんが，少なくとも文部科学省は，指定管理者が図書館長の業務を行うことができると解釈するのであれば，この問題に対しても責任ある回答をしなければなりません。

すなわち，単純化すれば，法的根拠なくして民間事業者が公権力の行使に該当する公物警察権を行使できるのか，ということです。もっとも，建築主事が行使する建築確認の事務を民間企業に委ねるという事例もありますが，これには明確な法的根拠が用意されています。したがって，指定管理者が任命する図書館長が図書館運営規則に従って，図書館内の秩序を維持するために利用者に対して，その利用を抑制しまたは退館を命ずることができるとするならば，明確な法的根拠を示す必要があるでしょう。

仮に，公物警察権の行使のために，図書館長だけを公務員とし，その他の職員を指定管理者とした場合には，図書館内の指揮命令系統が混乱します。公務員である図書館長は，民間人である指定管理者職員に指揮命令権は行使できませんので，労働者派遣法のような法律関係が成立するのでなければ，二重の指揮命令系統が生ずることになりかねません。

100

こうしたことを指定管理者制度が想定しているとも思えません。そもそも，指定管理者制度を導入しておきながら，図書館長だけを公務員とすること自体，制度矛盾というべきです。したがって，図書館法を素直に解釈すれば，公立図書館は館長もその職員も公務員が配置されなければならず，図書館は指定管理者制度の導入を想定していないと解さざるを得ないということです。

⑦　図書館法と地方自治法の関係

　以上のように，図書館法およびその関連法の趣旨に照らせば，公立図書館は地方公共団体が社会教育施設として設置し，当該地方公共団体の教育委員会が直接運営する施設として予定されていると解すべきで，その点において，総務省が指定管理者制度の導入ができない施設の例として掲げている学校や道路と何ら変わるところはないと考えられます。

　ところで，公立図書館について，指定管理者制度を規定する地方自治法と図書館法の適用関係は，いったいどのように整理すべきなのでしょうか。筆者は次のように考えます。つまり，指定管理者制度は地方自治法に根拠を有する制度であり，地方自治法に規定する公の施設について導入することが想定される一方で，図書館は広い意味では住民の福祉の向上に資するために設置されるものですから，広義の概念では公の施設です。図書館は公の施設ではありますが，その機能，役割，業務，設置主体，組織などは基本的にすべて図書館法に根拠を有するものです。そうすると，その法的位置づけは地方自治法ではなく，まず図書館法に基づき理解されるべきです。したがって，公の施設としての法の適用関係は，図書

館法が先で，地方自治法が後になるでしょう。そして，地方自治法は図書館法が規定していない事項について機械的に適用されるのではなく，図書館法の趣旨を尊重し，図書館法の精神と矛盾・抵触しないよう適用されるべきものと考えられます。その関係は，公の施設に関しては，地方自治法が一般法で，図書館法が特別法にあたると整理できます[14]。

　指定管理者制度は，地方自治法が規定する制度ではありますが，これを図書館に適用する際には，単に図書館も公の施設であるから当然に導入できると判断するのではなく，指定管理者制度と図書館法の内容との整合性が確保されるべきであり，図書館法の趣旨・目的等が指定管理者制度になじまないと判断され，図書館法の各規定にかんがみて図書館に指定管理者制度を導入すべきでないとの判断ができるのですから，一般法と特別法との関係からしても，図書館法独自の適用関係が求められると考えます。

　地方自治法の指定管理者制度に係る規定の解釈上，図書館に指定管理者制度が導入できる法的根拠はないのであり，図書館に指定管理者制度の導入も許されるとするのは，国の解釈です。地方公共団体が，図書館法の理念や規定内容を踏まえて，国とは異なる立場で図書館法を解釈し，図書館法上指定管理者制度の導入は不可能であるとの結論を出したからといって，何の不都合もないのです。

(2)　図書館の実質的な機能的側面から

　公立図書館は，図書館の実質的な機能的側面からも，次のとおり，直営が予定されているというべきです[15]。

　すなわち，公立図書館は社会教育施設として固有の役割を

負っています。教育基本法において，社会教育は，「国及び地方公共団体において奨励されなければならない」こととされ（第12条第1項），「国及び地方公共団体は，図書館，博物館，公民館その他の社会教育施設の設置，学校の施設の利用……その他の適当な方法によって社会教育の振興に努めなければならない」とされています（同条第2項）。また，社会教育法は，社会教育について，国，地方公共団体その他の団体は求めがあった場合にのみ必要な技術的助言と援助を行うこととされ，不当に統制的支配を及ぼし，その事業に干渉を加えてはならないとされています（同法第9条の3，第11条，第12条）。

　このように，社会教育の一翼を担う公立図書館は，社会教育施設として固有の役割を負い，その実現のために，他からの干渉を排除してその機能を全うするような法的な位置づけをされています。ですから，法律上，社会教育を所管する教育委員会が，その権限と責任において公立図書館を管理運営すべきことが当然の前提となっていると解されます。

　加えて，公立図書館は，社会教育施設として自立的に運営されるべきです。このことは，実は，かつては文部省（当時）自身が明確に認識していたものです。すなわち，1957（昭和32）年6月11日付けで，文部省初等中等教育局長は，宮城県教育委員会教育長からの照会に対し次のように回答しています。

　　「法（地方教育行政の組織及び運営に関する法律）第30条の教育機関とは，教育，学術，および文化（以下「教育」という。）に関する事業または教育に関する専門的，技術的事項の研究もしくは，教育関係職員の研修，保健，福利，厚生等の教育と密接に関連のある事業を行なうことを目的と

し，専属の物的施設および人的施設を備え，かつ，管理者の管理の下にみずからの意思をもつて継続的に事業の運営を行なう機関であると解釈する。」

時代の変遷に伴い，指定管理者等の新たな公の施設に関する管理運営のための制度が準備されること等により，教育機関に対する上記の理解を維持できなくなったということであれば，文部科学省は，その旨明言し，教育機関に対する新たな考え方を論理的に示すべきでしょう。

さらに，公立図書館を支える職員には専門性が必要です。司書となるためには，大学で所要の科目を取得し専門的な教育を受けることが必須です。しかしながらこれらの教育は，専門的職員の専門性の基礎を形成するにすぎず，その専門性は日常の業務を通じて確立するものであり，司書はこうした日常的業務を通じて成長するといわれています。すなわち，重要なのは自己教育と図書館内での相互教育です。司書ほどOJT（On the Job Training）になじむ職種はないといってよいのではないでしょうか。

そうだとすると，こうした専門性が確保される方途が，指定管理者制度を導入した場合にも制度的に保障されなければなりません。例えば，司書に対する継続的かつ定期的な研修制度と同様の体制が，指定管理者制度を導入した場合でも確保される必要がありますが，そのことは当然に指定管理者にも期待することができるのでしょうか。また，管理費用を極力縮減し，営利を追求する民間事業者である指定管理者にも期待できるとすれば，その根拠はどこにあるのでしょうか。筆者は，これらの点について，営利を目的とする民間事業者に期待することは困難であると考えています。

また，図書館については，社会教育における住民の主体性の尊重と運営への参加が必要です。図書館法は，図書館の運営に学校教育関係者，社会教育関係者，家庭教育の向上に資する活動を行う者および学識経験者からなる図書館協議会の設置を予定し，図書館の外からの意見を図書館運営に反映させるべきこととしています。図書館協議会は必ず設置しなければならないものではありませんが，その設置が奨励されていることは疑いのないところです。

　ところで，社会教育法第15条は，都道府県および市町村に社会教育委員を置くことができることとしています。社会教育委員には，学校教育・社会教育の関係者，家庭教育の向上に資する活動を行う者，学識経験者から委嘱されることが期待されており（文部科学省令），図書館を含む社会教育全般にわたって，社会教育に関する諸計画の立案等を行い，幅広い意見を反映させることができるとしています。図書館協議会のメンバーとして，従前と異なり，社会教育委員が充てられることが必然ではなくなったものの，依然として有力な委員候補であることは間違いのないところでしょう。

　こうした社会教育委員の守備範囲から，指定管理者制度を導入した図書館の運営に関する事項を除く趣旨なのか，依然として対象とするのかは，明らかではありません。一般に，指定管理者制度を導入するということは，建前上は「公の施設の設置の目的を効果的に達成するため」，すなわち，「住民の福祉を増進する」ためですが，実質的には管理費用の削減にあるのは明白です[16]。したがって，民間事業者による効率的な経営に反するような社会教育委員の意見（例えば，司書などの専門職を充実させるべきであるとか，図書館資料の充実を図る

べきであるとか，開館時間を延長すべきであるとか，郷土資料の収集整理にも取り組むべきであるとか）は採用されず，社会教育委員の意見は図書館経営には反映されなくなる可能性を否定しきれません。いずれにしても，指定管理者制度を導入した図書館の経営に関し社会教育委員の職務が及ぶのかどうか気になるところですし，その点について文部科学省は見解を示す説明責任があると考えます。

　以上列記してきた事項は，図書館が社会教育施設として十全の機能を発揮するための諸条件であり，これらが確実に保障されるためには，公立図書館が設置者たる地方公共団体の教育委員会を通じて管理運営されることが予定されているべきであると考えます。

　こうした疑問にもかかわらず，文部科学省は，図書館について指定管理者制度の導入が可能であるとの理解を有しているように思えますが，図書館法の趣旨との関係では論理的で，かつ十分に説得力のある説明とはなっていないように思えます。まず，指定管理者導入ありきという政策的判断が優先しているように感じられるのは筆者だけではないと思います。

　いうまでもなく指定管理者制度導入の目的は，既に何度も述べたとおり，「公の施設の設置の目的を効果的に達成するため必要があると認めるとき」との要件（＝サービス向上要件）が不可欠で，地方自治法上はそれが唯一の要件です。したがって，公立図書館に指定管理者制度を導入するのであれば，それが図書館の利便性を向上させ，図書館利用者に対するサービスを増進させるか否かについての検証が必要です[17),18)]。地方自治法の改正に際して，図書館に指定管理者制度を導入

することについて，これを肯定したのであれば，図書館法の所管官庁としての文部科学省はその旨の検証結果を明らかにすべきでしょう。しかし，そのような見地からの説明があったとは承知しておりません。

　結局，文部科学省は，図書館法に規定する図書館の本質的な機能に立脚して指定管理者制度の導入を議論したのではなく，政府の方針に従い，図書館の管理運営に関し図書館法を改正することなく，換言すれば法的整合性を図ることなく，政策的転換を図ったというべきでしょう。

　そして，少なくとも 2008 年の時点で，何よりも文部科学大臣自身が図書館への指定管理者制度の導入について「なじまない」との認識を示しているのは重要です。すなわち，同月 6 月 3 日，参議院文教科学委員会の審議において，渡海文部科学大臣が，公立図書館への指定管理者制度の導入率が 1.8％であることを明らかにした上で，次のように述べています。

　　「その最大の理由は，やっぱり今御指摘があった，大体指定期間が短期であるために，5 年ぐらいと聞いておるが，長期的視野に立った運営というものが図書館ということになじまないというか難しいということ，また職員の研修機会の確保や後継者の育成等の機会が難しくなる，こういう問題が指摘されている。やっぱりなじまないということで 1.8％なのかなというふうに私は受け止めている。」[19]

　要するに，渡海文部科学大臣は，公立図書館において指定管理者制度が進まない理由について，

① 　指定管理者の期間は多くの自治体で 5 年程度としており，長期的視野に立った運営を行うべき図書館にはなじまない。

② 　指定管理者制度を導入した図書館においては，職員の研

修機会の確保や後継者の育成が困難であるという問題が指
　　摘されている。
との認識を示しているということです。

　これらの指摘は，国会における審議を待つまでもなく既に
懸念されていたものであり，その懸念に理由があることを指
定管理者の導入率が低迷しているという事実が証明し，文部
科学省においてもこれを無視できなくなっているということ
であろうと思います。

　渡海文部科学大臣も言及していますが，図書館に指定管理
者制度を導入するかどうかは，結局のところ，公立図書館の
設置者である自治体が主体的に決定すべきです。その際には，
指定管理者制度の導入が図書館という施設の性格上適切なも
のなのか，換言すれば，長期的視野に立ったときに図書館の
機能が損なわれることはないのか，何よりも一時的・短期的
にではなく，継続的・長期的な観点から住民の福祉の向上に
寄与するものかどうかが問われるべきなのです。そして，そ
の結果，さまざまな問題点が指摘されているにもかかわらず，
自治体において公立図書館に指定管理者制度を導入した場合
は，そのことの説明責任は自治体自身が住民に対し負うべき
ことを強調しておきたいと思います。

6.5 図書館と指定管理者制度のそもそも論

　以上のとおり，筆者は，図書館法は公立図書館に指定管理
者制度を導入することを想定しておらず，法的には不可能と
いうべきではないかと主張してきましたが，問題は，むしろ
区々たる法的問題を越えたそもそも論にあると思われます。

図書館という施設の本来的な機能にかんがみ，指定管理者制度を導入することが適当な施設なのか，図書館は地域の知的拠点として地域文化を育て継承していくべき役割を有する施設であるにもかかわらず，市場原理を導入することが適切なのかどうかという点です。

　図書館法第2条には図書館の役割が，第3条には図書館奉仕がそれぞれ示されていますが，いうまでもなく図書館は無料貸本事業を行うための施設とされているわけではありません。住民の各種の憲法上の権利（知る権利，学習権，参政権，幸福追求権等）に奉仕するという重要な役割を担っています。

　営利目的の団体が，これらの諸権利の実現を目的として当該施設の管理運営にあたるとは到底思えません。公の役割は多岐に及びますが，その一つとして，営利事業になじまない事業を公が住民の福利向上の観点からその責任において実施するという観点があるはずであり，図書館こそがその典型例ではないでしょうか。

　図書館に指定管理者制度を導入する際の理念上最大の問題は，こうした性格の公の施設に市場原理を持ち込み，ビジネスの対象としたことであると考えます。少々下品な言い方を許していただければ，図書館を商売の対象にしたということです。近時，「市場化テスト」と称して行政活動を市場原理の立場から評価しようとする考え方がありますが，経済合理性の追求が効率的な行政運営につながり，真に行政目的達成にとって有意義なのか，利益追求型の市場原理的効率化が当該行政目的の達成になじむものなのか，市場性になじまない分野を行うのが公の仕事なのではないか，という点が常に問われなければならないと考えます。

指定管理者の導入がふさわしい公の施設を挙げるとすれば，当該施設の収支が自己完結的に整うことが求められる施設，民間事業者が既に進出している分野などが指定管理者導入によりその設置の目的を一層効果的に達成しうることが期待される施設であり，その意味では利用料金制度を採用している公の施設こそが指定管理者制度導入にふさわしいと考えます。

　公の施設に指定管理者制度を導入するか否かは，地方公共団体の政策判断ではあると思いますが，法的問題が残っている分野について，これを無視して「導入先にありき」が許されるとは思いません。指定管理者制度を導入することの理由が管理運営費用の削減だけでは，地方自治法が定める要件に抵触する可能性があるのです。財政効率優先で指定管理者制度の導入を決定した地方公共団体にあっても，法的諸問題がある場合にこれに目をつぶることは許されません。図書館に指定管理者制度を導入しようとする地方公共団体にあっては，上記の諸問題に対して，住民やその代表からなる議会に対し，真摯に丁寧に説明する責務があると考えます。

6.6　図書館と指定管理者制度−その他の実務的諸問題

　図書館に指定管理者を導入することは，以上のとおり，法的に疑義があり，また実務的にも適当ではないと考えます。一方，地方公共団体がその設置する図書館に指定管理者制度を導入する選択をした場合，図書館に関する所管省庁である文部科学省が明確に，図書館に指定管理者制度を導入することは，学校について指定管理者制度が導入できないように，図書館法上違法である旨鮮明にしたのであればともかく，同

省が図書館に指定管理者制度を導入するかどうかは地方公共団体の政策判断であるとの立場を維持する以上，地方公共団体がその選択をした場合にただちに違法とまではいえず，結局は当該自治体の政策的選択に委ねられることとなります。

そこで，仮に，図書館を設置する自治体が図書館について指定管理者を導入しようとする場合におけるいくつかの問題点について検討してみることとします。

(1) 公の施設の設置の目的を効果的に達成するとはどのような意味か

この点については，上述したところですが，指定管理者の導入要件に属することですので，重複を承知で繰り返します。

地方自治法第244条の2第3項に規定する指定管理者へ管理を行わせることのできる唯一の要件は，「公の施設の設置の目的を効果的に達成するため」ということになっています。この表現は，指定管理者制度に先行していた「管理委託制度」の場合と同様の表記であり，その概念も基本的に変わってはいないと考えられます。そうすると，この「設置の目的の効果的達成」とは，「自治体が自ら管理するよりもより一層向上したサービスを住民が享受することになり，ひいては住民の福祉が更に増進される場合をいう」ことになります。そこに行財政改革への配慮があることも事実でしょうが，その場合でも住民に対するサービスの向上が前提となり，二者択一の関係ではないはずです[20]。

公の施設は本来的にはきわめて広い概念ですから，「設置目的の効果的達成」についても，その具体的な内容は，それぞれの公の施設ごとに検討することとなります。図書館につい

ていえば，図書館法第2条に図書館の定義が置かれており，それによれば，図書館とは「図書，記録その他必要な資料を収集し，整理し，保存して，一般公衆の利用に供し，その教養，調査研究，レクリエーション等に資することを目的とする施設」であり，その行うサービスは，同法第3条に列挙されているとおりです。したがって，図書館に指定管理者を導入するということは，その導入によりもっぱら図書館の役割・機能が増進して図書館利用者の利便性が一層向上するものでなければなりません。

開館時間の延長や開館日の増加などは目に見える形の利便性の向上でしょうが，レファレンスサービスや蔵書内容の充実，他の施設との連携・協力の拡大なども図られるべきものと考えます。したがって，こうした面の利便性が向上しなければ，指定管理者の導入によって図書館の本質的機能の増進が認められたとは評価し難いところでしょう。

(2)　社会教育施設は指定管理者になじむか

社会教育施設には，個別法に根拠を有するものと，そうでないものがあります。前者の典型が図書館法に基づく図書館，博物館法に基づく博物館や美術館です。社会教育法に基づく公民館も前者に含まれます。後者の社会教育施設には，例えば少年自然の家や青年の家，野球場や体育館などのスポーツ施設などが該当します。

前者の社会教育施設には，その個別法の中で当該施設の設置目的が明確に示され，その役割が明言されるとともに，司書や学芸員などの専門的職員が配置されるところに特徴があります。したがって，従前は，これらを設置する自治体が直

接運営することが当然と考えられていたように思います。なぜなら，これらの施設が指定管理者制度に先行する管理委託制度に委ねられる例は，きわめて少数であったからです。

一方，個別法に根拠のない施設については，地方自治法の公の施設として設置され，その目的が社会教育の用に供されることから教育委員会の所管とされています。個別法に根拠がない以上はその設置目的も条例の中で初めて創設され，どのような機能を与えるか，どのような職員を配置するかはすべて地方公共団体の政策次第ということになり，自由度の高い施設といえます[21]。

特に少年自然の家や青年の家などは，自然観察，自然探求その他の自然に親しむ学習活動を行ったり，団体活動を通じた青少年健全育成に資する事業を行うことが予定されており，必ずしも制度的に司書や学芸員のような専門的職員の配置が求められていません。そうすると，その制度設計の考え方は限りなく一般の公の施設に近い性格を有するとも考えられ，管理運営も民間により優れた人材を求めることが可能であり，その分だけ指定管理者制度になじむものと考えられます。

このように，個別法に根拠のある社会教育施設については，設置した地方公共団体が直接管理運営することが制度の趣旨に適うと考えられますが，社会教育施設のすべてについて指定管理者制度の導入を拒否的に考える必要もなく，社会教育施設ごとに個別の検討を行うことが適当です。その結果，地方自治法に直接設置の根拠を求めている社会教育施設については，指定管理者制度に高い親和性があるように思われます。

(3) 図書館の非営利性と指定管理者の業務収益

公の施設の利用に際しては，一般に，利用者から使用料を徴収することができます。そして，このような公の施設について指定管理者制度を採用する場合には，おおむね利用料金制度[22]を導入することが多いと思われます。ただし，すべての公の施設について使用料が設定されるわけではなく，その設置根拠となる法律に特別の定めがある場合には，その法律に従うこととなります。

図書館については，図書館法第17条でいわゆる公立図書館の無料制がとられています。ただし，この場合における無料制の妥当する範囲については，さまざまな議論があります[23]。同法第17条では，「入館料その他図書館資料の利用に対するいかなる対価も徴収してはならない」と規定されていますので，文字解釈をすれば，図書館無料制の内容は，①入館料は徴収しないこと，②図書館資料の利用についても無料とすること，となります[24]。

「図書館資料」とは，図書館法第3条第1号に「図書，記録，視聴覚教育の資料その他必要な資料（電磁的記録（電子的方式，磁気的方式その他人の知覚によつては認識することができない方式で作られた記録をいう。）を含む。）」とされていますので，これが「図書館に収蔵し利用者の利用に供する資料」ということは明白であり[25]，その「利用」について対価を徴収しないという趣旨になります。つまり，この「利用」をどのように解釈するかによって，無料制の妥当する範囲が決まってくることになります。

そうすると，公立図書館無料制の妥当しない範囲について条例の定めるところにより使用料を徴収し（地方自治法第225

条），この使用料について利用料金制度を活用して図書館の指定管理者の収入とすることは可能です。

　次に，指定管理者が図書館を利用して独自の事業を行った場合はどうかという点が問題となるでしょう。例えば，会議室や集会室を活用して有料の講演会や研修会を開催する場合です。結論からいえば，当該事業が図書館の設置目的に適うもので，しかも指定管理者が行う年間事業計画として地方公共団体の事前の承認を得ていれば，差し支えないと考えます。また，このような独自事業が図書館利用者の利用層を開拓し，図書館の持つ潜在的可能性を拡大することに寄与するのであれば，否定する理由はないと思われます。そして，これらの講演会等が有料で行われたとしても，公立図書館の無料原則に抵触するとは考えられないことは上述したとおりです。

　図書館における読書会，研究会，鑑賞会，資料展示会等の開催が図書館奉仕の一環として行われるべきことは，図書館法第3条第6号の規定のとおりであり，図書館が積極的に行うべき事業として位置づけられていますが，これらのうち，資料の提供の概念に含まれない部分について，有料で行うことを妨げているとは思えません。特に，著名な外部講師等を招聘するような場合にはそれなりの経費がかかるので，これを賄うために適正な受益者負担を求めることは施設の経営の面からいっても適当です。

　そうであれば，指定管理者が，読書層の拡大その他図書館の収蔵している資料の有効な活用を図るために，所要の事業を有料で行うことは，図書館法および図書館の本来的な機能や役割と当然に衝突するとは思えませんし，また衝突しない範囲でこれらの事業を行うことは可能であると考えます。

(4)　指定管理者とその職員の適正労働

　図書館には無料原則があり（図書館法第 17 条），図書館は
収益の上がる事業を本来的に行っているわけではありません。
加えて，指定管理者制度を導入しようとする際に，「効率的な
経営」を行い費用の削減を目指すことは，同制度を採用する
行政の大きな動機です。したがって，指定管理者制度の導入
によって図書館関係予算が増額されることは，常識的に考え
て困難です。そうすると，指定管理者は，潤沢な管理運営費
を行政から受け取ることは期待できないというべきです。し
かし一方，指定管理者が NPO など営利を目的としない法人等
である場合には格別，多くの場合株式会社であり，法的に当
然営利を追求することとなります。営利を追求しない株式会
社の存在はそれ自体が制度矛盾というべきです。

　そこで，一定の営利を追求する指定管理者は，どこから利
益を得ようとするかといえば，最も考えられうるケースは雇
用する図書館職員の人件費の抑制でしょう。すなわち，指定
管理者の任用する図書館職員の処遇は，一般に常勤職員と比
較して低劣にならざるを得ず，しかも指定管理者の指定は 3
年ないし 5 年となることがほとんどで，指定期間が確実に更
新される保証はなく，したがって指定管理者が常勤職員を雇
用し，図書館に配置することはきわめて稀というべきです。
指定管理者が雇用する図書館職員は，必然的に非正規職員に
ならざるを得ず，非正規職員の処遇が一般的に正規職員に比
較して低いものであることにかんがみると，指定管理者が雇
用する図書館職員はその多くが不十分な報酬と社会保険など
の未加入などの処遇を受けることとなり [26]，地方公共団体は
指定管理者制度を導入することで，「官製ワーキングプア」を

116

助長することになってしまいます。

　指定管理者制度を導入するときの協定書に「雇用される職員に係る労働法規を遵守すること」に一項目を挿入することは，地方公共団体として当然の措置ですが，それ以上の措置は困難です。すなわち建前上は，指定管理者の職員がどのような処遇を受けようと，地方公共団体としては法的には与り知らぬことともいえましょう。

　しかしながら，国ではいわゆる「働き方改革」を行おうとしており，ただちに実現可能とは思いませんが，同一労働同一賃金の議論が開始されている中で，地方公共団体として劣悪な指定管理者職員に雇用される職員の労働実態に無関心で済むのでしょうか[27]。

　公契約条例を制定して，ワーキングプアに配慮した公共事業を行おうとする地方公共団体も散見されます[28]。その中で，導入することで不可避的に「官製ワーキングプア」が再生産されるような指定管理者制度を，図書館に係る経費の削減という見地から安易に認めてよいのでしょうか。とりわけ，都道府県においては，各種の労働行政を行い，適正労働を確保する見地からさまざまな労働政策を実施している一方で，ワーキングプアを助長するような制度の導入を図ることは，地方公共団体の政策一貫性を問われることにならないのかが，懸念されるところです。

(5)　管理受託者の業務と責任の範囲

　図書館を含め，公の施設の設置・管理は，地方公共団体の判断とコントロールの下に置かれなければなりません。これは公の施設を設置し，管理する以上当然のことです。地方自

治法は，指定管理者について次のような規定を置き，設置者である地方公共団体による関与を定めていますが，このことは，民間活力の導入という場面であっても，行政が一定の事項について監督手段等を定めることで，当該地方公共団体の責任体制を明確にしたものと考えられています[29]。

・指定管理者に対しても正当な理由のない利用の拒否や差別的な取扱いの禁止を義務づけている（地方自治法第 244 条第 2 項および第 3 項）

・地方公共団体の条例で，指定管理者が行う管理の基準および業務の範囲その他必要な事項を定めることとしている（同法第 244 条の 2 第 4 項）

・指定管理者は，毎年度終了後に，その管理する公の施設に関し事業報告書を作成し地方公共団体に提出しなければならない（同条第 7 項）

・地方公共団体の長または委員会は，指定管理者に対して，当該管理の業務または経理の状況に関し報告を求め，実地調査を行い，または必要な指示を出すことができる（同条第 10 項）

・指定管理者が指示に従わないときその他指定管理者による管理を継続することが適当でないと認めるときは，指定を取り消し，または期間を定めて管理業務の全部または一部の停止を命ずることができる（同条第 11 項）

・指定管理者が行う処分については，地方公共団体の長に審査請求を行うことができる（同法第 244 条の 4 第 3 項）

　このような法の規定を受けて，各地方公共団体は，公の施設に係る指定管理者の指定の手続等に関する条例において，申請方法，選定手続，選定基準等を定め，個別の公の施設の

設置管理条例において，基本的な利用条件や個人情報の取扱いなどの業務運営の基本事項と，各施設の目的・業態等に即した業務の範囲および内容を定めることとしています。

　さらに，より具体的には，地方公共団体が指定管理者と締結する協定書の中で，指定管理者が担うこととなる業務の範囲や責任の範囲が規定されることとなります。

　一方，図書館という公の施設の特殊性から，これを指定管理者に委ねる場合におけるその業務範囲は，図書館法に定める図書館奉仕に係る事項が中心となると考えられますが，これを越えて，「望ましい基準」に掲げられている事項についても，指定管理者制度を導入した都道府県立図書館の業務範囲とすることができるかどうかについては問題がありそうです[30]。

(6)　他の図書館との相互協力と指定管理者

　図書館は，図書館奉仕のため，「他の図書館，国立国会図書館，地方公共団体の議会に附置する図書室及び学校に附属する図書館又は図書室と緊密に連絡し，協力し，図書館資料の相互貸借を行うこと」とされています（図書館法第3条第4号）。

　住民から求められる資料は多種多様であることから，一つの図書館ですべてに対応しようとした場合には，膨大な費用と収集資料を収蔵する施設が必要となり，特に予算に制約のある公立図書館では対応が困難です。また，設置主体の異なる図書館は，それぞれに設置目的や奉仕すべき利用者層が異なることが想定されており，収集する資料にもそれぞれの利用者層にふさわしい特徴を有しています。そこで，各種設置主体の異なる図書館が相互に協力し，その特徴を発揮して補

完しあうことにより，より広範な利用者の要望に応えること
が期待されます。

　こうしたことから，図書館法上の図書館が相互に協力しあ
うことは，図書館の機能として重要であり，このことは指定
管理者制度を導入した場合でも異なるところはありません。
したがって，公立図書館に指定管理者制度が導入されるか否
かにかかわらず，こうした図書館間の相互協力は積極的に行
われるべきであり，他の図書館は指定管理者制度を採用した
公立図書館から図書館法第3条第4号の相互協力・資料の相
互貸借の申し出があった場合には，これに応ずるべきです。

　しかしながら，こうした図書館協力の関係を，都道府県立
図書館が中心となって当該都道府県内の各種図書館間のネッ
トワークの構築という手法により実施する場合には，難しい
問題を提起します。すなわち，これらをインターネットを活
用して行う場合には，コンピュータシステムの設計・維持・
システム管理などを指定管理者に委ねてしまうことが適当と
は思えないからです。指定管理者は期限つきで公の施設を管
理運営するのであり，恒久的に当該施設の管理を行う存在で
はありません。

　地方公共団体によって異なるものの，一つの指定管理者に
施設の管理運営を委ねる期間は，3年ないし5年程度です。
更新されることがあるとしても，法的には一定の期間内に管
理者の立場から退くことが想定されており，長期的・安定的
な管理運営は保障されません。

　こうした管理者に，相当長期間にわたってシステムを運営
することが想定される図書館間のネットワーク構築の枢要な
部分を委ねることは，指定管理者制度の趣旨にも合致せず，

また実務的観点からも不適当というべきです。

　指定管理者制度を導入した岩手県立図書館では，市町村立図書館その他の図書館との連絡調整等の事務については，その根幹に係る部分を県職員に留保しており，こうした懸念を前提とした対応のあらわれといえるでしょう。

(7)　学校や他の公共施設等との協力事業に対する影響

　図書館法第 3 条第 9 号において，図書館は，「学校，博物館，公民館，研究所等と緊密に連絡し，協力すること」と規定していますが，指定管理者が管理運営する図書館についてもこうした機能は期待されるところです。

　学校や他の社会教育施設等の公共施設との協力事業は，当該施設の機能が図書館とは異なりますから，図書館間協力のあり方とまったく同様というわけではないでしょう。しかし，図書館とこれらの機関が相互補完・協力することで，住民が専門的で特殊な分野について関心を持ち，当該分野に関係する資料の提供を求めた場合には，学校や他の社会教育施設，研究機関等と相互協力を行う必要性は生じます。

　そうすると，指定管理者制度を導入した図書館と学校や他の公共施設等との協力事業に対する影響についても，基本的に上記 (6) で記述したことと同様ということになりそうです。

(8)　住民との関係

　公の施設の管理運営を指定管理者に委ねるのは，そうすることで住民の福祉増進が期待できるからです（地方自治法第244 条の 2 第 3 項）。したがって，図書館に指定管理者制度を導入した場合，住民の利便性が向上せず，あるいは低下するこ

とは，建前上ありえません。

　指定管理者は，当該図書館の設置者との関係で，住民をはじめとする図書館利用者に対し，地方公共団体に代わってその設置する図書館で想定されているサービスを提供する法的義務を有しています。指定管理者と住民との関係については，地方自治法第244条第2項および第3項に規定する以上の関係を規律する法文はありません。すなわち同項は，指定管理者に対しても，公の施設を利用しようとする住民に対し，地方公共団体に対するのと同様に，正当な理由なくして利用を拒否し，あるいは不当な差別的取扱いをしてはならないと規定していますので，この限りにおいて地方公共団体も指定管理者も異なるところはありません。

　問題は，住民がより積極的な福祉増進のための措置を指定管理者に対して要求することができるかという点です。

　指定管理者の管理の方法は，具体的には当該指定管理者と地方公共団体との協定で規律されますので，指定管理者はその協定の内容を越えて当該公の施設の管理運営を行うことは許されません。住民の要求がそうしたものであれば，指定管理者は地方公共団体と協議をし，協定の改訂を行うか，地方公共団体へ管理運営の内容の変更を求めることが必要です。

　例えば，開館時間の延長や休館日の変更などの図書館の管理に関する基本的な事項は，当該図書館の設置条例や図書館管理規則の改正が必要となるのではないかと思われます。

(9)　守秘義務の所在

　指定管理者が公の施設の管理運営を行うに際して取得した個人情報を保護するために，地方公共団体は，どのような対

122

応をすべきでしょうか。指定管理者は基本的に民間団体であることが想定されていますので，その職員について地方公務員法は適用されず，罰則をもって担保される守秘義務の履行を期待することはできません。その代わり，個人情報保護条例その他の措置を的確に講ずることによって，指定管理者に対する個人情報保護義務を規定し，さらにその違反者に対して罰則を適用することは可能ですから，まずその手当をすべきです[31), 32), 33), 34)]。特に，図書館には利用者等の個人情報が集積されていることから，仮に指定管理者制度を導入する場合には，その保護の要請が一層高いものと考えるべきです。

　ところで，図書館が指定管理者制度を導入した場合における個人情報に関する問題点の一つとして，刑事訴訟法第197条第2項の規定による捜査事項照会への対応が挙げられるでしょう。すなわち，指定管理者が民間事業者である場合には，その職員について地方公務員法第34条が適用されるわけではなく，したがって，捜査事項照会に容易に応じてしまうのではないかとの懸念が生じうるからです。

　刑事訴訟法第197条第2項の規定による捜査事項照会があった場合の公務所等の対応については，一般的には応答の義務がありますが，公務遂行上特段の理由があれば応ずる必要がないと解されています[35)]。「図書館の自由に関する宣言」では，「第三　図書館は利用者の秘密を守る」の中で，憲法第35条に基づく令状に基づく場合のほか，利用者の読書事実を外部に漏らさないことを確認しています。この宣言は図書館関係者の職業倫理として重要な位置づけがなされていますが，法律に基づくものではなく，民間事業者である指定管理者が，法律に根拠のある捜査事項照会について，これに応じないと

いう対応を期待することができるかどうかについては議論があると思います。

　図書館と捜査事項照会については，内容にもよりますが，後述のとおり，基本的には地方公務員法および個人情報保護条例に基づき回答を拒否すべきものと考えられます。指定管理者も，各地方公共団体の個人情報保護条例において指定管理者の管理の業務に係る個人情報保護について厳格な規定が置かれていることが通例ですので，その趣旨を踏まえれば，同様の対応を行うべきでしょう。少なくとも捜査事項照会があった場合には，図書館を所管する教育委員会の事務部局の担当課に速やかに報告しその指示を仰ぐべきであり，あらかじめそのように協定書等で明確にしておくべきでしょう。

(10)　貴重資料など公有財産の管理責任

　指定管理者は，公の施設の設置者である地方公共団体と締結する協定に基づき管理を行うことになります。図書館は，「郷土資料，地方行政資料，美術品，レコード及びフィルムの収集にも十分留意して，図書，記録，視聴覚教育の資料その他必要な資料（電磁的記録（電子的方式，磁気的方式その他人の知覚によつては認識することができない方式で作られた記録をいう。）を含む。以下「図書館資料」という。）を収集し，一般公衆の利用に供すること」（図書館法第3条第1号）を設置目的とする施設ですから，図書館はその当然の機能として，これらの図書館資料を積極的に収集することが想定されています。これらは，本来住民の必要に応じて，住民の知る自由・学ぶ自由に奉仕するものとして収集され[36]，収集の対象となる図書館資料には貴重なものが含まれることがあります。それは，

124

財産的価値というよりは資料的な価値の点において貴重だという意味です。図書館にはこうした意味で貴重な資料が保管されている場合がありますが，住民の利用に供されるべき図書館資料として図書館において管理されているものである以上，地方公共団体と指定管理者とで締結された協定書に特段の定めがない限り，その管理も指定管理者に帰属することになるでしょう。

こうして，図書館の指定管理者は，当該図書館で収集した資料を適切に管理する法的な責任があり，誠実にその責任を全うすることが求められます。したがって，指定管理者が管理中に図書館資料を紛失・毀損・汚損した場合には，それが図書館資料を通常の用法に従って住民に提供した結果による場合を除き，指定管理者の責任において原状に復すべき法的責任を負うというべきです。

ちなみに，図書館資料が住民の利用に供される過程で，利用者が故意または過失によって図書館資料を紛失・汚損・破損した場合においては，指定管理者が協定に定められた業務の範囲内で，当該利用者に対して，図書館資料に相当する賠償請求や汚損等に係る図書館資料に相当する図書等の返還を求めることができると考えます。しかし，相手方が任意に応じないときに損害賠償請求訴訟その他の法的手段を講ずる場合には，指定管理の権限を越えるものなので，地方公共団体が当該利用者に対してこれを行うことになります。

特に，地方公共団体が住民を相手に損害賠償請求訴訟を提起する場合には，議会の議決を要しますし（地方自治法第96条第1項第12号），その場合の議案の提出権は地方公共団体の長にあって，指定管理者にあるわけではありません。

したがって，図書館資料については，①指定管理者と地方公共団体，②指定管理者と図書館利用者，③地方公共団体と利用者，という三面関係が発生することになります。

　ところで，図書館に指定管理者制度を導入した場合における図書館資料に関するもう一つの問題として，指定管理者が管理している間に収集した図書館資料はどこに帰属するかという点があります。指定管理者制度を導入していない図書館であれば議論の余地もないことですが，この点について指定管理者と地方公共団体間の協定書の中で明確に規定されていない場合には，厄介な問題を提起します。

　地方公共団体が指定管理者制度を導入する動機は，公の施設の機能をより一層強化して住民の福祉増進に資するということのほかに，当該公の施設に係る管理運営からは離脱して，管理に要する人的な資源を他に振り向け，併せて財政的負担を軽減することにあるからです。指定管理者制度の導入の背景には，社会的なコストを引き下げ，効率的な行政運営を行うという動機があったことは既に述べたところです。

　そうすると，地方公共団体としては，指定管理者に委ねる事務は可能な限り広範であることが望ましく，換言すれば，行政側に留保しておく事務は極小であることが適当でしょう。そうした場合，図書館に係る事務についても，図書館法第3条各号に規定する図書館奉仕もすべて指定管理者に委ねることができることが，指定管理者導入の「趣旨」からいって適当と考えられる可能性があります。図書館資料の収集も，指定管理者の責任において行うとすることが想定されます。

　この場合において，地方公共団体は，指定管理者がその業務を行うのに必要とされる経費を適切に積算し[37]，これを基

126

礎にして合理的な利潤を加えた金額を「委託費」として支払うことになり，指定管理者はその費用の範囲内で，自己の責任において図書館の運営に係る費用をすべて賄うこととなります。そして，例えば利用料金制度に見られるように，その間に取得した指定管理者が取得した財産（現金も含めて）は指定管理者に帰属するという「協定内容」になると思われます。そうすると，特段の定めがない限り，指定管理者が収集した図書館資料も指定管理者に帰属することになってしまいます。

しかし，こうした構成には疑義があります。図書館資料の収集は住民の需要に応じてその利用に供するために行われるものであり，その資料の最終的な帰属先は図書館であることが図書館資料収集の制度目的というべきです。指定管理者が図書館資料を収集する場合でも，自己の財産として収集するのではなく，図書館に帰属する資料として収集することが，図書館の機能から見て，当然前提とされていると考えます。

したがって，図書館に指定管理者制度を導入する場合でも，図書館資料収集については，指定管理者が行う指定管理に係る業務とは別に，地方公共団体の収集方針に従い，指定管理者の指示により行い，その収集した資料は図書館に帰属するという特約を協定中に明らかにしておく必要があります。指定管理者に支払うべき「委託費」には，その業務を行う手数料を積算しておくことが適当です。

ちなみに，図書館の指定管理者が当該図書館における資料収集の主導権を有することがそもそも適当かどうかという疑問を抜きに，この問題を語ることができません。資料収集の権限は，教育委員会に留保されるべきものでしょう。

(11) サービスに対するトラブルー国家賠償法との関係

　指定管理者が管理する公の施設で事故が発生した場合，例えば，指定管理者の職員が利用者に対し故意または過失により損害を加えた場合や公の施設の管理上の瑕疵により利用者が損害を受けた場合に，賠償責任を負うのは指定管理者か，当該公の施設を設置した地方公共団体か，という問題です。

　まず，指定管理者が賠償責任の主体となるという考え方があります。これは，指定管理者と類似性が強い「行政事務代行型指定機関」に関する国家賠償責任の議論を参考とするものです。この考え方は，行政事務代行型指定法人（例えば，建築基準法による「指定確認検査機関」がこれに該当します）の法的地位を行政官庁の権限の委任類似の関係として捉え，当該指定法人と国との関係を事務の委任の関係としつつ，当該指定法人と相手方私人との関係については，指定法人は自己の権限として当該行政事務を行い，多くの場合，その行為に対して手数料等を自己収入として徴収する権限が認められていることから，国家賠償請求事件においても指定法人が賠償責任を負うという考え方です[38]。

　他方，指定法人は，国・地方公共団体などの行政主体における行政庁[39]として活動を展開するのであるから，公務員性は容易に認定できるとし，指定法人ではなく，行政主体をもって国家賠償責任の主体となすべきとの考え方もあります。この考え方は，指定法人の名で権限行使が行われるといっても，当該事務は依然として委任した行政庁の属する行政主体の事務であり，また，行政経費の獲得帰属の問題と国家賠償法上の責任の所在とは異なりうるから，当該行政権限がもともと属する行政主体が国家賠償法上の責任を負う方が，権限

委任の考え方に適合的であり，国民の権利保護にも厚いとするものです[40]。

　どちらの見解を採用すべきかは難しい問題ですが，ここは公の施設の設置目的にふさわしい考え方を採用すべきと考えます。そもそも，地方自治体が公の施設を設置するのは住民の福祉の向上に資するためです。指定管理者制度を導入するのも，地方自治法上は，「公の施設の設置の目的と効果的に達成するため」の一つの態様にほかなりません。そうすると，指定管理者の業務は，地方公共団体の事務と把握されるべきであって，指定管理者の管理に属する公の施設に起因して発生した損害については，設置者である地方公共団体において負担すべきものと考えられます[41]。

　すなわち，公の施設の設計，建設上に不完全がある場合や，公の施設の維持，修繕や保管に不完全な点がある場合など，公の施設の設置または管理において通常有すべき安全性が欠けていることが原因で利用者に損害が生じた場合には，国家賠償法第2条の規定により，設置者である地方公共団体が責任を負うこととなります。このことは，公の施設が指定管理者の管理下にあった場合でも異なるところはありません。

　また，公の施設の管理業務の執行にあたって指定管理者（その職員）の違法な行為が原因で利用者に損害が生じた場合には，国家賠償法第1条の規定により，設置者である地方公共団体が賠償責任を負うこととなります。

　なお，同法第1条にいう「公務員」とは，公務員法上の公務員に限定されず，法令により公権力の行使（非権力的作用に属する行為を含む）の権限が与えられていれば，身分上の私人を含むというのが判例・通説ですから，指定管理者の職員も，

国家賠償法上は公務員として扱われることとなります。

6.7 指定管理者制度導入後の状況

　2006年6月7日付けの毎日新聞「記者の目」に，興味深い記事が掲載されました。同紙静岡支局の記者が図書館への指定管理者制度導入について疑問を投げかけているもので，既に指定管理者制度を導入した図書館の現状についても言及しており，住民にとって利便性が向上したとはいえない状況が紹介されています。例えば，5館に指定管理者制度を導入した北九州市立図書館では，年間経費が5900万円節約されたけれども，以前あった初版本が廃棄されたり，地域関連の専門書が減ったりしているという住民の声があること，山梨県山中湖村のNPOによる受託については，職員の人件費がきわめて低額に抑制されている実態があること，別の例ではカウンター業務が民間に委託された図書館を利用する者の声として，職員の愛想はよくなったが専門的知識に欠けており，図書館職員としての資質・能力に疑問があることなどが伝えられています。また，指定管理者制度を導入した場合に，従前からの地域との結びつき，例えば図書館を利用した地域住民による子どもたちへの「読み聞かせ」などの諸活動が継続できるかどうかの懸念も紹介しています。

　指定管理者に対して肯定的な立場の方々からは，否定的な事例だけを集めたのではないかと疑問視されるかもしれませんが，当該記事を書いた記者の真意は，おそらく「経費削減を優先するあまり利用者の利便性を軽視しているのではないか」ということであると思われます。

同記者は，国立国会図書館ホールに掲げてある「真理がわれらを自由にする」という言葉を引用し，国民が求める情報をいつも無償で入手できるという図書館の機能が民主主義を根底で支えているものであり，目先の採算だけで民営化を急いではならないと記事を結んでいますが，より本質的には，自治体には一定のコストがかかっても維持すべき施設があり，図書館はその代表的なものではないかと思うのです。

　しばしば行政にはコスト意識が足りないと指摘されることがありますが，民間経営の手法や競争原理になじまない施設の存在を無視すべきではありません。既に指定管理者制度を導入した先行事例を慎重に検証し，コスト削減だけではなく当該公の施設の設置目的に適う運営が確保されているかも再検討すべきです。このことは，2008年6月11日に公布・施行された「社会教育法等の一部を改正する法律」による図書館法の一部改正に際しての参議院の附帯決議において，「公民館，図書館及び博物館等の社会教育施設における人材の確保及びその在り方について検討するとともに，社会教育施設の利便性向上を図るため，指定管理者制度の導入による弊害についても十分配慮して，適切な管理運営体制の構築を目指すこと」と決議され（2008年6月3日），これに先立って衆議院においても同種の附帯決議がされたことからも明らかです。

　ちなみに，山口県下関市立中央図書館は，指定管理者による運営から直営に再移行していますが，下関市の生涯学習課長が市議会の文教厚生委員会で次のように答弁しています。

　「（指定管理者制度）導入以来，開館時間の延長，開館日数の増加，利用者数や貸し出し冊数が増加した点は……メリットとして評価できます。しかしながら，公立図書館は市

民の生涯学習と文化の発展に寄与するために設置される公の施設であり，地域文化を支える知の宝庫として市民とともに育つ社会教育施設であることから，……設置者である地方自治体の主体的な運営への取り組みが望まれます。」

　当該課長の答弁にあるように，図書館の開館時間の延長も住民の福祉増進や図書館の利便性を向上させているという評価は誤りではないでしょうが，指定管理者制度の導入により，図書館の各種機能（レファレンスの強化，文化の発信や継承，知の宝庫，生涯学習への貢献など）の，単に図書館資料の貸出だけではなく，より高次な機能強化が図られることに意味があるというべきです[42]。

　公務員の世界では，指定管理者制度導入の効果として，利用者数の増加や貸出冊数の増加など目に見える数値的成果を求めることがほとんどでしょうけれども，図書館の機能は単なる数値だけで評価されるものではないでしょう。上記のとおり，レファレンス能力や郷土資料の収集・保存，他館との協力関係の構築など目に見えない部分での役割もあると考えます。こうした分野について，住民の使い勝手の向上なども視野に入れた評価が必要ではないでしょうか。もっとも，指定管理者の図書館職員の方が公務員が直接運営していたときよりも親切であったとの評価などがあるとすれば，公務員である図書館職員にとって恥であるというべきでしょう。こうした評価があること自体，公務員としての図書館員が住民の要望に対してその意向に沿った対応ができていない，あるいは図書館職員が公務員としての身分保障に胡坐をかいて住民サービスを疎かにしていたというべきなのですから。

　また，千葉県市川市議会環境文教委員会においては，新設

される「市川駅南口図書館（仮称）に指定管理者を導入するための条例」改正案を僅差ながら否決しました。2008年12月3日付け朝日新聞の報道によれば，上記常任委員会で現在の図書館サービスを評価する声が続出し，「だれに頼んでも情報検索への対応が的確で専門性が高い」，「『図書館友の会』など市民の自主活動が根付いている」，「次世代を育てる文化行政には採算性はなじまない」との意見が相次いだそうです[43]。

このことから明らかになるのは，図書館が充実したサービスを市民に提供すれば，経費削減のためだけに指定管理者制度を導入することを，住民の代表である議会が阻止することがありうるということです。換言すれば，図書館職員が専門性を発揮せず，市民の支持が得られないような運営であれば，容易に民間への委託が認められてしまうということでしょう。他の自治体にも参考になる事例というべきです。

6.8 市場化テストと図書館

「市場化テスト」とは，公共サービスについて「民」と「官」とが対等な立場で競争入札に参加し，価格・質の両面で最も優れている方がそのサービスの提供主体となるための仕組みをいいます。

この制度は2006（平成18）年7月に成立した「競争の導入による公共サービスの改革に関する法律」に基づくものですが，その第1条に法の目的として「国の行政機関又は地方公共団体が自ら実施する公共サービスに関し，その実施を民間が担うことができるものは民間にゆだねる観点から，これを見直し，民間事業者の創意と工夫が反映されることが期待さ

れる一体の業務を選定して官民競争入札又は民間競争入札に付することにより，公共サービスの質の維持向上及び経費の削減を図る改革を実施する」旨規定されています。つまり，民間と行政とが競争しながら，公共サービスの担い手を決めることで，①公共サービスの質の維持向上，②経費の削減を同時に実現させていこうとする制度ということになります。

　市場化テストの結果，あるサービスが民間事業者によって提供されることとなった場合でも，当該サービスを提供する最終責任は行政の側に残りますので，この点で当該サービスを完全に民間事業者がその責任と経営判断において実施することとなる，いわゆる民営化とは異なります。つまり，仮に民間事業者があるサービスの実施について落札し事業を実施した場合において，万一事故が発生した場合の賠償責任は行政の側にあるということになります。平たくいえば，「利益は民間事業者に，賠償責任は行政に」という制度設計です [44]。

　この制度を実施するために，各地方公共団体では市場化テストのためのガイドライン（基本指針）を策定し，対象事業を選定し，実施過程を管理する第三者委員会の設置などを進めています。

　ところで，市場化テストの対象として図書館の管理運営事業がリストアップされている例があります。大阪府では，府立図書館の管理運営業務も市場化テストの対象業務として適当であるとして民間事業者からの提案を募ったところ，3 社の応募があったようです [45]。

　大阪府のこうした方針に対しては，府内の図書館関係者から反対の意見が表明され [46]，日本図書館協会も 2009 年 2 月に，「図書館を『市場化テスト』の対象事業とすることについ

134

て」と題する意見を発表し，図書館への市場化テストの導入
に懸念を表明しています。

　思うに，市場化テストの導入の背景には行政の効率化を目
指す「小さくて効率的な政府」の考え方があり，財政赤字が
膨らむ中で公的サービスについてもその内容を透明化し，高
コストの構造を改革しようとする意図があることは明白です。
そして，その基本的な方向性は一概に否定されるべきもので
ないとしても，問題は「公」が担っている事務事業には競争
原理を導入することが適当なものとそうでないものとがある
はずであり，それをどのような基準で選定していくかにある
と考えます。

　また，市場化テスト導入のもう一つの目的として，民間事
業者に公が担ってきた事業を開放することで，新たな事業分
野を創出するという狙いもあることを忘れるべきではありま
せん。競争入札形式にすることで，現行の行政サービスをよ
りよいものとするだけではなく，民間事業者の創意工夫によ
り住民のニーズに合ったサービスを提供することが期待され
ると説明されていますが，これと背中合わせの危険，すなわ
ち，行き過ぎたコスト削減による公共サービスの質の低下，
民間事業者による職員人件費抑制に伴う勤労者の処遇の劣化，
短期間に利益を確保する必要から生ずる長期的経営視点の欠
如などについても，十分に目が向けられるべきでしょう。

　そこで，図書館に市場化テストを導入しようとする試みが
図書館の有する社会的役割などに照らし，適当なのかどうか
が問題となりますが，結論からいえば，適当ではないという
べきでしょう。

　これまで，図書館においてもかなりの業務が委託されてき

ました。そのことは，文部科学省が作成している「図書館の業務委託」などの資料によっても明らかです。一方，図書館における業務委託については，既に国会において「図書館業務のうち，基幹的な業務の委託は図書館法の趣旨に照らし適当ではない」旨の答弁が行われたことは既述のとおりです。

　加えて，図書館に市場化テストを導入し，民間事業者にその経営を委託した場合には，いくつかの問題点を指摘することが可能です[47]。

　例えば，経費の節減に関してです。指定管理者制度導入についての問題と同様ですが，図書館における経費の削減は，しばしば人件費の抑制と同義的に行われます。しかし，図書館運営にあっては専門的な職員の力量によるところが大きく，職員の資質・能力を向上させることこそが図書館サービスの充実に資するのであって，図書館における人件費は事業費そのものといってよいものです。したがって，これを削減することで，図書館サービスの充実が図られるとは思えません。むしろ，逆の結果になるのではないでしょうか。

　市場化テストにより図書館の管理運営を受託した民間事業者について，指定管理者制度とのバランス上，あるいは地方自治法に規定する会計原則の制約上，その受託期間が相当長期にわたることは考えにくく，そうすると民間事業者は，比較的短期間のうちに受託契約が終了するというリスクを覚悟せざるを得ません。そのような場合，長期的視点に立った職員の雇用が図られることは到底想定できません。いきおい短期雇用によって対応することとなり，利潤の確保を最優先とする「資本の論理」からいって，民間事業者が図書館業務に精通した優秀な職員を確保し，不断に必要な研修を行い，常

136

に資質向上を図っていくための費用を投下すると考えるのは，楽観的に過ぎるのではないでしょうか。

　また，民間事業者が経費を削減するために雇用する職員の人件費を抑制することは，労働に見合った賃金が支払われないことを意味し，勤労者の適正な処遇という点で民間事業者の参入には懸念を感じざるを得ません。市場化テストによる図書館業務の民間委託は，現に図書館に就職していない司書の雇用機会を拡大する効果を期待できるという見解もありうるでしょうが，その処遇が適正なものとなる保障はありません。市場化テストが「官製ワーキングプア」を拡大再生産させるという批判が生じないでしょうか。

　次に，委託に係る業務の範囲についてです。大阪府立図書館の管理運営について市場化テストの中で応募した民間事業者のうち1社は，レファレンス業務も受託する用意があると表明していますが，レファレンス業務は図書館サービスの中で司書の専門性が発揮される典型的な業務であり，これを委託することは公立図書館における司書の専門性の否定であると考えます。レファレンスこそが図書館の基幹的業務であり，これが委託になじむとは到底思えません[48]。また，都道府県立図書館が行う市町村図書館への支援（例えば，職員研修や管理運営に係る技術的助言など）は，公立図書館が自ら実施すべき事業であり，経験を積んだ司書がその知識・経験を踏まえて行うことで，市町村図書館においてもこれらの支援を信頼感を持って受け止めるのであって，これらの事務の実施主体が行政機関であるからこそ可能な事務と考えます。したがって，こうした事務事業は民間事業者が適正に行うことができる事務の範囲からは大きく逸脱していると考えます。

さらに，委託に係る職員と図書館職員との業務の分担についてです。市場化テストの結果，図書館の運営をすべて包括的に委託してしまう場合（それが法的に許容されるかどうかの議論は，また別の話です）であればともかく，図書館の運営業務の一部を委託し，一部を公務員である図書館職員に残す場合，その役割分担と相互の連携が机の上で考える以上に困難ではないかと考えられます。

　すなわち，公務員である図書館職員と委託を受けた民間事業者の職員との間には，指揮・命令等の法的上下関係はありません。民間事業者の職員は雇用主の民間事業者が示したマニュアルに従って事務を行い，その事務を行う過程でさまざまな問題点や疑問が生じたとしても，解消のために公務員である図書館職員に支援を求め，その指揮・命令に基づき行動することは，法的に予定されていません。つまり，両者は法的には「縦割り」の関係の中で勤務することになります。したがって，公務員としての図書館員が，委託業者の職員に対し恒常的に指揮監督権を行使する形で業務にあたらせるとすれば，労働法制上の疑義が生ずる可能性なしとしません。

　図書館の業務の一部が委託されるということは，図書館という一つの公の施設の中で複数の法的勤務関係が行われるということです。それぞれ担当する業務が図書館サービスの中で厳然として区分されるのであればともかく，実体としては相互に連関し，相互に補完し合って図書館全体の業務が遂行されています。ですから，法的な建前でマニュアルを作成したとしても，時としてマニュアルどおりにいかない現場での対応には限界があり，特に何らかの危機管理対応をしなければならない場合における混乱は必至であると思われます。

こうしてみると，図書館における業務委託が，当初は機械設備の保守・点検，警備，清掃などの，図書館サービスには直接関係ない業務に限られていたのは理由のないことではありません。ところが，最近の図書館における業務委託の範囲は逐次拡大し，館内案内業務，書籍等の装備・補修・製本，視聴覚サービス，ホームページ更新，目録作製などについては，必ずしも専門職の司書が担当する必要性はないとの判断から，外部委託化に適すると考えられているようです[49]。

　市場化テストの結果，委託の範囲がさらに拡大して，カウンター業務の全部やレファレンス機能まで及んだときには，利用者から見て公務員としての図書館職員と民間事業者との図書館における役割は，外見的には区分できないことになってしまいます。そうすると，カウンター業務を行う民間事業者の職員は，レファレンス業務を受託していなければ当該業務を行うことは守備範囲外ですから，利用者からカウンター業務を行う職員にレファレンスに関する相談があった際に，レファレンスカウンターへ案内はできても自身ではその業務を行うことができません。こうした状況は，利用者にとって利便性が向上しているとはいえないでしょう。これは単なる一例です。

　加えて，2008年図書館法改正に際しての衆議院文部科学委員会における指定管理者制度に関する文部科学大臣の答弁，衆院・参院での附帯決議等に示された認識は，図書館と市場化テストの関係についても妥当すると考えるべきで，図書館の社会的役割，本質的機能等にかんがみれば，図書館に市場化テストを導入することは否定的にならざるを得ません。

注

1)　公の営造物とは，「行政主体により公の目的に供される人的手段及び物的施設の総合体」と解されており，その設置主体は普通地方公共団体に限られず，また，住民の利用に供されるものに限定されないうえ，産婆などの純然たる人を主体としたものも含まれるなど，相当広い概念であった。
　　一方，公の施設とは，地方自治法で「住民の福祉を増進する目的をもってその利用に供されるための施設」と定義され，道路，公園，学校，保育所，幼稚園，図書館，博物館，史料館，上下水道，病院・診療所，市民会館，公会堂，公民館，コミュニティセンター，公共交通機関，スポーツ施設などが挙げられる。

2)　鑓水三千男「地方自治法の一部改正と図書館設置条例」『現代の図書館』vol.38，no.4，2000，p.281

3)　1986年中曽根内閣時の海部俊樹文部大臣は，衆議院予算委員会において，「清掃とか警備とか保守とかいうようなことの民間委託の問題は別といたしまして，やはり図書館法の規定から見ても公立図書館の基幹的な業務については，これは民間の委託にはなじまないものでしょうし，生涯学習をするという非常に大きな目標があります」と答弁しており，また，政府委員も「図書館の公共性及び図書館が社会教育の基幹的な施設であることにかんがみ，館長及び司書の業務については，原則として委託になじまない」旨の答弁をしている。

4)　文部科学省が作成した資料「公立図書館における業務委託」によれば，2003年9月4日現在で，公立図書館における業務委託の内容は次表のとおりである（複数回答）。

	管理業務	専門業務Ⅰ	専門業務Ⅱ	その他
都道府県立(64館)	0	0	4	14
市区町村組合立 （2600館）	69	125	206	256

（当該業務委託には，図書館業務と関係のない業務（警備，清掃，機器の保守点検等）は含まない。）

（注）　管理業務とは，館長業務，文書の処理保存，職員管理，財産・物品管理，各種契約事務，関係機関との連絡調整をいう。
　　　専門業務Ⅰとは，図書の選定，収集，除籍，参考業務（レファレンス）

等をいう。

　専門業務Ⅱとは，図書の貸出，返却，予約等を処理する窓口業務（夜間を含む。）をいう。

　その他とは，図書の装備，書誌データ等の作成，移動図書館車の運行等をいう。

　上記のうち，管理業務と専門業務Ⅰは図書館における基幹的業務と考えられ，これが業務委託されたとすれば，実質的には公設民営の状況にあると見てよいのではないかと思われる。この場合において，地方自治法上の管理委託の方式をとったのか（図書館設置条例でその旨明確に規定しなければならない），民法上の業務託契約の方法をとったのかは不明であるが，後者であれば地方自治法の脱法的な手法であるとの批判を免れないと考える。

5)　総務省の当該通知にもかかわらず，総務省はこうした通知と一見矛盾するような調査を実施している。同省は，平成15年8月に「自治体行政サービスの委託化を勧める「地方行政サービス改革の推進に関する留意事項について」（通達）を発し，その履行状況をみる調査を毎年行っているのであるが，2017年の調査結果を2018年3月に公表した。図書館については，「指定管理者の導入状況」の項を設けている。この調査では，全自治体に導入等の考え方について記述させているが，2017年調査では，「前年度以降進んでいない理由」および「図書館については自治体職員を常駐している事に対する考え方」を訊ねている。加えて，「行政改革の取組」では「図書館への指定管理者制度導入のための工夫」として2例を挙げているが，この調査方法および調査項目では明らかに図書館への指定管理者導入を促進するという意図が感じられ，価値中立的なものとはいえないと考える。図書館に指定管理者制度の導入を促進するための誘導的な調査内容であるといわれてもやむをえまい。総務官僚にとっては，「片山大臣の発言は，国会における審議に際してのものではなく，記者の質問に答えたものであって，私的なないし非公式的なもので，総務省を代表するものではない」といいたいのかもしれないが，大臣としての発言であることには変わりはないのであって，これを踏まえるべき総務官僚が大臣発言と趣旨を異にする調査を行っているのはどうしたわけなのであろう。記者に対する大臣発言は，それほど「軽い」ものなのであろうか。

6) その本質的な適当不適当の議論を棚上げにして，図書館に指定管理者制度を導入するのであれば，本来，例えば，次のような図書館法の改正が必要ではなかったか。しかし，文部科学省は図書館への指定管理者の導入について現行法の中で十分対応できるとする見解のようであり，下記のような改正を行う意思はないものと思われる。ただ，かつて国会の場において，文部科学省の高官が指定管理者と類似の制度である管理委託として図書館の枢要な機能を委ねることに否定的な見解を示したことは紛れもない事実であり，その方針を変換して指定管理者の導入を可とするのであれば，法的に明確な措置を講ずべきであるにもかかわらず，直近の図書館法改正においても何ら対応していないのは，文部科学省自身が図書館に対する指定管理者制度の導入について，その導入時点では必ずしも本意ではなかったことの証左ではないかとも考えられる。

改正案	現行
（設置等） 第10条　公立図書館の設置に関する事項は，当該図書館を設置する地方公共団体の条例で定めなければならない。 2　地方公共団体は，公立図書館の管理について地方自治法（昭和22年法律第67号）第244条の2第3項に規定する指定管理者（以下「指定管理者」という。）に行わせるときは，条例で必要な事項を定めるものとする。	（設置） 第10条　公立図書館の設置に関する事項は，当該図書館を設置する地方公共団体の条例で定めなければならない。
（職員） 第13条　公立図書館に館長並びに当該図書館を設置する地方公共団体の教育委員会が必要と認める専門的職員，事務職員及び技術職員を置く。 2　館長は，館務を掌理し，所属職員を監督して，図書館奉仕の機能の達成に努めなければならない。	（職員） 第13条　公立図書館に館長並びに当該図書館を設置する地方公共団体の教育委員会が必要と認める専門的職員，事務職員及び技術職員を置く。

3　公立図書館について指定管理者に管理を行わせることとした場合には，地方教育行政の組織及び運営に関する法律（昭和 31 年法律第 162 号）第 34 条の規定にかかわらず，第 1 項に規定する館長その他の職員は，当該指定管理者が選任する。	2　館長は，館務を掌理し，所属職員を監督して，図書館奉仕の機能の達成に努めなければならない。
（図書館協議会） 第 14 条　公立図書館に図書館協議会を置くことができる。 2　公立図書館について指定管理者に管理させることとした場合には，前項の図書館協議会は，必要に応じて指定管理者が設置する。 3　図書館協議会は，図書館の運営に関し館長の諮問に応ずるとともに，図書館の行う図書館奉仕につき，館長に対して意見を述べる機関とする。	（図書館協議会） 第 14 条　公立図書館に図書館協議会を置くことができる。 2　図書館協議会は，図書館の運営に関し館長の諮問に応ずるとともに，図書館の行う図書館奉仕につき，館長に対して意見を述べる機関とする。
第 15 条　図書館協議会の委員は，当該図書館を設置する地方公共団体の教育委員会が任命する。 2　前条第 2 項の規定により指定管理者が図書館協議会を設置した場合には，前項の規定にかかわらず，同項の委員は，指定管理者が選任する。	第 15 条　図書館協議会の委員は，当該図書館を設置する地方公共団体の教育委員会が任命する。

7)　6) に記したものは一例であり，制度設計としては，さまざまなものがありうる。例えば，指定管理者制度を導入した場合における図書館協議会を教育委員会が設置し，これに指定管理者による図書館の管理運営に対する一種の監視機能ないし管理機能を期待するという制度設計もありうるかもしれない。

8)　「いわて県民情報交流センター」（アイーナ）指定管理者業務要求水準

書における岩手県立図書館に係る基本方針として，次の4項目が掲げられている。

① 県民の需要を広域的かつ総合的に把握して資料及び情報を収集，整理，保存及び提供する。

② 市町村立図書館等を支援するとともに，県内の図書館間の連絡調整等を行う。

③ 図書館を設置していない町村の求めに応じ，図書館の設置に関し必要な支援を行う。

④ 他の社会教育施設や学校，アイーナ内の各施設，大学や専門機関等とも連携しながら，広域的な視点に立って県民の学習活動を支援するための機能の充実を図る。

9) 現行の図書館法に規定する図書館協議会の法的性格は，地方自治法第138条の4第3項に規定する附属機関である。したがって，6)に規定したように図書館法を改正した場合における指定管理者から選任された委員によって構成される図書館協議会は，地方自治法上の附属機関であることを止めて，図書館法に基づく附属機関類似の特別の機関という位置づけとなろう。しかし，指定管理者によって選任された「図書館協議会」が自己の選任者に対して適切な意見を述べることができるかどうか，単なる協賛機関にならないかという懸念は残る。

10) 図書館協議会については，平山陽菜氏による「日本の図書館協議会に関する総合的研究」がある。当該研究は，筑波大学図書館情報学修士の学位論文として書かれたものである。

当該研究では，指定管理者制度の導入に関して果たした図書館協議会の例が示されている。

同論文中に，「指定管理者制度の導入に際しては，委託会社の契約に図書館協議会の運営の項目を盛り込む必要がある」との記述はあるが，そもそも地方教育行政法の下で教育委員会から選任されて図書館協議会が指定管理者制度の下で成立しうるものかどうかの言及はない。

11) ただし，上記論文中に，サンプル数が不十分であるが，指定管理者制度を導入した図書館では，図書館協議会は廃止される傾向があるとの指摘がある。

ちなみに，同研究によると，図書館協議会で指定管理者制度の導入が議論され，導入反対が決議された自治体ではほとんど指定管理者制度は

導入されていないとのことである。また，図書館協議会では，約7割が指定管理者制度の導入に反対している。この点にかんがみても，図書館協議会と指定管理者との親和性は良好とはいえないようである。

12）　公権力の行使に関し，基本的に公務員でなければ行使できないことについて，次を参照。櫻井敬子・橋本博之『行政法　第5版』弘文堂，2016，p.130

13）　地方公共団体によっては，図書館施設の目的外使用許可権限を行政に留保することを明言しているものがある（例えば，横浜市の「指定管理者に係る基準」など）。行政財産の目的外使用許可（例えば，図書館内に，自動販売機を設置したり，図書館利用者の便宜を図る意図で，喫茶スペースを設置して，民間事業者に経営させたりする場合が考えられる）は，行政処分であり，不服申立の対象になり得る行政上の行為であることから，このことを認識してそのような対応をしているものと考えられる。

14）　鑓水三千男，前掲論文，p.276

15）　より詳細かつ体系的には，中嶋哲彦「公立図書館への指定管理者制度の導入」『名古屋大学大学院教育発達科学研究科紀要』第51巻第2号（2005.3）を参照。

16）　総務省の指定管理者制度の導入に関する説明においては，「民間委託」の推進によって，「最小のコストで住民の満足度を向上」を目指すとしており，また，政府の総合規制改革会議の中間取りまとめには「多様化するニーズに対応した公共サービスの提供を実現するためには，民営化，民間事業体の参入，PFI，民間委託，あるいはこれらを包括するPPP（Public Private Partnership）などさまざまな手法を駆使することが必要であり，かつ，それにより政府部門の効率化を図っていく必要がある。効果的・効率的な『競争』の導入は社会的費用を縮減させるということを十分勘案し，政府部門は，直接的関与ではなく，極力多様な主体・手法の活用を志向するよう価値観の返還を図るべきである」と記述されており，「民間委託」等により競争原理を導入し，経費の削減を図ることが大きな目的である旨明示されている。

　こうした流れの中で指定管理者制度が導入されたものであることは容易に推察されるものであり，指定管理者制度導入の動機のすべてとはいえないまでも，その大きな部分が社会的費用＝公の施設の運営経費の縮減であることは明らかである。

17) 公立図書館に指定管理者制度がなじまないという点については，日本図書館協会は一貫して主張してきており，2016年9月30日に，「公立図書館の指定管理者制度について－2016」でその旨を再確認している。

18) 図書館に指定管理者制度を導入した場合に，どのような事態が想定されるか。使用料を徴収することのできる公の施設であれば，利用料金制度（地方自治法第244条の2第8項）を採用し，当該使用料を指定管理者の収入とすることにより企業努力によって一定の利益の確保が可能となるであろうが，使用料の徴収が認められていない図書館にあっては，指定管理者が地方公共団体から支弁を受ける管理費の範囲で利益を出すこととなる。その場合には，指定管理者が公の施設の運営に係る職員の人件費を抑制することが最も効果的である。加えて，指定管理者を指定する場合の期間としては，3年ないし5年が適当とされているから，特定の指定管理者が特定の公の施設について長期独占的に指定管理者であり続ける制度的保障は何もない。指定管理者となった民間事業者としては，経営上のリスクに配慮して，公の施設に配置する職員は必要にして最小限度とし，しかも常勤職員を雇用するよりはパート・アルバイトをもって充てることが現実的な選択ということになろう（現に，東京都下の某市において，市立保育所に指定管理者制度を導入した結果，保育にあたる職員のほとんどが1年の契約社員と短時間パートによって構成されることとなったとの実例がある）。

公務員として勤務していない司書有資格者の中にも有能な人物はいるであろうが，図書館職員としての専門性はOJTによって一層高められるとの見解もあり，人的要素が最も重要視される図書館運営が指定管理者制度になじむかどうかは疑問である。

さらに，図書館の場合，単なる貸本・貸CD事業を行うのではなく，住民の基本的人権の文化的側面に奉仕するための施設である以上，価値の多様性を保障する施設としての機能を有するべきであろうし，その機能は指定管理者制度が導入される場合であっても当然維持されるべきものである。それは挙げて図書館運営に係る使命意識やその反映としての図書館を設置した地方自治体の図書館政策に係るべきものであるが，指定管理者の下でそのための制度的担保が確保されるのであろうか。

この点についての確たる方針が示されないままに，実質的に効率性・経済性を重視する指定管理者制度を図書館に導入することはきわめて危

険であると考える。こうした機能をはじめとする枢要な機能を指定管理者に委ねることなく教育委員会に残しておくという選択も可能であろうが，そうであるとすれば，図書館経営の基本的な方針や運営の大綱は指定管理者に委ねないこととなり，そうすると規定管理者制度を採用した意味が問われることとなろう。従来の個別の出納業務委託等との差異が不明確となるからである。

19) 漏れ聞くところによれば，文部科学省においては「渡海大臣の発言は，言葉どおりに受け止めるものではない。渡海大臣の発言は，指定管理者制度の導入について図書館に馴染まないとの見解を明確にしたものではなく，文部科学省では指定管理者制度の導入が進んでいない状況を踏まえての感想ないし『つぶやき』であって，本質的な問題にかかわるものではない」旨理解されているとのことである。

しかしながら，筆者は，仮に文部科学省においてこのような理解がされているとしても，この理解を受け容れることはできない。理由は以下のとおりである。

第1に，渡海大臣が単に感想を述べたものであって，文部科学省としての方針を示したものではないと文部科学省が理解するならば，渡海大臣の答弁に際して明確に「文部科学省は政策転換したのであって，従前の海部大臣の答弁は撤回する」と明言すべきであった。しかし，文部科学省はそうしていない。

第2に，渡海大臣に先立って海部大臣が国会において「図書館法の規定から見ても，公立図書館の基幹的業務については，民間の委託になじまない」と明言したことは歴史的事実であって，さすがに文部科学省も否定できないであろう。海部大臣の答弁時の制度は管理委託制度，渡海大臣の答弁時には指定管理者制度と，制度は異なるものの，管理委託制度よりは指定管理者制度は民間事業性が強いのであって，管理委託制度の下で図書館が民間委託になじまないのであれば，指定管理者制度もまた民間委託になじまないと考えるのが論理的である。その意味で渡海大臣は指定管理者制度の導入は図書館になじまないという趣旨で答弁したと第三者に受け止められてもやむを得ないものなのである。渡海大臣の答弁が文部科学省の本質的問題ではないのであれば，文部科学省の官僚が務める政府委員が渡海大臣の答弁を直ちに修正すべきであったにもかかわらず，放置したままである。

第3に，民法には虚偽表示という考え方がある。これは，表意者の内心の意思が外部的な表現と異なっていても，意思表示の法的効力には影響を与えないというものである。民法第93条の規定を渡海大臣の発言にそのまま適用することは適当でないという議論もあろうが，法の一般的な考え方としては，その趣旨は同じであろう。

　すなわち，渡海大臣の内心の意思が「公立図書館に指定管理者制度の導入が進まないのは，同制度が公立図書館に馴染まないからかもしれませんが，文部科学省としては指定管理者制度の導入を推進する立場です」というものであったとしても，その内心の意思は法的には外部に表示された意思としては取り扱わないということである。仮に，内心の意思が本音であって，外部に現れたつぶやきが事実と異なるものであるならば，「これは私のつぶやきであり感想であって，文部科学省の施政方針とは異なるものです。文部科学省としては，海部大臣の1986年における国会答弁を撤回し，現在では，地方公共団体の政策選択に従い，公立図書館を民間にゆだねることすなわち公立図書館に指定管理者制度を導入することは図書館法上何ら問題がないと考えております」と答弁すべきであったと考える。そうしないで上記のとおりつぶやいた以上，それは海部大臣の答弁内容を実質的に踏襲し追認するものと理解されて当然であろう。

20)　稲葉馨「公の施設法制と指定管理者制度」『法学』（東北大学法学会），第67巻第5号，2003.1，p.61

21)　もっとも，少年自然の家や青年の家は，多くの場合文部科学省の補助金を得て建設されるものであり，したがって，その設置目的や内容は現実的には補助金交付要綱などに縛られることになる。それでも，当該施設の設置根拠がない分だけ柔軟な対応が可能となり，職員の配置についても必ずしも専門職が配置されるものではない。

22)　利用料金制度とは，公の施設における使用料を利用料金として徴収し，指定管理者が自らの収入とする制度である（地方自治法第244条の2第8項）。指定管理者は，原則としてこの収入をもって管理経費を賄うこととなるので，指定管理者は自立的経営努力を図ることとなり，地方公共団体にとっても会計事務作業の効率化を図ることができることになる。

　利用料金の額は，管理に係る施設を設置した地方公共団体の条例の定める範囲内で，あらかじめ当該地方公共団体の承認を得て，指定管理者

が自ら設定することとなる。

23) 公立図書館の無料制については，森耕一「第7章　公立図書館の無料制」『図書館法を読む』日本図書館協会，1990，p.156

24) 図書館法第17条で想定されている無料の範囲は，「入館料その他図書館資料の利用」である。入館料は特に説明の必要はないが「その他図書館資料の利用」の「その他」とは何かについては，法令用語として一定の使用上のルールがある。すなわち，「その他」は特記された事項以外の事項が存在することが予想される場合に用いられる。図書館資料としては，当該図書館に収蔵されている図書のほか，記録や各種の資料が考えられるが，これらの管理可能な物を想定しているものと理解すべきものである。したがって，図書館資料には会議室や集会室などの施設は含まれないし，検索サービスなどのサービスも含まれないと考える。

25) 公立図書館無料制の対象として，図書館内の会議室や集会室を含めるかどうかが問題となりうる。結論からいえば，当然に無料とすべきものではないと考える。会議室や集会室を「資料の利用」と説明するのは困難である。「図書館資料を使用しての勉強会ならばいいのではないか」との意見もあろうけれども，図書館法は「利用に対し」とあり，「利用に関し」とか「利用に際し」とは規定していないことを無視することはできない。図書館の会議室や集会室は，それが住民の利用に供することを目的として設置されているのであれば，公の施設の一部であり，その利用に対して使用料を徴収するかは，当該地方公共団体の政策判断の問題である。したがって，公立図書館無料制の問題としてではなく，当該図書館を設置管理する地方公共団体の政策判断として有料とすることもできるし，無料とすることもできるものである。また，原則有料とした上で，特別の場合には減免することももちろん可能である。

26) 2017年の全国図書館大会で，某NPO団体が図書館の委託事務から撤退した理由として，行政から受け取る「委託費」では自己が雇用する職員に適切な処遇を行うことが困難であることを理由の一つとして挙げていた。

27) 日本弁護士連合会が提案した「指定管理者基本条例（案）」の中にも，指定管理者職員の労働環境に関する事項が含まれているが，指定管理者を指定する地方公共団体においても指定管理者職員の処遇に関して最低の労働条件は確保されるべきとの配慮によるものと思料される。このことは，指定管理者制度が導入されている図書館で勤務する職員の処遇が

いかに劣悪であるかを示していると判断される。

28)　千葉県の野田市など若干の地方公共団体で導入が行われている。

29)　稲葉馨，前掲論文，p.53

30)　岩手県立図書館は，都道府県立図書館として最初に指定管理者制度を導入した図書館であるが，県立図書館を含む複合施設である「いわて県民情報交流センター」について指定管理者制度を導入する際に，「指定管理者業務要求水準書」を作成し，県立図書館指定管理者に対して，所要の事項を要求している。その中で，公立図書館としての役割を維持するためのさまざまな工夫が認められるものの，例えば以下のとおり，いくつかの疑問を払拭しきれない。

①　基本方針において「市町村図書館等を支援するとともに，県内の図書館間の連絡調整を行う」とされているが，このことは，公の施設としての図書館の管理を越えて，教育行政の範疇に属すると思われる業務まで行わせようとしているのではないか。

②　運営方針の「運営体制の充実と広報活動の推進」の中で，「的確な図書館運営に対応するため，派遣研修等により職員の資質の向上に努める」とされているが，このことは，図書館法を越える業務を要求しているのではないか。

③　運営方針の「運営体制の充実と広報活動の推進」の中で，「図書館の運営に関し協議等を行うため，図書館法第14条に基づく『岩手県立図書館協議会』を置く」としているが，既に図書館条例で設置されている。図書館協議会は図書館長の諮問機関であり，また地方自治法上の附属機関である。これを指定管理者に設置させるような要求は問題があるのではないか。

　公の施設は，これを住民の利用に供し，「住民の福祉を増進する」という機能を有すると同時に，行政機関としての機能も併せ持つことがある。図書館においては，図書館法および図書館設置条例に基づき住民サービスを提供すると同時に，図書館行政としての施策を展開するという機能もまた期待されている。後者の機能は，教育委員会所管の行政機関として社会教育行政の一端を担うものであり，指定管理者制度は当該機能までも教育委員会から民間事業者等へ移動させるという制度設計になっているとは考えにくい。

　このように理解することができるのであれば，図書館を管理・経営す

る指定管理者が行うべき事項と，依然として教育委員会が担うべき事項
との精査が必要ではないかと思われる。岩手県の要求水準書の「3）官
民分担の基本方針」において，基本方針に掲げた項目の遂行にあたって
は，事務事業の遂行等における根幹部分（方針決定，資料選定，支出執
行等）は県が決定するものとし，その実現に向けた具体的な事務事業は，
指定管理者が行うものとする旨規定されているが，これが運営方針に及
ぶものかどうか必ずしも明確ではなく，必ずしも十分な検討を加えた結
果とは思えない。

31）　総務省は，指定管理者制度の導入にあたって，次のような通知を出
している（総務省自治行政局長通知，平成 15 年 7 月 17 日）
　「指定管理者が管理を通じて取得した個人情報については，その取扱
　いについて十分留意し，『管理の基準』として必要な事項を定めるほか，
　個人情報保護条例において個人情報の保護に関して必要な事項を指定
　管理者との間で締結する協定に盛り込むことを規定する等，必要な措
　置を講ずべきものであること。また，指定管理者の選定の際に情報管
　理体制のチェックを行うこと等により，個人情報が適切に保護される
　よう配慮されたいこと。」

32）　千葉県では，「千葉県公の施設に係る指定管理者の指定の手続等に
関する条例」第 7 条において，「指定管理者の役員（法人でない指定管
理者にあっては，当該指定を受けた者）若しくは職員又はこれらの職に
あった者は，当該指定管理者に係る公の施設の管理の業務に関して知り
得た秘密を漏らし，又は不当な目的に使用してはならない」と規定して
いる。これは，指定管理者が民間事業者であるときに指定管理者の職員
等を公務員に近い形で考えることが適当として，地方公務員法第 34 条
第 1 項と同趣旨の規定を設けたと解説されている。

33）　千葉県個人情報保護条例では，指定管理者に対し罰則をもって担保
する個人情報保護義務を課しており，同趣旨の対応は，各地方公共団体
においても行われている。

34）　指定管理者には，指定処分に際して，以下のような条件を付すこと
が適当である。
①　〇〇センターの指定管理者である△△株式会社が作成し，及び取得
　した文書（〇〇センターの管理の業務に係るものに限る。以下「管理
　文書」という。）は，情報公開条例に規定する行政文書に準ずるもの

として適正に管理すること。

② △△株式会社が保有する管理文書について，知事（市町村長）に対し個人情報保護条例に基づく個人情報の開示の請求又は情報公開条例に基づく行政文書の開示の請求があった場合において，知事（市町村長）からこれらの請求に係る管理文書の提出を求められたときは，これに応ずること。

③ 管理文書の適正な管理及び管理文書の提出の指示に関して必要な事項は別に定めること。

④ △△株式会社（個人情報の保護に関する法律第2条第3項に規定する「個人情報取扱事業者」に該当するものを除く。）は，○○センターの管理の業務に係る個人情報について，個人情報保護条例に基づく「事業者が行う個人情報の適正な取扱いに関する方針」に基づき適正に取り扱うこと。

35) 平野龍一『刑事訴訟法』（法律学全集）有斐閣，1972，p.111

36) 伊藤昭治「第2章 図書館奉仕」『図書館法を読む』日本図書館協会，1990，p.93

37) 総務省は，総務事務次官から各都道府県知事あてに「平成20年度地方財政の運営について」（平成20年6月6日 総財第33号）との文書を発しているが，その中で，指定管理者制度の運用上の留意点として「委託料等の支出に関する留意事項」を記述しており，その一項目に「委託料の支出にあたり選定の基準（人的，物的能力等）等に応じた適切な積算がなされているか」と掲げ，注意喚起をしている。

38) 塩野宏「指定法人に関する一考察」『法治主義の諸相』有斐閣，2001，p.460

39) 行政庁とは，国における大臣，地方公共団体における知事，市町村長などのように，法律等に基づき決定を下し，対外的に意思を表示する権限を有する機関をいうが，建築基準法に基づく建築主事のように，地方公共団体の職員でも法律に基づき行政庁としての位置づけをされている例もある。

40) 米丸恒治『私人による行政』日本評論社，1999，p.354

41) 稲葉馨，前掲論文，p.60

42) 市川駅南口図書館（仮称）に指定管理者を導入するための条例改正案は，本会議において，賛成25・反対15で可決されているが，指定管

理者の設置期間満了後は，改めて指定管理者を導入した市立図書館と市が直営している図書館との双方に対する住民による評価を踏まえて，再検討されるであろう「種」が播かれたという点では，貴重な事例となるものと考えられる。

43) もちろん，行政が賠償責任を果たした場合には，民間事業者に求償することができるため，その意味において民間事業者も責任は免れないが，民間事業者が賠償資力を失っている場合には，求償権の行使は絵に書いた餅になる。

44) 日本図書館協会が整理した資料「総務省『地方行政サービス改革の取組状況等に関する調査』の回答から－図書館の指定管理者制度導入に対する考え方」に示された回答においても，指定管理者制度を導入しない自治体の理由も，こうしたより高次の図書館機能の拡充強化が指定管理者制度導入では望めないとするものが散見される。

45) 大阪府ホームページに掲載されている「平成 20 年度大阪版市場化テスト全業務を対象とした提案募集・提案一覧」によれば，その提案内容には民間事業者によって広狭があるが，最も広範な内容の提案をした民間事業者の委託対象業務は，カウンター業務（閉開館準備，貸出・返却・予約手続き，館内案内業務，督促，利用者チェック，複写物の依頼・受付，検索システムの利用方法説明），レファレンス業務全般，書籍・DVD 等の装備・清掃・補修・製本等，視聴覚サービス（貸出・返却・予約手続き，機材の準備），イベント企画運営全般（展示会，お話会等，PR 活動），資料・データの整備（ホームページ更新，評価・統計・集計・目録作成等），ホール・貸会議室運営業務全般，施設見学の受け入れ，図書館向けレファレンスサービス，障害のある者へのサービス，協力貸出，他館資料の借受（府域内の施設に限定）というように，およそ府立図書館の業務のほとんど全域にわたっている。

　仮にこれらの業務が民間事業者に委託された場合には，府立図書館において府の図書館職員が行う業務は，選書や廃棄すべき図書の選定，他の図書館との連絡調整，市町村立図書館への指導助言など，きわめて限定的なものとなろう。

46) 図書館問題研究会大阪支部と大阪府職員労働組合が連名で大阪府立図書館への市場化テスト導入反対の署名運動を行っており，また，大阪日日新聞の報道によれば，2009 年 2 月 15 日に市場化テスト反対と国

際児童文学館の府立図書館への機能移転に反対するシンポジウムが開催されている。

47)　より詳細には，2009年2月に日本図書館協会が発表した見解「図書館を『市場化テスト』の対象事業とすることについて」を参照のこと。

48)　大阪府教育委員会も，「平成20年度大阪版市場化テスト全業務を対象とした提案募集・提案一覧」における「提案に対する考え方」の中で，「レファレンスサービスについては，図書館サービスの中で最も重要なものです。また，府立図書館は市町村図書館への支援を行っています。高度，専門的なものを含む様々なレファレンスニーズへの的確な対応や，市町村立図書館職員への研修，技術支援，情報発信を行うには，蔵書に対する知識と，司書職として継続した相当期間の経験が必要です。事業を実施する時には，こうした要請が担保される必要があります」とした「提案を実施する上での課題」を挙げている。

49)　大阪府教育委員会も，「平成20年度大阪版市場化テスト全業務を対象とした提案募集・提案一覧」において，府立図書館の外部委託状況についてそのように説明している。

7章 図書館とPFI

7.1 PFI事業の背景

　PFIとはPrivate Finance Initiativeの略であり，公共事業を実施するための手法の一つとされています。民間の資金と経営能力・技術力（ノウハウ）を活用し，公共施設等の設計・建設・更新や維持管理・運営を行う共同事業の手法です。

　この手法が計画された背景には，厳しい地方財政の制約の中で，公共施設の老朽化が進む現状を踏まえ，民間資金やノウハウを導入してこれに対応しようとする考え方があります。

　総務省によれば[1]，PFI事業を適切に導入することによって，民間事業者の経営上のノウハウや技術的能力が活用され，事業全体のリスク管理が効率的に行われるようになり，設計・建設・維持管理・運営の全部または一部を一体的に扱うことによる事業コストの削減が期待されるとしています。すなわち，PFI事業の大きな眼目はコスト削減にあることは明白です。加えて，これまで地方公共団体が行ってきた事業を民間事業者が行うことになるため，官民の適切な役割分担に基づく新たな官民パートナーシップが形成されることが期待されるとし，民間の事業機会を創出することを通じ，民間に対して新たな事業機会をもたらすこととされています。

　では，PFIを導入した場合，本当に「安くて質のよい公共

サービス」が提供できるのでしょうか。この点について，総務省は，PFI 事業では設計・建設・維持管理・運営といった業務を一括で発注し，「性能を満たしていれば細かな手法は問わない」性能発注方式が採用されており，効率的なリスクの管理，良好な競争環境などを期待することができ，これらにより民間のノウハウを幅広く活かすことができ，安くて質のよい公共サービスの提供を実現できるとしています。PFI 事業にも競争原理を導入して事業者を選択できるからということのようです。したがって，このためには PFI 事業者の選択に際して競争入札が原則であるということになります。

　しかし，一方で，「PFI 事業では，民間に幅広い業務を任せることになるので，行政がこれまで以上に民間の事業状況を把握して，管理や指導をしなければ，公共サービスの品質の低下を招く可能性がある」，「業務を任せる企業を選ぶ際には，価格だけでなく企業の持つノウハウや事業計画の内容についても評価しなければならないために，これまでと比べて事前の手続きに要する業務が増え，時間も必要となる」と述べています。結局，PFI 事業を導入すれば，いわば丸投げ状態になるので，地方公共団体としては安くて質のよいサービスを期待できるが，そのためには事前に事業者の選択について手間と暇をかけて十分吟味せよといっているようです。そうすると，PFI 事業を導入するためには，当該事業についてこれを請け負う企業が資金力も運営ノウハウも有していることを見抜く眼力を，自治体が備えていなければならないということになりそうです。

　ところで，PFI 事業と指定管理者制度の関係ですが，PFI 事業の対象は公共施設であることから，公の施設も当然に対

象となります。総務省は，公の施設が PFI 事業の対象となった場合，当該施設の運営を PFI 事業者に委ねる際には，指定期間等について PFI 事業の円滑な実施に配慮することが必要であると述べています。すなわち，通常指定管理者制度導入の場合の指定期間は 3 年ないし 5 年程度ですが，この期間では PFI 事業期間としては短かすぎるので，いわば PFI 事業期間に合わせて指定管理者の期間を合わせよといっていると解されます。そうすると，地方自治体が指定管理者を指定する場合，指定期間の設定に重大な例外を設けることになります。換言すれば，延長した指定期間は民間事業者に管理を委ね，委託費を出し続けるという選択をすることになります。

　指定管理者制度の導入が適切であるかどうかを比較的短期間で再検証するために，3 年ないし 5 年という原則的指定期間を設定しているのですから，PFI 事業の場合にその事業者についてのみ例外扱いとし，検証期間を排除することの合理性はどこに求めるべきでしょうか。

　総務省は，「指定管理者を選定する手続きについては，全て条例に委ねられていることから，議会や住民に説明がつくのであれば，公募等の方法によって指定管理者を選定することは必ずしも必要とされず，PFI 事業者が指定管理者となることができるよう条例で規定することも可能」としています（下線：筆者）。しかし，このようないわば随意契約で PFI 事業者を選ぶことは，「安くて良質な公共サービスを確保するためには競争原理が望ましい」としている総務省の見解との整合性の点で問題はないのでしょうか。

　随意契約で PFI 事業者を選定し，それに指定管理者としての立場を賦与するために一つの条例で対応することも可とし

ていますが，議会への提案のリスクも議員への説明のリスク
も自治体が負うのであって，そのためにどのような説明をす
べきかについて指導指針もアドバイスも示されていませんの
で，まさしく自治体の選択に委ねるということでしょう。

　そうした場合，仮に首長が十分な説明をせずに当該条例案
を議会に提案し，十分な議論なくして賛成多数で可決成立さ
せてしまった場合には，住民は数十年にわたって，委託契約
で約束した管理運営委託費を支払う結果になってしまいます。
したがって，公の施設に係る PFI 事業の実施と指定管理者を
ワンセットにした条例案については，首長は丁寧な説明を行
って，当該公の施設について PFI 事業を行うのが適当な理由
および PFI 事業者に管理運営を委ねることの合理性について，
市民の理解を求めるよう特段の配慮をすべきものと考えます。

　また，PFI 事業者との当初の契約の中で，当該指定期間中
といえども，PFI 事業による管理運営に不都合が生じた場合
には見直しを行い，その結果，指定期間の中断および委託契
約の解除を行うことができるように，綿密な規定を用意すべ
きものと考えます。

7.2 PFI による図書館整備—桑名市の例で考える

　もともと総務省が掲げた PFI 事業に適するとされた事業に，
図書館の整備は含まれていません。実際に図書館の整備事業
を PFI 方式で実施した事例は多くはないようです。その少な
い例の一つに三重県の桑名市立図書館等複合公共施設特定事
業があります。

　桑名市は，PFI 事業で建設した市立図書館に指定管理者制

158

度を導入することなく，PFI事業者とのパートナー事業として委託契約に基づき，図書館の運営事業の一部を事実上PFI事業者に委ねています。

　これを海部俊樹文部大臣の国会答弁「清掃とか警備とか保守というようなことの民間委託の問題は別といたしまして，やはり図書館法の規定から見ても公立図書館の基幹的な業務については，これは民間の委託にはなじまないものでしょう」との内容と照合させてみたときに，桑名市の対応が当該民間委託に該当しないのかどうかが，問題となります。

　すなわち，桑名市では，PFI事業者との業務分担において，図書等の選定・収集・除籍の方針の決定は市に留保されていますが，収集方針に基づく購入計画の立案と図書等の選定はPFI事業者に配分されています[2)]。筆者は，この業務配分は図書館の基幹的な業務の民間委託に該当すると考えます。

　まず，収集方針は市が策定するとのことですが，図書購入計画をPFI事業者に委ねることは妥当なのでしょうか。購入計画は図書館がその責任をもって立案すべきもので，たとえ案であったとしても外注になじまないと考えます。基本的な指針を留保するからよいというものではなく，図書購入計画は図書館経営に責任をもつ自治体で立案すべきで，図書購入計画はどんな図書をどれだけ図書館に備えていくかを定めるものであり，図書館経営の基本的事項であり，最も基幹的な業務ではないでしょうか。これを外注するならば，図書館経営の自主性・主体性はどこにあるのかと問われると考えます。

　また，図書の収集方針に基づく購入計画の立案と，図書等の選定がPFI事業者に委ねられている点も気になります。選書は従来，図書館長の権限で行われるものであり，通常は図

書館職員からなる選書委員会において各委員の議論を経て行われていたものですが，収集方針を市が決定するとしても個別具体的な選書作業がPFI事業者によって行われるならば，選書の権限が事実上PFI事業者に委ねられることとなるのではないでしょうか。市がいわば仕様書を作成し，その仕様書のとおりに図書を選定せよという業務分担の場合，具体的な選書に際して図書Aは購入する，図書Bは購入しないという最初の判断を市が行うわけではなく，PFI事業者が選定した購入リストから購入すべき図書を選ぶということになり，最も基礎的な選書作業を市が配置した図書館職員が行わないことになりそうです。少なくともPFI事業者が作成したリストからの採否は市で行うべきですし，そもそもリスト作成には市の配置した図書館職員があたるべきですから（それが利用者に対する図書館の責任ではないでしょうか），その基礎的な選書リストの作成に市が関与しないということは，選書作業を外注していると評価されてもやむを得ないと思います。選書は図書館の基幹的な業務ですから，これが事実上外注＝委託されているという事実があるとすれば，やはり問題でしょう。

　選書に係る指針を示しているから，市が責任をもって選書しているという説明かもしれませんが，選書自体の自主性・自律性が指針を作成・提示することで維持できるのでしょうか。筆者は，購入図書の決定権限が留保されていれば，選書という業務に係る執行権限が行政にあるとは考えません。これは形式論であり，実質的には選書の権限はPFI事業者に委ねられているというべきではないでしょうか。

　選書という基幹的業務が図書館側にあるというためには，個別具体的な書籍の選定に際して，販売流通業者の言うなり

になるのではなく，購入そのものの判断に市が主体性を持って臨む必要があり，書評や住民からの要望，図書館における蔵書構成等々の諸般の事情を勘案して，当該個別の書籍の購入が決定されるべきであり，それが選書ではないのかと思うからです。リスト自体が選書方針に従っているとしても，個別の書籍の選定にこそ図書館職員の本来的な専門性が生かされるべきであって，PFI事業者が配置する図書館職員が司書資格を有していれば足りるわけではないでしょう。

　図書等の選定方針をPFI事業者に示すことは，注文者が請負業者に対して仕様書を示すのとどう違うのか，PFI事業者が行う購入計画の作成に市側の方針が個別具体的に反映されており，同計画に個別具体的な書籍の選定まで示されていて，PFI事業者に何らの裁量の余地なく，PFI事業者は単に市の手足となって機能するというのであればともかく，PFI事業者に図書選定の現実的な判断を委ねているならば，選書業務を外部に請け負わせているのとどこが違うのか，説明があるべきでしょう。

　同様に，同市では郷土資料・行政資料の収集も「共同」で行っているとのことですが，ここにいう「共同」とはどういう意味でしょうか。単に市が定める収集方針に従って，PFI事業者が手足として機能しているという意味なのか，収集資料の選択に際して，PFI事業者の判断が加わり，収集にPFI事業者が郷土資料・行政資料の選択についての採否の意思決定にまで関与しているということなのか。「共同」という以上後者であるように思えます。そうであれば問題でしょう。図書館の基幹的業務にPFI事業者が関与して，実質的な意思決定まで行っているとすれば，当該営為を行うことができる法

的根拠は何でしょうか。

　業務委託が最も近いと思われますが，委託契約は仕事の完成を委ねるものであって，その業務遂行に委託者である市が受託者である PFI 事業者に対して個別の作業に関する指揮命令権を有しないはずですが，それを「共同」作業という名目で突破してしまっているのでしょうか。

　筆者は，上記のとおりに市と PFI 事業者との間で業務分担を行ったとすれば，図書館業務の基幹的部分が PFI 事業者によって行われていると感じます。

　このように，桑名市と PFI 事業者の図書館業務分担については，法的な疑義があると考えますが，桑名市の教育委員会ではどのような法の解釈を行って業務分担を決定したのでしょうか。とても気になるところです。

　PFI 事業を導入することで，なるほど事業コストは削減されるかもしれませんが，PFI 事業を図書館に導入した場合に，図書館の有する基幹的な業務を PFI 事業者に委ねることまで許容されるとは考えません。図書館としてその存在理由を維持するために，委ねてよい業務と委ねてはならない業務があると思うからです。仮に全面的な運営まで委ねるならば，形式的には指定管理者制度を導入すべきではないでしょうか（念のため申し添えますが，筆者は指定管理者制度を図書館に導入することには賛成できません。同制度を図書館に導入することは，図書館法その他の図書館関係法の想定に範囲外で許されないと考えていることは上述のとおりです）。

　桑名市と PFI 事業者との図書館業務分担表を見る限りでは，「桑名市の支配が図書館業務に具体的に個別的に及んでいて，丸投げではない」とは言い難い状況があるように思えます。

162

「共同事業」として，市と PFI 事業者がパートナーとして実施していると説明しているようですが，筆者は，当該パートナー事業＝共同事業は単なる言葉の問題ではなく，法的視点から見たときに，十分説明できるのか大きな疑問を感じています。「共同作業」という名称のもとに，事実上基幹的業務の委託事業を行っていると解釈されるのではないでしょうか。

　もちろん，公の施設の管理運営は地方公共団体がその権限に基づいて行うものですから，桑名市が海部文部大臣の答弁内容を桑名市では無視する方針をとることもできるかもしれません。すなわち，桑名市が「図書館法上基幹的業務も民間委託になじむのだ」という解釈をとる選択もあるでしょう。法令の解釈は地方公共団体がその責任において行うもので，国の指針に拘束されないという考えもあるでしょうから。

　もっとも，現在では，文部科学省は指定管理者制度を推進する立場のようで，かつての海部文部大臣による国会答弁は視野に入っていないようですから，桑名市の取り組みを是として評価しているものと思われます。したがって，文部科学省から，図書館業務の基幹的部分についての民間委託は図書館法上問題があるとの指摘はないでしょう。加えて，何が基幹的業務に当たるかは，各自治体がその地域の実情に合わせて自由に解釈し判断するという姿勢であれば，地方分権時代にふさわしい対応であると評価する向きもあるかもしれません。しかし，図書館の本来的機能からいえば，直営が望ましいと考えている筆者の立場からすれば，桑名市の図書館法の解釈および図書館運営方針には疑義を感じます。

仮に各自治体が財政状況を踏まえて，PFI 方式による図書館整備を行うのであれば，いわゆる BOT（Build Operate and Transfer）方式が望ましいのではないかと考えます。すなわち，PFI 事業者が自ら資金調達を行い，施設を建設し，所有し，事業の期間中は維持・管理および運営を行い，事業終了時点で公共に施設の所有権を移転する方式です。

ただし，このうち運営は行政側に留保すべきであろうと考えます。換言すれば，少なくとも図書館を PFI 事業方式で整備するならば，施設のハード面の整備は PFI 事業者に委ねるが，その運営＝ソフト面は行政が担当するとの契約で十分ではないでしょうか[3]。その理由は，図書館は行政による直営こそが，最終的に地域住民に対して責任ある運営となるのではないかと考えるからです。確かに，現在の図書館にはさまざまな問題があります。単なる貸出業務を行えば足りると考えているような図書館のありように対する住民からの批判，公務員制度に守られた図書館職員の勤務態様に対する批判などが，図書館の外部委託化を推進した要因になっていることは一面の事実です。

しかし，図書館が公共性を有する施設であることを疑う者はいないでしょう。図書館の公共性とは，単に地方公共団体が設置したから公共性があるのではなく，その機能が住民に対する奉仕にあるからです。そして，現在では，障害者や高齢者に対するサービス，行政職員の政策立案に対する情報提供サービス，自治体を越えた図書館ネットワークの構築，社会の IT 化に伴う図書館情報処理のあり方，学校図書館との連

携，子育て支援など，さまざまな地域の需要に対する"知の宝庫"としての図書館の役割の見直しなど，課題は山積というべきであり，いずれも地域の住民に対する図書館奉仕のバリエーションとして選択可能なものでしょう。こうした市場原理になじまない図書館の機能を十全に発揮するために，図書館はどうあるべきなのかが問われています。そうした問いに対して公が果たす役割を考えるべきであって，市場原理を導入して民間事業者に丸投げないし過大な関与をさせることが，図書館の現在および未来にとってふさわしいのかどうかが議論されるべきと考えます。そしてその主体は図書館職員も担うべきなのです。こうした機能を民間事業者が担うのかどうか，単なる財政的理由からではなく，本来的な図書館の機能の視点で確認すべきではないかと考えます。

　そもそも，仮にPFI事業を導入して建設と施設の維持・管理などハード面をPFI事業者に委ねるとしても，図書館の運営自体を行政の直営とすることでどのような支障が生ずるのでしょうか。事業期間中は施設をPFI事業者から賃借することになり，その施設の維持・管理はPFI事業者に委ねますが，図書館の運営自体は行政が直営で行うという方法で何ら支障はないはずです。

　桑名市では図書館にPFI事業を導入した理由の一つとして，蔵書・面積・開館時間・開館日数の増大による人員の確保が行政では困難であったことを挙げていますが，もともと正規職員だけで図書館が運営されているわけではなく，またPFI事業者が雇用する図書館職員の人件費相当分はPFI事業者に支払われる（PFI事業者が無償で図書館職員をあてるはずがない）のですから，決定的な理由になりえないと考えます。また，

蔵書に係る費用についても，桑名市がサービスに対する対価の一部として負担することを想定しており，PFI事業者がその負担において蔵書を整備するわけではありません。

　そうすると，決定的な理由はイニシャルコストの削減と支払いの平準化ということになります。確かに，従前は継続費の計上は5年間に限定されていましたが，PFI事業の場合には最長30年の延払いが可能となります。それが大きなメリットといえばメリットでしょう。ただし，30年間事業費を支払い続けることは，イニシャルコストは低減され支払いの平準化は確保できるでしょうが，長期にわたって重い財政負担を負うことに変わりはありません。特に，事業期間中のサービス提供の対価がPFI事業者の主導によって決められることとなれば，長期的に見たときに本当に財政負担が軽減されるのかどうか，疑問なしとしません。

　PFI事業の導入によって，イニシャルコストは軽減されるかもしれませんが，そのことと図書館の理念は引き換えにすべきでないし，図書館運営について軒先を貸して母屋が乗っ取られるようなことがあってもならないのです。図書館の運営はあくまで行政が主体的・自律的に行うべきであって，その意味では，行政には，実質的にPFI事業者主導の図書館運営がなされないように，PFI事業者を指導・監督できるようなシステムが求められるでしょう。

　具体的には，教育委員会が選任した図書館長の関与が形骸化しないかどうか，図書館長の公物警察権をPFI事業者が行使することのないようにチェックできているか，単なる手足としての作業以外に実質的な図書館運営に係る意思決定権がPFI事業者に移っているようなことがないか，長い事業期間

166

中に PFI 事業者による図書館運営に不都合が生じた場合の対応方法の確保，などが挙げられるのではないでしょうか。

注

1) 総務省のホームページ
   http://www8.cao.go.jp/pfi._jouhou/tebiki/kiso/kiso01_01.html　参照
2) 大塚由良美桑名市教育委員会生涯学習課長「PFI 手法による図書館，その 1 年」（平成 17 年度全国公共図書館研究集会報告）
3) 藤江正嗣は「PFI による図書館経営を評価する」（『情報の科学と技術』vol.58, no.10, 2008.10）において，桑名市立図書館について PFI 事業を導入した成果を強調しているが，その主張の内容は，①貸出冊数と利用者が大幅に増加したこと，② IT 化を積極的に導入したことで効率が格段に向上したことである。しかし，利用者が大幅に増加したことは古い図書館を改築した成果ともいえるのであり，IT 化は施設整備の結果であって，必ずしも PFI 事業でなければ達成できないものではないと思うのである。PFI 事業を選択した効果であって，他の手法では達成できなかったといえるのかどうか，筆者は疑問に思っている。とりわけ，同論文において PFI 事業者と市との業務分担についてまったく言及がないのは，不満である。
　　また，藤江氏も自認しているように，桑名市は PFI 事業者との役割分担の結果，「図書館業務にとり，基本的で不可欠な蔵書管理（購入や処分を含む。）や検索，関連サービスに当たる人材を計画的・継続的に育てていくという役割を行政が果たせなくなるというリスク・損失を持つことを忘れてはならない」と述べているが，まさしくこれが図書館の基幹的業務を外注に出した実質的なマイナスである。それゆえ海部文部大臣の答弁が妥当する所以なのである。
4) 山口源治郎は桑名市の PFI 図書館について，文部科学省の「望ましい基準」を引用して，適正な職員が配置されているか疑問を呈している。すなわち，桑名市教育委員会教育長の「館長をはじめ職員の配置につきましては統括能力やら運動能力及び専門性を見きわめ，また図書館としての使命が十二分に発揮できるようこれまでの課題への対応も含めまして，人事当局と協議を重ね，適切な配置となるよう努めたい」と答弁し

ていることを指摘し，それにもかかわらず「望ましい基準」に合致する
ような図書館長は配置されず，専門職である司書についても安定雇用は
検討されていないことに対して，疑問を呈している（「『構造改革』と公
立図書館の公共性」『月刊社会教育』No.576，2003）。

8章 図書館職員の法的性格

8.1 図書館に司書を置かなければならないか

　周知のとおり，図書館法第4条第1項の規定によれば，「図書館に置かれる専門的職員を司書及び司書補と称する」とあり，同条第2項の規定によれば，「司書は，図書館の専門的事務に従事する」とあります。また，同法第13条第1項の規定によれば，「公立図書館に館長並びに当該図書館を設置する地方公共団体の教育委員会が必要と認める専門的職員，事務職員及び技術職員を置く」とあります。

　これらの規定を素直に読めば，公立図書館には専門的事務に従事する専門的職員としての司書（司書補を含む。以下，この章において同じ）が置かれることとなるはずです。すなわち，少なくとも図書館法制定当時の立法者が想定した図書館の職員構成は，館長の監督の下に，図書館サービスの中核を担う専門的職員としての司書，図書館における予算，財産管理等の庶務業務を担当する事務職員，および移動図書館などの運転業務や図書館の冷暖房施設等の各種機械設備の維持・管理にあたる技術職員といったものと考えられます。

　しかし，現実には，司書が配置されていない公立図書館も多く，特に市町村立図書館において顕著であるといわれています。それでは，こうした状況を図書館法は容認していると

いえるのでしょうか。このことを解釈上公に示した事例として，1978年10月12日の東京都人事委員会裁決があります。この事案は，荒川区の図書館の司書資格を有する職員の配置転換をめぐって下されたものですが，この中で，東京都人事委員会は図書館法第4条と第13条の関係について言及し，次のように述べています。

　「図書館法第13条第1項は，『公立図書館に館長並びに当該図書館を設置する地方公共団体の教育委員会が必要と認める専門的職員，事務職員及び技術職員を置く』と規定しており，右専門的職員のなかに，同法第4条第1項の規定にあるように司書が含まれることは明らかであるので，公立図書館に司書を置くことは，少なくとも法の要望し，期待するところであることはこれを認めることができる。

　しかしながら，右法文から直ちに図書館に必ず司書を置かなければならないと解されるものではなく，司書職の設置は，公立図書館の役割や実態ないし当該図書館のはたす機能および当該地方公共団体の人事行政の方針その他を総合的に勘案して決定されるべき事項である。」

この裁決は，明らかに，図書館法第13条第1項の規定の文理解釈よりも人事行政の要請を優先したものというべきです。「公立図書館に館長並びに……教育委員会が必要と認める専門的職員，事務職員及び技術職員を置く」と規定した以上は，同項で掲げている図書館職員を置くべきですが，あえていうのであれば，同項の解釈上の操作として，同項中の「教育委員会が必要と認める」という部分を弾力的に運用し，館長は置くが，専門的職員，事務職員および技術職員については，「教育委員会が必要と認める」場合に置くのであって，その

具体的な人数等については，配置の有無も含めて，教育機関における人事行政をつかさどる教育委員会の裁量に委ねることが適当と判断したものと思われます[1]。

このような解釈の当否については，もちろん議論がありうるのですが，人事行政の実務の立場からいえば，図書館の専門的職員をすべて司書として配置する司書職制度の全面的採用には躊躇せざるを得ないという意識が先に立つのでしょう。ただし，図書館法上は「配置する」と規定しており，専門的職員＝司書を置く「建前」なのであって，「配置しなければならない」と義務的に規定していないことをもって配置しなくてもよいという運用を積極的に認めたものと解すべきではなく，どの程度の人数を，どこの図書館に，どのように配置するかは地方公共団体の裁量に委ねるという趣旨と解すべきでしょう。すなわち，法の趣旨とすれば，配置することが望ましいというよりも強い意味を持ち，原則配置すべきであるが，配置しないことをもってただちに違法とまではいわない規定内容であるというべきではないかと考えます。

地方公共団体は，図書館の運営に司書の専門的知識が必要であるとの認識に立って，可能な限り司書の配置を進めるべき法的な責務があると考えるべきではないでしょうか。

8.2 公立図書館に専任の司書が配置されない理由は何か

2015年度（平成27年度）の文部科学省による社会教育調査報告概要の「施設等別職員数」によれば，図書館（類似施設を含む）の職員数は，39,828人であり，そのうち専任職員数は11,448人であるのに対し，非常勤職員は19,511人です。専任

職員数の割合は 28.7％で，全体の 3 分の 1 以下になっています。さらに，職員のうち司書数は 19,015 人ですが，うち専任は 5,410 人であって，その割合は 28.5％にすぎません。すなわち，図書館職員数は増加しているものの，その大半は非常勤職員であって，専門職である司書の割合は職員数の 3 割を切っているという状況です。

文部科学省が示している「図書館の設置及び運営上の望ましい基準」（以下,「望ましい基準」）では,「市町村立図書館には，前項の司書及び司書補のほか，必要な数の職員を置くものとする」と規定して，司書の配置を勧めています [2]。

すなわち，図書館サービスの中核を担う存在として「専門的職員」＝司書が期待されている以上，少なくとも公立図書館には司書の配置が促進されるべきでしょう。しかし，図書館法には，公立図書館に専門的職員として司書を必ず置かなければならない規定も配置基準に関する規定もなく，司書の専門的職務を具体的に明示する規定もありません。したがって，図書館における専門的業務を行うのは司書でなければならないという業務独占に関する規定もありません。加えて，司書の数は一見増加していますが，そのほとんどは非常勤職員としての司書であって，専任司書は減り続けています。

今や，図書館は司書も職員も圧倒的多数の非常勤の職員や司書によって運営されているといっても過言ではありません。こうした図書館職員の非常勤化は，行政一般に認められる傾向ではあります [3] が，図書館において専任の司書が減少し，非常勤の司書を含む図書館職員が増加しているのは妥当な状況とは思えません。

司書は，図書館における専門職として図書館の運営にあた

るべき存在であり，図書館の運営に係る企画立案や他館や他機関との連絡調整などに責任をもってあたるべき職責を担っており，とりわけ指定管理者図書館が増加し，それぞれ善し悪しは別として，指定管理者図書館が特徴ある経営を打ち出している現状を踏まえれば，指定管理者図書館では対応できない図書館業務を実施し，その差別化を図らなければならない状況に対応しなければなりません。その図書館業務を責任をもって遂行するためには，常勤化こそが望ましいものです。

　非常勤の図書館職員が常勤職員に比べて責任をもって業務遂行にあたっていないとまでいうつもりはありませんが，非常勤職員に図書館の枢要な機能を負担させることは現実的ではないように思います。これら枢要な業務は反復継続されるべきものであって，長期にわたる安定的な雇用が保証されない [4] 非常勤職員に担当させることは現実的ではありません。いきおい，非常勤職員の担当業務は，容易に代替可能な，機械的な業務になってしまうことが多いように思えます。

　図書館職員はその任務の重要性にかんがみ，常に資質・能力の向上を図らなければならず，そのためにも研修や他の機関との人事交流なども積極的に行うべき旨「望ましい基準」自体が明記しているところです。こうした人事交流や研修を非常勤職員について実施できるのかどうか，きわめて疑問があります。むしろ，図書館司書は常勤が前提であって，図書館法第3条に規定する図書館奉仕は，原則として常勤職員である専門的職員＝司書によって担われるべきことが立法者の意思であると考えます。そのことは，以下のとおり，図書館法立法当時の社会教育局長の発言からも明らかではないでしょうか。

すなわち，図書館法成立当時の社会教育局長は，立法にあたって特に留意した点として職員制度の確立をあげ，「図書館運営は高度の専門的知識と技能を必要とする」旨の認識を示しているとのことです[5]。1950年時点でもそのような認識があったとすれば，図書館に対する住民の需要が高度化・多様化している現在では，図書館職員の専門性が一層求められるでしょう。それにもかかわらず，司書を配置していない多くの公立図書館においてはそのような需要はないと判断しているのか，あったとしてもこれに応えることができないと考えているのか，あるいはその両方なのか，気になるところです。

　特に，「社会教育法等の一部を改正する法律案」に関する衆議院文部科学委員会の審議において，文部省生涯学習政策局長は，司書の役割について「図書館がいわばその地域の知の拠点，学習の拠点重要な役割を果たしていく上で，専門性を備えた司書が，専門的職員としてその重要性が高いというのは私どもも同じ認識を持っている。特に，利用者のニーズが多様化，高度化する昨今，司書がその専門的な知識，経験を十分に生かして図書館における中心的な役割を果たすべきだという考え方を私どもも強くもっている」と答弁し，さらに，司書の配置について「司書の専門性，図書館における役割を考えるときには，できるだけ配置してほしい，配置すべきであるというように私どもは考えており，『公立図書館の設置及び運営上の望ましい基準』，運営のガイドラインを私どもは定めているが，この基準においては，専門的な職員を確保することを前提にこれをうながしている」と答弁しています[6]。

　こうした審議状況を踏まえて，当該法案に関し衆議院は「社会教育主事，司書及び学芸員については，多様化，高度化す

174

る国民の学習ニーズ等に十分対応できるよう，今後とも，それぞれの分野における専門的能力・知識等の習得について十分配慮すること」との附帯決議を行い，参議院においても同趣旨の附帯決議が行われたことは，重く受け止めるべきです。

　ただ，人事行政の側面から見れば，専門的職員として司書を積極的に採用する傾向にはないことは明らかです。2008年度に地方公共団体において正規職員として採用するために司書を募集した事例はほとんどありませんでした。人事担当者が司書という専門的職員を採用したがらない理由を忖度すれば，次のようであろうと思われます[7]。

① 司書という専門的職員を採用した場合において，原則として図書館に配置するほかはなく，昇任・昇格のポストが限定されるため，処遇が難しい。

② 司書を図書館以外に配置することは困難であり，人事管理上の融通性に欠ける（いわゆる「つぶし」が利かない）。

③ 司書を管理職とする場合において，その専門性が管理職として要求される資質能力（広い視野に裏打ちされた人事管理能力や組織マネジメント能力）との齟齬をきたす懸念がある。

　こうした説明がはたして当を得ているかは，疑問であるように思えます。すなわち，①については，スタッフ制の採用が進んでいる現在，大きな阻害要因にはならないように思われます。司書に「上席」，「主任」などを付する工夫をすることで対応は可能でしょう。

　また，②については，特に都道府県においては議会図書室，知事部局の行政資料室，公立大学や専門学校の図書館・図書室などに配置することで対応は可能でしょう。ただし，市町村立図書館では，図書館以外の配置は困難かもしれません。

もっとも，司書は司書として勤務するため採用されたものですから，あえて図書館以外のセクションに勤務させなければならない必然性があるとは思えません。むしろ，図書館以外のセクションに配置させることで，司書としての視野を広げる人事行政を企図するのであれば，司書を教育委員会事務局の社会教育担当部課に配置し，図書館の現場からではなく，管理部門から図書館行政の経験を積んでもらうという発想が必要ではないでしょうか。また，実際にそのような人事を行っている地方公共団体はあるのですから。

　③については，研修の問題だと考えます。司書の中には管理職に興味を示さず，「生涯一司書」であることを望む者もいるでしょうが，司書である個々の職員の資質・能力に応じて管理職に登用することは何ら問題ないはずです。その場合において，管理職としての適正の有無の判断が司書という専門職であるがゆえに特に困難を来たすとは思えず，組織マネジメントをはじめとする研修を行うことで，管理職としての登用は十分可能であると考えます。一般の行政職員でも同様ですが，年功序列や上級・中級・初級といった採用区分で管理職としての適性が定まるのではなく，職員の資質能力と，職員に対してどのようなプログラムで，どのような研修を実施するかにかかっていると心得るべきです。

　むしろ，図書館職員を司書として任用せずに，一般行政職員の定期的な異動の対象として組み込むことには，いくつかの問題があるのではないでしょうか。まず，図書館への異動を希望しない者が配置されることがあります。そのような職員にとっては，図書館業務に慣れてそれなりの意義を感じて日々の業務にあたってくれるのであればよいのですが，仮に

も図書館への異動が「島流し」的な意識でいる職員が配置された場合には，図書館サービスに係る業務が苦痛でしようがないということになり，利用者に対し高い意識を持って臨むことを期待できなくなります。そしてこのことは，図書館と利用者とのトラブルの遠因になる可能性が否定できません。

　図書館に司書を配置した場合には，司書として地方公共団体に勤務することになるわけで，いわば望みどおりの就職ができ天職を得たということになるはずですから，図書館サービスに対し強いモチベーションが期待できることと比較すれば，その優劣は明らかであるように思われます。

　「望ましい基準」は，図書館職員の採用と適正な処遇についても言及していますが，それは図書館の現状にかんがみ，図書館司書が専門職として必ずしも適正な処遇を受けているといえず，また自治体による司書採用も抑制的であって，図書館運営上に支障が生じかねないという懸念によるものと解すべきであり，専任職員が3割を割り込んでいるという現状を無視しての記述とは思えません。その他にも，「望ましい基準」は「運営の基本」，「連携・協力」など今後の図書館が目指すべき将来像に関して縷々基準を設けていますが，これらを達成するために一定の役割を担うこととなる図書館職員の多くが非常勤職員により占められていて，しかも十分な処遇を受けていないならば，図書館は十分な機能を発揮できるのでしょうか。適正な労働に対しては適正な処遇で報いるべきであって，非常勤職員が爆発的に増加する中で，これら非常勤職員に常勤職員と質的にも量的にも同じ仕事をせよと要求するのは現実を無視したものではないかと考えます。

　しかしながら，一方で地方財政が一層厳しくなる中で，図

書館だけを聖域にはできないというのが長部局の発想であることは容易に想像できることです。そうすると，今後，正規職員としての司書の劇的な増加を期待することは困難でしょう。非常勤職員が人的構成の多数を形成する中で，図書館運営を行わなければならないならば，多数を占める非常勤職員を図書館運営の中でどのように機能させていくかを検討することも，図書館長の力量です。

その意味では，「望ましい基準」が述べているように，専門職である司書を図書館長に配置するという人事政策が求められるところです。

8.3 司書の専門性とは何か

既に上述したところですが，現行の図書館法には，司書について専門的事務を行うことは規定されているものの，その具体的な内容については明示されていません。「望ましい基準」の中の「職員」に関する記述がこれを補完していると思われますが，その内容もやや抽象的です。

司書が専門的職員であることは疑いのないところですが，他の分野，例えば医療や社会福祉などにおける専門職とどう違うのでしょうか。最も大きな相違は，医療や社会福祉などの分野の専門職は多くの場合，資格取得について試験制度を採用し，この合格者が名称独占を伴う業務についていることに比較して，司書はこうしたシステムをとっていないことにあるのではないでしょうか。

周知のとおり，司書の資格は，大学において図書館に関する科目を履修して卒業した者のほか，所定の講習を終了した

者が取得することとなっており，司書の養成は講習が主体であるといってよいでしょう。そして司書の養成は，文部科学省令で定めるところにより，文部科学大臣の委嘱を受けた大学で行うこととなっています。各大学における履修の成否は各大学の判断に委ねられており，統一した国家試験が行われるわけではありません[8]。

こうした司書資格の取得に係る制度について，より高度な専門性を評価する名称を付与するための取り組みが日本図書館協会において行われています。すなわち，「公立図書館経営の中核を担う，あるいは今後担うこととなる司書に対して高度な専門性を有することを日本図書館協会が上級司書として認定すること」によって，①図書館で中核的な役割を担う司書の資質向上，②地方自治体における司書の専門性の認知，③司書の社会的地位の向上，④司書の研修受講の奨励と環境整備の実現を目指すこととしているものです。こうした取り組みは，現在では，「認定司書」制度として結実しており，これまでに41都道府県で150人の認定司書が日本図書館協会によって認定されているところです。この制度は，国家資格ではありませんが，文部科学省が公益性を認めた法人が行っているものであって，各自治体においても人事政策等において尊重されるべきものと考えます。

司書の専門性は，現行の養成制度に変更を加え，資格取得制度に法的な根拠を付与し，図書館業務を司書による独占制とすることが可能であれば，制度的には達成されることになるのかもしれません。しかし，司書の専門性が議論されるのは，それが現実の図書館業務の中で見えにくいということにも一因があるのではないでしょうか。換言すれば，司書の専

門性が一般の図書館利用者に認知されないのは，図書館を利用する際の問題かとも思えるのです。ベストセラーを借りるだけに図書館を利用するのであれば，司書の専門性が求められることは少ないでしょう。つまり，特定の問題意識をもって図書館を利用しようとする者に対し，その求めに応じて必要な資料や情報を提供する場面でこそ，司書の本領が発揮されるのであると思われます。

司書としての専門性が典型的に発揮されるのはレファレンスサービスの場面であり，その頻度は，図書館サービスの中で，必ずしも件数的には多くないのかもしれません。しかし，そのことがレファレンスサービスの必要性・重要性を減殺させるものではありませんし，ましてや図書館に司書を配置しなくてもよい理由にはなりません。

むしろ，地方自治の進展に伴って，行政からも住民からも図書館の役割が見直され，その充実が一層求められる状況になりつつあるのではないかと考えます。すなわち，地方分権の進展に伴い，地域の実情に応じて，地方公共団体が独自の施策を構築することを企図し，その法的な根拠づけを明確にする作業を行おうとするとき，それを実質的に裏打ちする事実の積み上げと法的な論点整理を遺漏なく行おうとするためには，関係する文献その他の資料を可能な限り収集し，解析し活用することが求められます。そして，こうした作業を効率的かつ効果的に行おうとするのであれば，図書館が提供するさまざまな資料その他の情報の積極的活用が必要です。

法情報を提供する図書館といえば，国立国会図書館や大学に設置された図書館を連想しますが，公立図書館でもその必要性は徐々に高まっているといってよいでしょう [9]。例えば，

地方公共団体が独自の施策を実現するために新たな条例を制定しようとする場合を考えてみれば，このことは容易に理解することができます。そもそも新規の条例を制定しようとする場合には，さまざまな法情報が必要です。特に，当該条例が独自のものであればあるほど，法令との抵触の有無をはじめとして法的整合性の確保を検討せざるを得ず，そのためには現行法令や他の地方公共団体の条例のほかに，旧法令，判例集，法律学に関する一般的・教科書的書籍，法律関係の雑誌，大学の研究紀要等などから所要の法情報を検索し，当該独自の条例の正当性のための理論構築を行う必要があります。

　独自の政策的な条例の企画・立案は，多くの場合地方公共団体の長によるものです。したがって，法情報を必要とするのはそのスタッフとしての地方公共団体の職員ですが，独自の条例を企画・立案するに際して必要な法情報が，常に潤沢に行政組織内に集積されているわけではありません。通常業務に必要とされる範囲の情報は保有していますが，新たな視点から独自条例を検討する場合には，必要な法情報を新たに収集しなければならないことは決して珍しいことではありません。この際に，図書館司書がレファレンスに関する知識・経験を駆使して，条例の企画立案を担当する職員から求められた法情報を検索するなどして貢献することが期待されます。

　また，地域の実情に応じた新たな施策を提案することは，地方公共団体の長の専権というわけではありません。地方議会の議員もまた，地方公共団体の長の行政執行に関するチェック機関としての機能に加え，住民から選挙されて住民の意思を地方公共団体の運営に反映させるという二元代表制の趣旨を踏まえて，地方公共団体の長とは異なる立場からの政策

提言を行うことができるのですから，分権時代の地方公共団体を担う一方の機関として，建設的な政策提言を行うことが期待されています。

特にこのような政策提言は，条例という形式をとることもあるでしょう。条例の提案権は地方公共団体の長に独占されているわけではなく，議員もまた条例を提案することが可能です。住民もまた，単に個別の要望を長や議員に伝えるのではなく，地域にとって必要なさまざまな施策について，あるいはNPOを組織し，あるいは議員と連携して体系化し提案することが期待されています。「公」を担うのは行政だけではなく，成熟した住民とその代表者である議員もまた，その担い手として登場することを分権社会は求めているからです。

この場合の独自の施策と自主的な条例は，法的にも裏打ちされていなければならず，その意味で議員にも住民にも高い法務能力が求められることとなりますが，予算や人員の制約もあり，これを支えるスタッフは必ずしも整備されているとはいえません。また，都道府県や大規模な市の議会には議会図書室等が設置されているでしょうが，その蔵書等も十分とはいえない状況にあります。そうであればこそ，地方公共団体が設置した図書館とそこに勤務する専門的職員としての司書を積極的に活用すべきでしょう。図書館は法情報を含めた情報の宝庫でもあり，その図書館にあって議員や住民が必要とする資料を検索することができるのは，専門性の高い知見を有する図書館職員にほかなりません。この点においても，司書がその専門性を十全に発揮するレファレンスサービスこそが再認識されるべきです。

この他にも，公立図書館は，ビジネス支援，医療情報の提

供等，特色のあるサービスの提供に取り組んでいます[10]。これらは，図書館における司書の専門性を発揮する可能性を広げる取り組みとして注目することができます。

注

1) 山重壮一は，「専門的職員に司書が含まれることは明らか」とする東京都人事委員会の上記裁決によれば専門的職員として司書以外の者もあるかのごとき解釈であって，図書館法第4条第1項に規定する「専門的職員」と同法第13条第1項に規定する「専門的職員」とは必ずしも同一ではなくなるのではないかと批判している（『図書館法と現代の図書館』，p.148）が，同一法令中の用語が条文によって異なる意味に使用されることはなく，山重の疑問はもっともである。東京都人事委員会の裁決には，「図書館法の文理解釈からすれば，図書館に司書を置くべきとの図書館法の趣旨は理解するけれども，これを義務的なものと解することで司書職制度の採用を都下の地方自治体のすべてに求めることは，困難である」旨の配慮があったものと思料される。

2) 「望ましい基準」は2012（平成24）年に全面改正されたが，その際に改正前の告示で規定していた司書の役割に関する記述すなわち「専門的職員は，資料の収集，整理，保存，提供及び情報サービスその他の専門的業務に従事し，図書館サービスの充実・向上を図るとともに，資料等の提供及び紹介等の住民の高度で多様な要求に適切に応えるよう努めるものとする」を削除している。司書の数が大幅に減少している状況の中で気になる措置である。

3) 総務省の「地方公務員の臨時・非常勤職員に関する実態調査（平成28年4月1日現在）」によれば，全国で約64万人の臨時・非常勤職員が勤務しており，職種別では，事務補助職員約10万人，教員・講師が約9万人，保育所保育士が約6万人，給食調理員が約4万人となっている。このように，いまや非常勤職員は，地方自治体の業務運営にとって必要不可欠な存在となっているのが現実である。

4) 2017年6月に，地方公務員法が改正され，従前非常勤特別職職員や臨時職員として雇用されてきた非常勤職員については，これを一般職の「会計年度任用職員」として位置づけられることとなった。会計年度任

用職員は，更新可能性はあるものの原則として会計年度ごとに雇用されるものであることから，長期安定的な雇用関係は保証されないこととなった。この影響は，図書館にも及ぶものである。

5) 塩見昇「3 章　司書・司書補とその養成」『図書館法と現代の図書館』日本図書館協会，2001，p.130

6) 2008 年 5 月 21 日の衆議院文部科学委員会において，逢坂誠二議員（民主党）の質問に対して，加茂川幸夫文部科学省生涯学習政策局長が答弁したものである。

7) 同趣旨として，前川恒雄「第 5 章　公立図書館の職員」『図書館法を読む』日本図書館協会，1990，p.130

8) 司書養成教育に係る履修内容の変遷および問題点については，塩見昇，前掲書，p.127〜

9) 公立図書館における法情報の提供については，『図書館雑誌』2008年 4 月号で特集されている。なお，「特集　法情報へのアクセス拠点としての図書館」『現代の図書館』日本図書館協会，vol.42, no.4, 2004 を参照のこと。

10) 例えば，浦安市立図書館は，ビジネス支援への取り組みを特徴の一つとしている。その具体的な内容については，常世田良『浦安市図書館にできること』勁草書房，2003，p.160

9章 資料選定・資料廃棄に係る法的諸問題

9.1 図書館資料の選定に住民の意思の反映はどこまで可能か

最近，行政の意思形成過程に住民の意思を反映させることが求められ，そして実際にそのような方向性から，住民が何らかの形で行政の意思形成過程に参画する例が増えているようです[1]。具体的には，首長や教育委員会が企画立案する条例や計画の検討の過程で，住民から公募した委員を加えた検討委員会を設置したり，条例や計画の原案を住民に提示して意見を求めたりすることは，ごく普通のこととして行われるようになっています[2]。

一方，公立図書館には既に法的な制度として図書館協議会があり，「図書館の運営に関し館長の諮問に応ずるとともに，図書館の行う図書館奉仕につき，館長に対して意見を述べる機関」として位置づけられています。そして，その構成員は，図書館法第15条の規定によれば，「当該図書館を設置する地方公共団体の教育委員会が任命する」となっており、同法第16条で委員の任命は文部科学省令で定める基準を参酌することとなっています。

図書館法第15条の規定の趣旨については，図書館の運営に住民の意見が反映されるためとしております[3]ので，もともと公立図書館の運営には住民の意見が反映されるような制度

的保障が予定されていたということになります。

　したがって，図書館資料の選定に関し，図書館協議会が図書館長の諮問に応じて，また諮問がない場合でも図書館奉仕に係る問題として意見を述べることは，図書館協議会の役割として当然に想定されているものです。問題は，制度としての図書館協議会がある場合に，重ねて「図書館資料の選定」に限って住民の意見を反映させるシステムを用意することの当否です。

　結論からいえば，ただちに違法にはならないでしょうが，運営によっては図書館長の権限にくちばしを差し挟むことともなり，問題を残すことなしとしません。つまり，図書館長は，図書館という「建物」の管理者に留まらず，図書館サービスを提供する公の施設の長であり，また社会教育のための教育機関の長でもあり，図書館法第13条第2項に規定しているように，ハード（施設管理）とソフト（機能管理）の両面にわたって図書館法が予定している機能を全うさせる責務を有する存在です。図書館資料の選定もまた，資料を住民に提供するという中核的な機能の前提をなすものであって，図書館長がその責任において行うべきものなのです。住民が何らかの形で図書館資料の選定の過程に参画するとしても，それは図書館長の権限を侵害する形で行うことはできません。

　まず，住民が図書館資料の選定に係る審議会等 4) の第三者機関の委員として加わった場合，当該審議会等は地方自治法第138条の4第3項に規定する附属機関と位置づけられるべきものであり，その法的性格は教育委員会の諮問機関となります。この場合，当該住民は非常勤特別職公務員としての身分を取得することになります。

図書館長は教育委員会の補助機関にすぎず，人事権を行使することができませんので，特定の住民を図書館資料の選定にあたる審議会等の委員として委嘱することはできません。換言すれば，図書館長が住民代表からなる「図書館資料選定委員会」といった独自の機関を附属機関として組織することはできないものなのです。

　そうすると，仮にこのような「図書館資料選定委員会」が設置されたとしても，事実上法的裏づけのない組織になります。こうした性格の「図書館資料選定委員会」がまったくのボランティアとして図書館長に協力することを禁ずる理由はありませんが，図書館資料の選定は，図書館長が図書館職員を監督しながらその責任と判断により行うべきことは上述のとおりです。任意組織としての「図書館資料選定委員会」が設置されたとしても，その委員会は図書館長に対し私的な意見を述べることができるにすぎないし，それは図書館長を法的に拘束するものではありません。また，図書館長も，「図書館資料選定委員会」の意見を聞いたからといって，図書館資料の選定に係る自己の責任を免れるものではないのです。

　したがって，要綱などで「図書館資料選定委員会」を設置する場合，当該要綱において当該委員会の判断を尊重するとか，その判断を図書館長の判断とみなすと規定したとしても，法的には無意味であり，かえって図書館長の責任を放棄したとの批判を免れず，また，こうした要綱自体が図書館法の趣旨に反するとの評価を受けることになりかねません。

　一方，図書館法第14条の規定により設置される図書館協議会[5]は，地方自治法第138条の4に規定する附属機関です。附属機関は，「調停，審査，諮問又は調査のための機関」と

して設置されるもので，行政の守備範囲が広がり，また複雑・高度になって，専門技術的な領域や利害関係の錯綜する分野が増大すると，行政職員以外の専門家や利害関係者を加えた附属機関の役割が重要になります。近時は，附属機関の委員として公募の住民を加える例も少なくありませんが，これも住民の意思を施策に反映させようとする長等の執行機関の意思のあらわれと評価することができます。

　「図書館資料選定委員会」を設置する理由が，図書館協議会はその委員の任命が図書館法第15条で法定されており，純然たる住民代表を加えることができないのではないかとの疑問にあるとすれば，当該住民代表は学識経験者として選任すれば足りると考えます。学識経験者は，学者や法曹家，その分野の研究者などが該当すると一般には理解されているようですが，住民の中でも図書館の経験者や図書館資料の選定に特に強い関心を有し一家言ある人であれば，学識経験者として取り扱って何ら差し支えありませんし，教育委員会の人事的裁量に委ねられてよいはずの問題です。さらに，1999年のいわゆる地方分権一括法による図書館法の改正により，それ以前は，例えば「当該図書館を設置する地方公共団体の区域内に設置された学校が推薦した当該学校の代表者」などと具体性の高い表記であったものが，「学校教育の関係者」とすることで委員構成の弾力化を図った趣旨に照らせば，住民代表を選任するかどうかは，任命権者である教育委員会の裁量に委ねられていると解することができます。

　また，図書館協議会が十分に機能していないという現状認識の下で，これに代わる組織が必要であるとの考えから「図書館資料選定委員会」が設置されたとするならば，図書館長

はまず図書館協議会の活性化を図ることこそが筋であり，屋上屋を重ねる形で新たな組織を構築することには疑問があります。

そもそも図書館資料の選定は，それぞれの図書館の資料収集方針に則って行われるのであり，その方針は基本的には図書館長の名において制定されるものですから，その具体的な実行は司書をはじめとする図書館職員が図書館長の監督の下に行うべきでしょう。仮に，その過程に住民が関与することがあっても，それは図書館の資料収集方針の範囲で行われるべきものですし，最終的な責任は図書館長が負うべきことを旨として行われるものであることを忘れてはなりません。

なお，図書館の資料収集方針自体の当否およびその運用の当否については，図書館協議会の審議対象となるものと考えられ，図書館協議会のほかに図書選定のための第三者機関を設置する根拠は，法的にも実務的にもないと思われます。

9.2 図書館資料選定の基準

公立図書館の図書館資料は，いうまでもなく住民の税金で購入されるものですから，有限である予算の執行の透明性を高めるためにも，選定基準が明確にされなければなりません。加えて，住民からの要望と当該図書館の経営理念との調和を図るために，指針としての「図書館資料選定基準」の制定は不可欠であり，不可避でもあります。そして，その内容は，行政の説明責任の観点からも，住民に対して公開されることが適当です。

しかし，このことは，個々の図書館資料の選定について個

別に説明を求められたときにこれに応じなければならないことを意味するのではなく，作家Aの作品を購入したけれどもBの作品を購入していない理由を明らかにせよ，との要求に対して対応しなければならないものではありません。

　ちなみに，行政の個別具体的な業務執行について，「説明責任」を根拠に説明を迫る住民がいると聞きますが，その主張は必ずしも妥当なものとはいえません。なぜなら，行政の説明責任とは，これを果たしていないと考える住民に特定の行政機関に対して何らかの具体的な法的責任を追及することのできるツールを保障するものではありません。説明責任はいわば政治的責任であって，実体的な法的責任ではないからです。説明責任とは，行政の業務執行に関し住民に行政機関に対する具体的な説明要求権を付与するものではなく，情報公開制度等を通じて具現化されていくべきものなのです。

　このように，「図書館資料選定基準」も制度として住民に公開されることが望ましいのですが，特定の図書の購入の当否が機械的に明らかになるような詳細にして具体的な内容までの精密性を要求されるものではなく，基準という性格上ある程度抽象的にならざるを得ません。したがって，図書館職員の裁量の幅があることは否定しがたいところです。そして，その裁量は，図書館法によって図書館長（その監督下にある図書館職員）に委ねられており，最終的には図書館職員の専門性によって担保されるというのが制度の趣旨と考えます。

　また，各図書館ではリクエスト箱を設置して可能な限り図書館利用者の希望を選書に反映させようとしています。しかし，リクエストされた資料が無条件で購入されるとは考えにくい話です。予算に制約がある以上，すべてのリクエストに

応じられるはずもなく，その選考の過程で「図書館資料選定基準」が機能すべきです。

　行政の政策形成過程における市民参加の拡大は，一般的には望ましいとしても，図書館長および図書館職員が行うべき裁量の分野まで当然に及びませんし，図書館資料選定の説明責任を最終的に市民が負うものではありません。

　図書館資料の選定に際しては，リクエストによる選定であろうと，それ以外の場面における選定であろうと，およそ図書館資料を選定する場合には，「図書館資料選定基準」に準拠すべきであり，市民が学識経験者として参加する図書館協議会が「図書館資料選定基準」の機能状況を検証することで，選書の過程における市民参加が確保されるものと考えます。

　この場合において，図書館協議会の形骸化や未設置などが「選書ツアー」の実施や市民参加による「図書館資料選定委員会」という附属機関ではない第三者機関設置の理由として挙げられるとすれば，なおのこと図書館協議会の活用が望まれます。

9.3 資料廃棄の裁量－船橋市西図書館問題

　2005年11月24日に，いわゆる千葉県の船橋市西図書館蔵書廃棄事件判決の差戻判決が東京高等裁判所から出されました。この事件は，船橋市西図書館に司書として勤務していた職員が，特定の思想信条に基づいて図書館資料をほしいままに廃棄したとされる事案でした。

　すなわち，裁判所の認定した事実によれば，船橋市西図書館の司書として勤務していた職員が，「新しい歴史教科書をつ

くる会」やこれに賛同する者等およびその著書に対する否定的価値と反感から，独断で，同図書館の蔵書のうち上告人らの執筆または編集した書籍を含む合計 107 冊を，除籍基準[6]に定められた「除籍対象資料」に該当しないにもかかわらず廃棄し，上告人らの人格的利益等を侵害したとして，図書館の設置者である船橋市に対し，国家賠償法等に基づき損害の賠償を求めたものです。

差戻審としての東京高等裁判所は，次のように判示しています。

① 公立図書館は，住民に対して思想，意見その他の種々の情報を含む図書館資料を提供してその教養を高めること等を目的とする公的な場ということができる。そして，公立図書館の図書館職員としては，公立図書館が上記のような役割を果たせるように，公正に図書館資料を取り扱うべき職務上の義務を負うものというべきであり，閲覧に供されている図書について，独断的な評価や個人的な好みによってこれを廃棄するなど合理的な理由のない不公正な取扱いをすることは，図書館職員としての基本的な職務上の義務に反するものといわなければならない。

② 公立図書館において，その著作物が閲覧に供されることにより，著作者は，その著作物について，合理的な理由なしに不公平な取扱いを受けないという上記の利益を取得するのであり，この利益は，法的保護に値する人格的利益であると解するのが相当であり，公立図書館の図書館職員である公務員が，図書の廃棄について，基本的な職務上の義務に反し，著作者および著作物に関する独断的な評価や個人的な好みによって不公正な取扱いをしたときは，当該図

書の著作者の上記人格的利益を侵害するものとして国家賠償法上違法となるというべきである。

　ちなみに，この判断内容は，上告を受けて東京高等裁判所に差戻しをした最高裁判所の判断内容と同じですから，東京高等裁判所の判決内容は最高裁判所の判断そのものといって差し支えないと考えます。

　最高裁判所は，公立図書館の職員が個人的な好みによって蔵書を廃棄することは，廃棄された図書の著作者の人格的利益の侵害となり国家賠償法上違法となると判示しています。つまり，最高裁判所の判決は，公立図書館は，住民だけではなく閲覧に供された図書の著作者にとっても「公の場」であるという「二面性」を認めた上で，このような公立図書館に「恣意的な廃棄行為をしない法的義務」を認め，本件のような廃棄行為を表現の自由に対する侵害行為とし，併せて著作者の「人格的利益」を侵害すると評価したものです。そして，東京高等裁判所は，最高裁判所のこの考え方を受けて，上述のとおり判決したのです。

　こうした結論は，大筋では好意的に受け止められているようです[7]が，こうした理解のしかたについては，疑問もあります[8]。

　本来，「思想の自由」も「表現の自由」も，自分の思想・信条等を住民に対して伝播するについて国家権力に対し関与を要求する権利を含まないものと理解されていたはずです。換言すれば，基本的人権，特に自由権は，いわゆる社会権とは異なり，国家に対して不作為を要求する権利として位置づけられてきたものです（国家権力からの自由）。

　そうすると，図書館に収蔵された自己の著作に係る図書が

不当に廃棄されたことに対する救済を求めるとき，「思想の自由」，「表現の自由」を根拠とすることが適当かどうかについては疑義があるとする見解には理由があると考えます。判決は，「思想の自由」，「表現の自由」を根拠に，行政に対して公平取扱いを要求し，作為を求めているといえるのではないでしょうか。

　訴訟提起者は「現在の日本社会におけるおびただしい書籍の出版状況とそれに伴う書籍流通状況を考えれば，思想・表現の自由が確保され，言論の自由が真に保障されているといえるためには，出版され自由な流通におかれた多様な種類の書籍が，公立図書館において適正に収集され，利用者たる国民一般に広く提供される必要があり，公立図書館には，思想・信条の主体である国民（送り手）が対外的に表現した著作物を同じく思想・信条の主体である国民（受け手）へ伝達するために存在し，『公の表現の場』たる役割を果たす義務がある」と主張して，積極的な権利を認めるように求めました。これに対し，東京地方裁判所は，そこまで積極的な作為請求権を地方公共団体に認めることはできないと判断していますが，東京高等裁判所の判断に比較して，東京地方裁判所の判断の方が妥当ではないかと考えます。

　また，東京地方裁判所は，蔵書除籍基準を図書館がその職員である司書を律するための内部規定であって，除籍基準違反によって教育委員会が司書を処分するのは格別，廃棄された書籍の著作者との関係で，図書館および司書に何らかの法的義務を負わせたり，著作者に何らかの権利が発生するものではないと判示して，不法行為の成立を認めていませんが，その理論構成には肯定すべき点があるように思います。

ただし，東京地方裁判所は，本件の事件を惹起した司書に対しては，公務員として当然有すべき中立公正や不偏不党の精神が欠如していたことは明らかであるとして厳しく批判しており，また船橋市教育委員会の対応に対しても，司書を含む教育委員会の職員に費用を負担させて除籍等がされた書籍を図書館に寄付させて収拾を図ろうとしたり，本件司書から事情を聴取して本件除籍等の経緯を把握していたにもかかわらず適切な対応を怠り，責任の所在を曖昧にしようとしたとして，これも厳しく批判しています。

　むしろ，筆者は著作者からの請求は棄却し，仮に地方自治法第242条の2の規定による住民訴訟が提起された場合に，適切な財産管理を怠ったとして，教育委員会または職員としての司書の責任を認めることとすべきではなかったかという印象を強く持っています。

　最高裁判所および差戻審の東京高等裁判所の考え方，すなわち，公立図書館は，住民の福祉の向上のために設置される施設であって，そこに収蔵された図書の著者に対する何らかの権利を保障する役割を持っていると構成することには，前半はともかく後半については，やはり違和感があります。公立図書館という位置づけで当然に住民のみならず，図書の著者にも当該図書館において「思想の自由」，「表現の自由」が一定程度保障されるとの構成が果たして妥当なのかどうか，疑問を禁じ得ません。最高裁判所および差戻審としての東京高等裁判所は，一定の制約の下ではありながら，地方公共団体に対して著作者の「思想の自由」，「表現の自由」を保障するために作為義務を課し，これらの著者に対しては地方公共団体に対して公平取扱いを求める作為請求権を認めたことに

なるのではないかと考えるからです。

本件の場合，司書の不適切な事務処理で損害を受けたのは，第一義的には廃棄された図書館資料の利用を妨げられた住民のはずであり，その場合にも，個別具体的な損害としての「知る権利」を損害されたという主観訴訟の構成も可能かもしれません。むしろ，司書が内部規律に反して合理的な理由なくして蔵書を不当に廃棄したことが，適正な財産管理を怠った場合に該当するとして，住民訴訟の対象とすることで，執行機関や職員の責任を問うと構成すべきものではないかと思われます。

この立場をとるときには，図書館資料を財産としての視点からしか観ていないという批判を受けるかもしれませんが，図書館を「思想の自由」，「表現の自由」を保障する「公の場」とすることが，公立図書館に対する特定の著作者やこれを支持する勢力からのさまざまな圧力がもたらされる契機になる可能性を考慮したときに，住民の自由を保障するべきことを第一義とする公立図書館にとって，どちらがその本来的機能を全うするに適当であったでしょうか。

いずれにしても，本件事件において，除籍基準に合致しないにもかかわらずほしいままに廃棄したと認定された司書の行為は，図書館に対する信頼および専門的職員としての司書の職に対する背信行為であり，厳しく非難されるべきことは疑いのないところです。

ちなみに，最高裁判所の本件に係る判断は，公立図書館についてのみ妥当するものであり，また，恣意的な廃棄行為についてのものであって，図書館に対し書籍購入義務を認めたり，著作者に書籍購入請求権を認めたものではありません。

依然として，図書館は，それぞれの「図書館資料選定基準」に従って自由に図書館資料を購入でき，特定の著作者およびその支持者たる住民から，特定の図書館資料の購入を求められたとしても，これに応ずるべき法的義務があるわけではありません。

注
1)　特に基礎的自治体である市区町村において，「住民参加条例」を制定して，行政の意思形成過程において住民参加を制度的に保障する例が認められる。
2)　これらは，パブリックインボルブメントやパブリックコメントといわれ，行政に対する住民参加の手法の一つである。パブリックインボルブメントとは，住民や市民に計画策定等への参画を求めるものであり，パブリックコメントとは，住民や市民に意見を求めるものである。
3)　塩見昇「5章　図書館協議会」『図書館法と現代の図書館』日本図書館協会，2001，p.154～
4)　地方自治法上の附属機関であれば条例により設置されるべきものである。しかし，臨時的・一時的な第三者機関として設置される場合には，条例ではなく要綱等による場合が少なくない。この場合には，いわゆる私的諮問機関と説明されることになる。
5)　図書館協議会の設置の趣旨およびその意義については，塩見昇「第6章　図書館協議会」『図書館法を読む』日本図書館協会，1990，p.140～
6)　船橋市教育委員会では，市中央図書館，東図書館，西図書館および北図書館に共通の図書館資料の除籍基準として「船橋市図書館資料除籍基準」を定め，除籍対象資料として，次のように定めていた。
①　蔵書点検の結果，所在が不明となったもので，3年経過してもなお不明のもの
②　貸出資料のうち督促等の努力にもかかわらず，3年以上回収不能のもの
③　利用者が汚損・破損・紛失した資料で弁償の対象となったもの
④　不可抗力の災害・事故により失われたもの
⑤　汚損・破損が著しく，補修が不可能なもの

⑥　内容が古くなり，資料的価値のなくなったもの

⑦　利用が低下し，今後も利用される見込みがなく，資料的価値のなく
　　なったもの

⑧　新版・改訂版の出版により，代替が必要なもの

⑨　雑誌は，図書館の定めた保存年限を経過したものも除籍の対象とす
　　る。

7)　判例評釈として，木藤茂『自治研究』第 83 巻第 12 号，第一法規，
p.128〜，斉藤博『民商法雑誌』2006，p.169〜などがあり，参考文献と
してはこれらに引用されているものを参照。

8)　馬場俊明「『図書館の自由』の真価が問われている」『三角点』第 16
号，甲南大学文学部図書館学研究室，2005 年 12 月 26 日，p.13〜

　　なお，『ず・ぽん』（ポット出版，No.11，2005.11）において，現役の
図書館職員で，同紙の編集委員 5 名が本事件に関して対談を行っている
が，実務担当者の率直な見解が示されており，きわめて興味深い。

10章 図書館の無料原則と受益者負担

10.1 図書館の無料原則の範囲

図書館法第17条は，いわゆる公立図書館の無料原則を定めたものと解されています。ただ，その範囲については議論があり，特に集会室の利用，図書の移動費用および外部データベースの利用に関して集中するようです[1]。

図書館法第17条は「入館料その他図書館資料の利用に対するいかなる対価をも徴収してはならない」と規定していますから，この条文を素直に読めば徴収してはならないものは「入館料」と「図書館資料の利用に対する対価」ということになります。

ここで注目されるのは「図書館の利用」に対する対価ではなく「図書館資料の利用」に対する対価としている点です。文理解釈をすれば，図書館資料の利用以外の図書館の利用に係る費用については，徴収することは禁じられていないということになります。

およそ法律を制定する場合には，立法者はその意思を正確に伝えるべく法令中に用いる用語を選択しますので，図書館法第17条を検討するに際してもその範囲について誤解のないように配慮したと思われます。また，図書館の無料原則に関する経緯をみても[2]，「閲覧料の不徴収」を念頭に置いてい

たようですので，同条の守備範囲は「入館料，貸出料，閲覧料の不徴収」にあると考えるべきでしょう。

　そうすると，図書館法上徴収することができない「入館料と図書館資料の利用に対する対価」以外の費用負担について，徴収するか無料とするかは，公立図書館を設置する地方公共団体の政策判断に委ねられることとなります。

10.2　図書館をめぐる受益者負担の問題

　上述のとおり，入館料と図書館資料の利用の対価は徴収できませんが，それ以外の図書館の利用に係る費用については，徴収することは可能となります。それでは，特に問題となっている図書館の集会室，図書の移動費用および外部データベースの利用に関してどう考えるべきかについて，検討してみたいと思います。

(1)　集会室の利用

　図書館に設置された集会室における図書館資料の読書会，研究会や図書館関係の団体の集会については無料の範囲にあたると解釈できるとの見解があります[3]。その見解は，根拠を，これらの集会室利用は図書館資料を使用した活動ないし図書館の発展につながる利用であることに求めています。

　しかし，これらの利用を無料とすべきであるとの結論は支持できますが，これらの利用の形態も図書館法第17条の無料原則の範囲に含まれるとの解釈は困難ではないでしょうか。そもそも図書館の集会室は，図書館法第3条第6号に規定する図書館資料の読書会，研究会等を図書館が主催する場合に

必要であることから設置されるものであり，また，同号に規定する読書会等の奨励のための手段として場所を提供する場合にも活用されるべきものです。

　この意味では，図書館の集会室は図書館サービスのための施設として位置づけることは可能ですが，入館料不徴収の対象となる施設とまではいえないでしょう。図書館法第3条に規定する図書館サービスが同法第17条に規定する図書館無料の原則の対象となるのであれば，第17条では同条に規定する図書館サービスを引用して無料原則の範囲とすることができたはずですが，そのようにはしておりません。したがって，図書館法が，図書館サービスに関する概念と無料原則との範囲をことさらに連結させなかったことには理由があると考えるべきです。

　ただし，このことは，集会室の利用をすべて有料にしなければならないことを意味するものではありません。「入館料と図書館資料の利用に対する対価」以外の費用負担について，徴収するか無料とするかは，公立図書館を設置する地方自治体の政策判断に委ねられるのですから，無料とすることもできるのです。その場合，集会室を図書館が主催する読書会等に使用するための行政財産と位置づけ，住民の使用は行政財産の目的外使用と整理するか，集会室を集会目的で一般の住民の利用に供することを前提とする施設として公共用財産と位置づけるかによって，多少法的説明が異なります。

　いずれにしても，条例により，前者であれば行政財産目的外使用料を，後者であれば公の施設の使用料をそれぞれ徴収することができますが，使用料条例等に徴収の根拠規定を置かなければ徴収できません。また，徴収することとしても，

図書館の集会室を住民による読書会や研究会などの図書館の利用促進に係る目的による場合には減免すると規定することで，無料の実質を確保することは可能となります。

(2) 図書館資料の移動費用

　図書館資料の相互貸借による移動費用については，いくつかの公立図書館で徴収している例があるとのことです[4]。そうであるならば，実務的には，相互貸借に係る費用を受益者である図書館利用者が負担することについて，図書館の無料原則に抵触していないとの理解が一般的になされていると思われます。図書館法上無料原則が妥当するのは，図書館が保有している資料を当該図書館に来館して利用する場合を想定しており（入館料と閲覧料が無料となるという趣旨），他館の保有する図書館資料の送付に係る費用まで無料とする法意ではないと考えられている証左といえるでしょう。

　もちろん，こうした解釈を偏狭として排する理解もありますが[5]，相互貸借に係る費用を徴収しないとした場合には，相互貸借によって図書館資料を貸与する側の図書館にとっては，住民ではない利用者のために費用を負担することとなります。もっとも，図書館の相互利用に係る図書館費用の移動に要する郵送費は，借りる側の図書館が全額負担することが図書館界の常識のようですから，貸す側の図書館にとっては，この問題は心配する必要のないことのようです。

　しかし，借りる側の図書館がその郵送費を他館の所蔵する図書館資料の貸借を求めた利用者に負担させるかどうかは，依然として問題となり得ます。とりわけ，相互貸借は一般の利用形態ではない特別の経費をかけた利用形態であることを

も考えたときに，当然に無償といって差し支えないか，躊躇するところです。この点も，図書館サービスに該当する行為が当然に無料原則の対象となるかどうかについては，慎重な議論が必要であると考えます。

図書館法第3条に規定するサービスは，公立図書館として実施することが望ましいサービスを列挙したものですが，それが無料原則のメニューと一致するかどうかは，また別の問題であると考えます。相互貸借も図書館の無料原則が妥当する範囲であるとするならば，公立図書館は相互貸借に必要な予算措置を行うことを法的な義務として求められることになりかねませんし，そもそも図書館利用者にとっては，他館の手を煩わせることになるサービスについて，郵送料等の実費負担を求めることを図書館法が禁じているとは思えません。

もちろん，図書館の設置目的に照らし，可能な限り図書館利用者の負担を求めないという政策判断は適当であると考えますし，公立図書館の中で望ましい事業を行うための経費として計上できればそれに越したことはありません。これも自治体の政策判断の範疇と考えるべきではないでしょうか。

(3) 外部データベースの利用

この問題については，1988年に生涯学習審議会の図書館専門委員会の報告[6]において，外部の電子情報の利用は図書館法第17条に規定する「図書館資料」に該当しない旨の見解を示しています。したがって，この見解に立脚するのであれば，外部データベースからの情報入手に係る費用について，受益者たる図書館利用者に負担を求めることは可能となります。

しかしながら，上記報告はこれを有料とすべきであるとま

で述べたのではなく，依然として，有料とすべきか無料とすべきか，有料の場合にどの程度の負担を求めるかは，地方公共団体の政策判断によるものです。

　ところで，図書館法制定当時は，電子情報のネットワーク化が進展すること，図書館においてもオンラインにより外部の情報源にアクセスするサービスを行うことを想定しておらず，技術革新が図書館の行うサービスを変えていく典型例としてあげられるでしょう。

　このような状況の下で，図書館サービスのあり方も見直しが必要になってくるものと思われます。図書館も情報化社会にふさわしく，外部のデータベースへのアクセスと情報の取得を行いうる機器の整備やサービスの提供を求められることになりますが，その費用の負担の方法も技術革新とこれに伴う使用料の合理化と無縁ではありません。通信費用が定額制となり，データベースの利用料金が固定料金制であれば，これらの費用は図書館における経常的経費としてあらかじめ予算化することが可能となりますので，利用者に負担を求める対象は，利用量によって負担額が増減する従量料金制をとる商業用データベースとすることが適当でしょう[7]。しかも，負担額は，実費相当部分とすることで，利用者の理解は十分得られるものと思われます。

　以上のとおり，無料原則との関係で検討した集会室の使用料，図書館資料の移動費用および外部データベースの利用料について徴収する場合には，地方自治法の定めるところにより使用料としてその徴収根拠を条例で定めなければならないものと考えます。この点は，図書館資料の複製に係るコピー代が民事契約によるものであることと趣を異にします。

すなわち，図書館資料の複製は図書館法第3条が想定する図書館サービスではありませんが，図書館の集会室の利用，相互協力による図書館資料の移動およびデータベースの利用が図書館法の規定する図書館サービスまたはそれに類するサービスと考えられ，民事契約によるべきものとは考えられないからです。

　なお，これらのサービスの対価は，図書館無料の原則が公教育無償原則と同様のものとして考えられたこととの経緯を踏まえて，可能な限り無償に近いものとすべきであることから，実費相当分とすることが適当であると考えます。

注

1）　森耕一「第7章　公立図書館の無料制」『図書館法を読む』p.163～，岸本岳文「6章　公立図書館における『無料の原則』」『図書館法と現代の図書館』p.168～

2）　森耕一，前掲書，p.157，岸本岳文，前掲書，p.169～

3）　森耕一，前掲書，p.164，岸本岳文，前掲書，p.174～

4）　岸本岳文，前掲書，p.175

5）　岸本岳文，前掲書，p.176

6）　生涯学習審議会社会教育分科審議会計画部会図書館専門委員会「図書館の情報化の必要性とその推進方策について（報告）」（1998年）では，図書館法第17条の趣旨を次のように理解している。

　「（図書館法17条に規定する）対価不徴収は，図書館が地域住民の情報や知識の入手など最低限の文化的基盤を保障するという原則の尊重から来ているものである。ここにいう『図書館資料』とは，図書館法第3条及び平成4年5月の生涯学習審議会図書館専門委員会報告『公立図書館の設置及び運営に関する基準について』などを勘案すれば，通常，図書館によって主体的に選択，収集，整理，保存され，地域住民の利用に供されている資料を指すと考えられる。したがって，図書館においてインターネットや商用オンラインンデータベースといった

外部の情報源へアクセスしてその情報を利用することは，図書館法第
17条にいう『図書館資料の利用』には当たらないと考えるのが妥当で
ある。」

7)　岸本岳文，前掲書，p.177

11章 図書館とプライバシーの保護

11.1 捜査事項照会

　捜査機関から図書館に対していわゆる捜査事項照会が行われることがありますが，これに応ずるべきかどうか悩む場合があると聞きます。

　ところで，「図書館の自由に関する宣言」はその「第三」において「図書館は利用者の秘密を守る」として，「読者が何を読むかはその人のプライバシーに属することであり、図書館は，利用者の読書事実を外部に漏らさない。ただし，憲法第35条にもとづく令状を確認した場合は例外とする」と規定し，また，「図書館員の倫理綱領」の「第三」にも同様の趣旨が明示されています。

　「図書館の自由に関する宣言」も「図書館員の倫理綱領」も法令ではなく，図書館職員を法的に拘束するものではありませんが，図書館サービスのあるべき姿として，また，図書館職員の職業倫理を示すものとして，いずれも重視されるべきものであり，その遵守が期待されているものです。

　一方，刑事訴訟法第197条第2項は「捜査については，公務所又は公私の団体に照会して必要な事項の報告を求めることができる」と規定していますが，この規定をどのように理解すべきでしょうか。

捜査事項照会書に基づき公務所に照会があったときは，一般的には報告すべき義務が生ずるとされていますが，職務上守秘義務があるときは，既述のとおり，報告の義務はないと解されています。したがって，照会事項が図書館利用者のプライバシーに該当し，これを捜査機関に報告することが地方公務員法第34条に規定する守秘義務に抵触するおそれがある場合には，基本的に報告すべきではありません。図書館利用者のプライバシーを犠牲にしてでも報告しなければならないような重大な公益上の必要が認められ，守秘義務の遵守を期待できない状況が認められる場合に限って，報告すべきものと考えます。また，捜査機関からの照会が捜査事項照会書によらない場合には，その取扱いには十分な配慮が必要です。

　犯罪捜査を円滑に行う上で図書館利用者の個人情報が必要不可欠であれば，図書館が有する当該個人情報について裁判所の発する令状をもって捜索または押収が行われるべきことが憲法の要請でもあるのですから（憲法第35条第2項），この旨を捜査機関に説明してその理解を得るべく努力すべきものと考えます。したがって，現実的に図書館が捜査事項照会に応ずべき場合とは，照会を行う緊急の必要があり，かつ，捜査令状によることとしたときには回復し難い重大な結果を生ずるような場合に限られるのではないかと思います。

　図書館が外部に対して個人情報を提供する場合には，地方公共団体が制定する個人情報保護条例に対する配慮も必要になります。個人情報保護条例は，現在，ほとんどすべての地方公共団体で制定されているようですから，地方公共団体によって設置される公立図書館についても，当然に当該地方公共団体の個人情報保護条例が適用されることとなります。

例えば，千葉県個人情報保護条例においては，原則として
個人情報の利用提供を制限していますが，利用提供制限の解
除の理由である「法令に基づいて提供する場合」の中に刑事
訴訟法に基づく捜査事項照会は含まれていません。また，外
部機関からの個人情報の提供の要求ないし要請に対し，個人
情報保護審議会の意見を聞いた上で利用提供制限を解除する
場合があり，その中に，「行政機関が法令に基づき実施する事
務に関して行う照会に対して回答する場合」がありますが，
この場合でも使用目的の公益性，照会理由の合理性，本人の
権利利益を不当に侵害しないこと等が必要であるとしていま
す[1]。

捜査事項照会に応ずるかどうかのメルクマールを整理する
とすれば，おおむね次のようなものとなるのではないでしょ
うか。
①　プライバシーが損なわれない他に選びうる手段がないか。
②　提供されることによって損なわれるプライバシーの内容
　は何か（例えば，読書の内容そのものか，図書館を利用したとい
　う事実か）。
③　捜査事項の内容がどのような犯罪事実に係るものなのか
　（捜査対象が誘拐や殺人といった重大な犯罪で，当該照会事実が
　重要な意味を持つものか）。

11.2 マスコミによる取材と図書館

警察による捜査事項照会への対応は以上のとおりですが，
次に，報道機関による取材に対し図書館職員としてどのよう
に対応すべきかについて，触れておきたいと思います。

例えば，ある刑事事件の被疑者が図書館を利用していたことが明らかになった場合，警察とは別に，報道機関から当該被疑者がどのような図書館資料を利用していたか，その頻度はどの程度であったか等について取材された場合を想定します。その場合には，図書館職員は，図書館利用者の秘密を守る立場から，そのような取材に対し回答を拒否すべきと考えますが，報道関係者は，「国民の知る権利」，「報道・取材の自由」，「行政の説明責任」等を掲げて，取材に応ずるよう強硬に迫ってくることが考えられます。したがって，捜査事項照会とは別に，報道関係者からの取材に対する図書館職員の対応を検討しておくことは無意味ではないと思います。

　報道・取材の自由が国民の知る権利に奉仕するものとして憲法上認められていることは，いまや疑いがありません。憲法には報道・取材の自由が明文上規定されてはいませんが，憲法第21条に規定する表現の自由の一内容として，報道・取材の自由が保障されていると解することが判例[2]であり，また学説の通説となっています[3]。報道のためには，報道内容を編集し伝達する行為が重要な表現活動の内容を構成しており，その際に送り手の意見も表明されるものであることから，このように解されています。そして，報道・取材の自由は，国民の知る権利に奉仕するという位置づけもされています[4]。国民の知る権利は，報道機関の取材活動および報道行為を通じて充足されるという側面を持っているからです[5]。

　ところで，報道・取材の自由は，これまで主として公権力からの自由として議論されており，取材対象者に対する取材の権利（取材対象者から見れば，取材に応ずる義務）があるか否かという観点からの議論は，必ずしも十分とはいえません。

210

取材の自由には，私人に対する「取材請求権」は含まないと
解されています[6]が，公務員についても同様と解されるかど
うかについては議論がありそうです。特に報道機関は，公務
員に対しては「行政の説明責任」等を根拠に，私人を対象と
する場合よりも「取材に応じて当然」と強硬に迫る傾向があ
るように思われます。

　この点については，地方裁判所レベルのものですが，次の
判決が参考となります。事案は，大阪府堺市立の小学校が「花
いっぱいコンクール」で表彰されたことに関して，その学校
長が新聞社からの取材を拒否したことに違法性はないとして，
新聞社の損害賠償請求が棄却されたという事例です。大阪地
方裁判所堺支部は，1997（平成9）年11月28日の判決[7]にお
いて，「取材対象が公的機関であったとしても，立法措置によ
り情報開示が法的に義務付けられていれば格別，そのような
措置が講ぜられていない場合には，取材契約が締結されてい
たり，取材拒否を越えて積極的に取材を妨害したり，取材拒
否の態様が刑罰法令に触れるなどの特段の事情がない限り，
報道機関からの取材の申込に対して当該機関所属の公務員が
取材を拒否すること自体が直ちに違法になることはないと解
するのが相当である」と判示し，公務員についても原則とし
て取材に応ずる義務はないとしています。

　このように，図書館職員が図書館の利用について報道機関
から取材の申込みがあったとしても，これを拒否することは
許されると考えます。逆に，取材に応じて個人の図書館に係
る利用状況を安易に開示してしまった場合には，当該個人か
ら，プライバシー侵害を理由として国家賠償法に基づき図書
館職員が属する地方公共団体に対し損害賠償が請求される可

能性が高いと考えるべきです。また，図書館職員も，地方公務員法に違反するものとして，懲戒処分や刑事処分を受ける可能性も否定できません[8]。

11.3 個人情報保護と図書館

　上記においては，プライバシーと個人情報を使い分けてはいませんでしたが，厳密にいえば，プライバシーと個人情報とはパーフェクト・イコールの関係には立ちません[9]。

　まず，プライバシーについてですが，憲法上個人にプライバシーの権利があることは，1964年9月28日の東京地方裁判所判決（いわゆる「宴のあと」事件）において認められたことをもって嚆矢とします。その判決においては，不法行為としてのプライバシー侵害が認められる要件として以下の3点が必要とされています。

① 　公開された内容が私生活上の事実または事実らしく受け取られるおそれがあること。

② 　一般人の感受性を基準にして当該個人の立場に立った場合公開を欲しないであろうと認められること。

③ 　一般の人々にいまだ知られていないこと。

　この意味でのプライバシー権とは，私事をみだりに公開されない権利として位置づけられています。しかし，プライバシーの権利には消極的側面と積極的側面があるとするのがむしろ通説的理解といってよいでしょう。すなわち，プライバシー権には，出版，報道等による私生活への干渉に対抗する権利としての「そっとしておいてもらう権利」と，情報化社会の進展に伴い行政機関等が保有する個人情報について訂正

や削除，利用の停止などの何らかの行為を求める権利が含まれているという考え方です。後者は，自己情報コントロール権とも説明されるものです。

　公立図書館は地方公共団体の組織の一部であることから，個人情報保護法上の個人情報取扱業者には該当せず，個人情報保護法ではなく，当該公立図書館を設置した地方公共団体の制定する個人情報保護条例の適用を受けます。

　すなわち，公立図書館における個人情報保護の収集，保管，提供等については，まず条例に基づいて処理されるべきこととなるものですから，当該条例において個人情報をどのように理解しているかを把握することが必要です。

　千葉県の個人情報保護条例を例にとると，「個人情報」とは，「生存する個人に関する情報であって，当該情報に含まれる氏名，生年月日その他の記述等により特定個人を識別することができるもの（他の情報と照合することができ，それにより特定の個人と識別することができることとなるものを含む。）をいう」とされており，おそらく他の自治体も大同小異であると思われます。

　このような内容を有する個人情報に係る保護とは，個人が行政機関に対して，当該個人に関するどのような情報を収集しているのか確認するために開示を請求できること，そもそもみだりに収集しないこと，誤った個人情報について訂正を認めること，保有する個人情報を適正な目的以外に使用しないこと，不必要な個人情報の削除を認めることなどのように，一定の行為請求権を認めることがその中核になります。さらに，図書館で保有する個人情報の適正な管理を行い，外部へ漏洩することのないよう求めるといった情報セキュリティの

場面が重要になります。したがって，個人情報の保護に際しては，自己情報コントロール権と総称されるような，プライバシー権の中の積極的な側面が強調されることになります。

このように，公立図書館における個人情報の保護も，従来の捜査機関からの図書館利用者に係る個人情報の照会に対してその提供を拒否するといった場面から大きく変容を求められています。

ところで，図書館には，図書の貸出を受けた図書館利用者の氏名等を中心に，相当量の個人情報が集積されています。図書館が保有する個人情報には，おおむね次の4種類が考えられます[10]。

① 図書館利用者の個人情報（図書館資料貸出券などの発行に際して得た氏名，住所等）

　　これは，貸出券を作成する際に提出を求めたり，読書会その他の図書館が主催するイベントに参加した者の情報などが図書館に集積されたものです。

② 図書館利用者の利用内容に係る情報＝貸出履歴

　　図書館が図書館資料貸出記録等をアナログで作成していた時代には，集積される個人の読書内容ないし読書傾向に関する情報から，図書館利用者が関心を持っている思想・信条，宗教，健康，趣味，政治的傾向など，いわゆるセンシティブ情報を探ることが可能でしたが，現在では図書館ではこのような記録を作成しておらず，図書館資料が返却と同時に，貸出記録は抹消されているとのことです。

③ 図書館資料に記載されている個人情報

　　例えば，公共図書館が郷土資料として当該地域で起きた公害や大規模公共事業に係る反対運動等の事件に関して，

配布されたビラや関係者が刊行した書籍や記念誌などを収集したとすれば，それらに記載された特定個人の情報などが該当します。また，かつては公刊されていた官庁の職員名簿などもこれに該当します。

　さらには，図書館が保有する図書館資料に記載されている個人情報もこれに当たります。

④　図書館職員の個人情報

　図書館が図書館職員の履歴，給与，家族構成等を職員の勤務管理の必要上収集した情報です。

　これらの個人情報をどのように取り扱うかが，図書館における個人情報の問題ということになります。上記の4類型の個人情報のうち，①，②および④については，個人情報保護条例に基づく保護の対象となるのは疑いがありません。

　問題は，③に係る個人情報です。③については悩ましい問題が生ずることがあります。

　すなわち，個人情報保護条例は，他の制度との調整に係る規定が置かれているのが通例であり，それによれば個人情報保護条例の枢要な部分（首長や教育委員会等の個人情報保護条例上の実施機関が取扱う個人情報保護に係る規定）は適用されないこととなっています。例えば，千葉県では次のような規定が置かれています。

　第52条　この章（＝第2章　実施機関が取り扱う個人情報の保護）の規定は，県の文書館，図書館，博物館その他これに類する施設において，一般の利用に供することを目的として保有されている個人情報については，適用しない。

したがって，図書館資料として保有されているものに記載されている個人情報は，当初から広く図書館利用者に提供されることを想定して収集されたものですから，もともと非公開になじまないのであって，個人情報保護法の対象にはならないのです。換言すれば，図書館において一般の利用に供するために収集，整理および保存されている資料にプライバシー侵害の可能性がある個人情報が掲載されているとしても，図書館は個人情報保護条例上保護の措置を講ずることを義務づけられているわけではないこととなります。例えば，週刊誌などに少年法上匿名性が求められている青少年の犯罪被疑者の氏名等が掲載されている場合，当該雑誌を図書館資料として購入している図書館は，当該青少年のプライバシー保護のために，個人情報保護条例上の義務として，当該雑誌を図書館利用者に提供しない措置をとらなければならないというわけではないということです。

　しかし，このことは，図書館が独自の基準を設けて対応することを禁ずるものではありません。少年法を遵守する立場から，これらの雑誌を開架から外し，あるいはマスキングするといった措置をとることができないわけではないと考えます。仮に図書館が独自の判断で，当該雑誌を開架から撤去するのであれば，あらかじめ明確な基準を用意しておく必要があると思います。それでも，図書館利用者から，知る権利の侵害であるとの訴えが提起されるリスクは存在するのですが。

　このため，図書館長が利用者に提供することが適当でないと判断する個人情報については，これが掲載されている図書館資料の提供を一部制限することができる旨の規定を図書館運営規則に明定しておくことが適当と考えます。

216

（図書館資料の不提供）

第○条　図書館長は，図書館で保有する郷土資料その他の図書館資料のうち，当該資料に記載された個人情報が開示されることにより当該個人及びその関係者の利益を不当に侵害すると認めるときは，その全部又は一部を一般に提供しないことができる。

2　前項の規定により，一般の利用に供しないこととした図書館資料については，図書館長は速やかに教育委員会にその旨を報告するものとする。

これらの図書館資料のうち，刊行物で一般に配布され周知された内容であれば，たとえ個人情報が記載されていたとしても，公知のものとして一般の利用者の閲覧等に供して差し支えないでしょう。しかし，特定少数の関係者だけに配布されたものとか，関係者限りの集会などで配布された資料であって，しかも特定個人について批判・非難等に係る内容が記載されている場合には，その取扱いに一定の配慮が必要となるでしょう。

加えて，例えば，当該図書館が設置された地方公共団体を二分するような大きな事件（労働運動，社会運動等）が発生した場合，当事者双方から発行され，頒布されたビラや情宣文書などに特定個人に対する激しい攻撃，批判，非難，誹謗中傷に類する記述がされている場合における当該ビラや情宣文書は，郷土資料として収集，保存および整理に足るものがありますが，その内容を無限定に一般の利用者に開示することにためらわれる場合があります。

また，当該資料に個人情報が掲載されている当該本人から，

個人情報の保護を理由に，自己に不利益な内容が記載されている資料の撤去や廃棄，閲覧制限などを求められたときには難しい判断が求められます。

　このような場合には，図書館において何らかの基準を設けて対応することとなりましょうが，開架による閲覧を制限し，申請書に申請者の住所・氏名の記載を求め，当該申請に基づき個別に閲覧を認めるとか，一定の期間閲覧に供しないなどの所要の配慮が求められることになるでしょう。あるいは，大学や研究機関に属する研究者の研究目的にのみ公開するなどの制限を課すほか，マスキングをするなどの適切な対応が求められるところです。

注
1)　『千葉県個人情報保護条例事務の手引き』（改訂3版），千葉県総務部政策法務課，p.34
2)　博多駅テレビフィルム提出命令事件最高裁判決（昭和44.11.26）。なお，p.3参照。
3)　辻村みよ子『憲法　第3版』日本評論社，2008，p.225
4)　芦部信喜（高橋和之補訂）『憲法　第3版』岩波書店，2003，p.166，辻村みよ子，前掲書，p.225
5)　浦部法穂『全訂　憲法学教室』日本評論社，2004，p.177
6)　藤井樹也「憲法の争点」『ジュリスト増刊　新法律学の争点シリーズ3』有斐閣，2008，p.123　ここで紹介されている判例は，週刊誌の記者がその身分を隠したまま在監者に対して取材をしたことが不法行為にあたるとされたものである。すなわち，東京地裁判決（平3.7.29，『判例時報』1400号，p.72）は「一般的に新聞記者がこれを記事として報道することを目的として取材をする場合においてその取材内容が私的領域に関するもので，公表されないことに利益を有すると考えられるときは，原則として記者である身分を明らかにして取材をすべきであり，その身分，目的を隠して取材をし，かつ，これを記事として公表した場合は，公表

されない利益即ちプライバシーの権利の侵害として不法行為となり得ると解される」としている。この判決は，私人には，身分を明らかにした記者取材の趣旨・目的等の告知を受けてその諾否を決定する権利はあるが取材を受ける義務はないことを前提として，身分を隠した取材は違法なものであり，不法行為を形成すると判示したものと解される。

7) この判決は，報道・取材の自由とその対象者が公務員である場合について，きわめて明快にその関係を整理して，次のように述べている。

「報道機関の報道が正しい内容をもつためには，報道の自由とともに，報道のための取材の自由も憲法 21 条の精神に照らし十分尊重に値する（最高裁大法廷決定昭和 44 年 11 月 26 日・刑集 23 巻 11 号 1490 頁）ことはもとより当然である。しかし，右にいう取材の自由とは，報道機関の取材行為に介入する国家機関の行為からの自由をいうにとどまり，それ以上に，取材を受ける側に法的義務を生ずるような取材の権利をも当然に含むものではない。右の理は，取材対象が国，地方公共団体などの公的機関の場合も同様であり，取材の対象たる当該公的機関所属の公務員にその取材への応諾義務を課すという意味での取材の権利が，報道機関に対し，憲法上保障されているものではない。したがって，国，地方公共団体などの公的機関を対象とする取材活動に対し，その所属公務員が取材に協力しないこと，取材を拒否することを目して直ちに取材の自由を制約する違法なものと観念することはできない。

この点につき，原告は憲法 21 条から直接に取材の権利及び公的機関に取材に応じ，情報を提供すべき義務が導き出されるかのように主張するが，法律の制定を待たずに，憲法 21 条から直ちに情報開示請求権を認めたり，公的機関に取材への応諾義務，情報開示義務を課すことはできない。

そうすれば，取材対象が公的機関であったとしても，立法措置により情報開示が法的に義務付けられていれば格別，そのような措置が講ぜられていない場合には，取材契約が締結されていたり，取材拒否を越えて積極的に取材を妨害したり，取材拒否の態様が刑罰法令に触れるなどの特段の事情のないかぎり，報道機関からの取材の申込みに対して当該機関所属の公務員が取材を拒否すること自体が直ちに違法になることはないと解するのが相当である。」

なお，情報公開条例が制定されたときは，報道機関は当該条例に基づいて情報の開示を請求すればよいのであって，当該条例の存在が当然に報道機関による取材申込があった場合において公務員の応諾義務を生じさせるものではない。

8)　いわゆる外務省機密漏洩事件（1971年6月に調印された沖縄返還協定に関する外務省の極秘電文を新聞記者が外務省事務官から入手し，国会議員に渡した事件）では，外務省事務官は国家公務員法第100条（秘密漏洩罪。地方公務員法第34条に相当する）違反，記者は同法第111条（秘密漏洩そそのかし罪）違反を問われ，それぞれ有罪とされている。

9)　図書館と個人情報保護については，「図書館と個人情報保護法」（『情報管理』vol.47, no.12, 2005年5月）において新保史生筑波大学大学院図書館情報メディア研究科助教授（当時）が図書館の類型ごとに適用法令が異なることを指摘し，詳細な説明を加えている。

　なお，『図書館のための個人情報保護ガイドブック』（JLA図書館実践シリーズ3，日本図書館協会，2006）において，藤倉恵一文教大学越谷図書館司書が，実務者の立場から図書館と個人情報保護との関係について論述しており，参考とすべきものである。

10)　このほかに，行政機関としての図書館に勤務する職員の個人情報があるが，これの取扱いは図書館に固有の問題ではなく，行政機関一般の問題なので，言及しない。

12章 図書館を長部局に移管することの問題点

12.1 はじめに

　2018（平成30）年12月21日，中央教育審議会が「人口減少時代の新しい地域づくりに向けた社会教育の振興方策について」という答申を文部科学大臣に提出しました。当該答申において，地方自治体の条例により社会教育施設を長部局に移管することを積極的に推進すべき旨の提言をしています。

　これを受けて，社会教育関係諸法（社会教育法，博物館法，図書館法，地方教育行政の組織及び運営に関する法律（地方教育行政法））が2019（令和元）年6月4日に改正され，図書館も含めた社会教育施設を，地方自治体の条例で定めるところにより，長部局に移管することが可能となりました。

　しかし，私は，図書館をはじめとする社会教育施設を長部局に移管することは，法形式的には直ちに違法とは言えないかもしれませんが，実質的に不適切であると考えています[1]。

　その理由を以下に述べたいと思います。

　この問題については，既に4章4.3において言及したところですが，重要な論点であるため，重複を承知で再度触れたいと思います。

12.2 答申が主張する内容は適切か

(1) 中央教育審議会の答申に述べられた長部局への移管の メリット

　中央教育審議会の分科会は「公立社会教育施設の所管の在り方等に関する生涯学習分科会における審議のまとめ」の中で，社会教育がこれまで果たしてきた役割を高く評価しているにもかかわらず，しかも社会教育に関する事務は今後とも教育委員会が所管することを基本とすべきとしているにもかかわらず，結果的には図書館等の社会教育施設を長部局への移管を推進すべきとしているのは不可解です。

　分科会の報告を受けて，答申を作成した中央教育審議会では，社会教育施設を長部局に移管するメリットとして，次の諸項目をあげています[2]。

① 社会教育施設の事業等と，まちづくりや観光等の関連する事業等を一体的に推進することで，より充実したサービス等を実現し，地方行政全体としてより大きな成果を上げる可能性がある。

② 福祉，労働，産業，観光，まちづくり，青少年健全育成等の行政分野における人的・物的資源や専門知識，ノウハウ，ネットワーク等を公立社会教育施設で活用できるようになることで，社会教育行政全体の活性化にもプラスとなる可能性がある。

③ 社会教育の新たな担い手として，まちづくりや地域の課題解決に熱意を持って取り組んでいるがこれまで社会教育とはかかわりがなかった人材の育成・発掘や社会教育への参画にもつながる可能性がある。

④　施設の整備に関しては，首長部局が中心となって行って
　　いる社会資本整備計画等に社会教育施設を位置づけること
　　により，より戦略的な整備が進む可能性がある。
⑤　施設の運営に関しても，さまざまな分野の施設が複合し
　　た形で整備されている場合にその所管を一元化すること
　　で，当該施設の運営がより効率的に行える可能性がある。

(2)　立法事実は本当にあるのか

　しかし，上記の各項目は，教育委員会から社会教育施設の
管理運営権限を奪い，長部局に移管する積極的かつ合理的な
理由になっていないと思われます。換言すれば，社会教育施
設を従前どおりに教育委員会の所管とし，長の施策との連携
を図ることによって十分達成可能であると考えます。

　法令（条例を含む）の制定・改廃に際しては，それを必要と
する事実が求められます。これを立法事実³⁾といいますが，
今回の中央教育審議会の答申を踏まえて社会教育諸法が改正
されたわけですから，中央教育審議会の答申が認識している
各事項が立法事実ということになります。しかし，私には，
答申内容のどれ一つとして，法改正を必然とするものではな
いように思えます。

　立法事実は単なる可能性では足りないのであって，法改正
をしなければ達成できない事由があり，そのためには最も有
効な手法が法改正であることが求められます。したがって，
中央教育審議会の答申内容は法改正を必然とする程度の内容
であることが求められるでしょう。

　しかし，上記のメリットはすべて，「可能性がある」と結ば
れていて，長部局に社会教育施設を移管させなければ達成困

難とされているわけではありません。せいぜい政策としてその方向が望ましいという認識を示したという程度ではないでしょうか。しかも、基本的には長部局と教育委員会が政策のすり合わせを行ったり、場合によっては長の施策を教育委員会の事務事業を反映させるために長の職員を派遣したり、兼務をさせたり、不断に協議の場を設定することで、十分担保できる事柄であると考えます。あるいは、社会教育施設の公的事業として実施可能というべきではないでしょうか。

長部局に社会教育施設を移管させる理由として、観光振興や地域振興、新たな拠点整備を図るとか、人材育成を図ることなどもあげられていますが、いずれも必要があれば長部局から適任者を教育委員会に派遣し、ないし業務を兼務させ、両執行機関が共同して事業を進めることで足りると思われますが、なぜそうした手法をとることで目的が達成できないのかの説明が答申の中ではありません。私には、地方教育行政法が定める総合教育会議などを柔軟に運営することで長の施策と教育委員会の施策をすり合わせ、そのことにより地方自治体全体の施策運営に資することができないとは思えないのです。

例えば、地方自治体の施設整備計画にあっても、社会教育施設の充実は本来教育委員会でも大きな関心を有するはずであって、予算は長部局が編成することとなってはいても、事実上教育委員会の組織として教育委員会に関する予算の編成を担当する部局が存在しており、長の財政当局との協議を重ねて所要の予算配分を行っているものです。そのことは施設整備に限りません。換言すれば、施設整備に限って長部局に当該社会教育施設の所管を移す必要はないのです。例えば、

新たに社会教育施設を建設する場合には，まず当該施設で行われるべき教育委員会の事務事業を明確にし，そのために必要となる施設の整備計画を立案するのであって，その予算について長部局との調整は必要ですが，当該施設整備後の管理運営まで長部局が実行しなければならないわけではありません。

　施設整備の手法として複合施設を整備する場合がありますが，合築して長部局所管の施設と教育委員会の施設が併設される場合でも，区分所有的に管理運営すれば足りるはずですし，仮に管理の一元化を図るとしてもそれは物的管理で足りるのであって，機能管理まで統合しなければならない必然性があるわけではありません。

　複合施設の整備についても，管理の一元化とは美しい言葉ですが，物的管理はともかく，当該施設の一部で行われる事務事業を長部局に移管して統一化しなければ事務事業の実施や運営に支障が出るわけではありません。物的管理と機能管理を別々に行ってどんな支障があるのでしょう。

　したがって，中央教育審議会の答申は最初に教育委員会から長部局へ社会教育施設を移管するという目的ありきの議論であって，社会教育施設の長部局への移管の必要性を論理的に必然のものとして十分検証したうえで，議論を積み上げた結果とは思えません。

(3)　社会教育振興のために行うべきことは何か

　この答申の中では，社会教育に係る予算が削減傾向にあり，加えて，社会教育事業自体が後退している現状が報告されています。それならば，社会教育事業の活性化のために行うべ

きは，社会教育事業に係る予算を増額し人員を増やすことで
あり，そのことでより社会教育体制の整備を行うことが先決
ではないでしょうか。確かに答申が指摘するように，社会教
育施設でも新たな事務事業を実施する必要があるならば，そ
の人材を確保すべきことは当然ですが，その人材がもっぱら
長部局の職員であり，教育委員会の職員でない理由は何でし
ょうか。換言すれば，長部局の職員が社会教育施設の管理運
営者として適切である理由は何でしょうか。最初から社会教
育施設を長部局に移管して社会教育事業を行わないとするの
であれば別ですが，答申のニュアンスでは長部局に移管され
た社会教育施設でも社会教育事業は実施するといわんばかり
です。そうすると，そのための人材が所与の状態で既に長部
局に存在するとは思えません。社会教育施設を社会教育施設
として運用するのであれば，それに足りる能力のある職員を
配置しなければなりません。長が実施する事務事業を担当す
る能力のある職員が長部局に配置されていることは理解でき
ますが，その職員が社会教育事業を実施できるとは限りませ
ん。むしろ，できないと考えるべきでしょう。そのノウハウ
がないのですから。

　すなわち，答申が主張するように，長の施策を実施するう
えで教育委員会に社会教育施設を所管させることは不適当で
ある，長部局にこそ社会教育施設を移管させることで新たな
行政需要に対応できるというのであれば，その事実を立証し
てこそ，社会教育施設の長部局移管が合理化できるのではな
いでしょうか。単に，長部局がそのように望んでいるという
程度の理由では足りないと考えます[4]。

　答申内容は，長部局に移管する社会教育事業はもはや教育

委員会には任せておけず，長が自ら実施することが必要であるといっているに等しいわけであって，そのことをもっと明確に証拠立てて明らかにすべきでしょう。長部局が移管を望むからというだけでは，これまで社会教育事業を行ってきた教育委員会からその権限を奪う理由にはならないと考えます。

12.3 社会教育施設の運営を長部局の職員が実行できるか

既に言及しましたが，社会教育施設が長部局に移管されても社会教育事業を実施するのであれば，その事務事業を担当する職員は必須です。博物館・美術館には学芸員が必要です。図書館には図書館司書が必須です。公民館には社会教育主事が求められるでしょう。すなわち，たとえ社会教育施設を長部局に移管したとしても，その円滑な管理運営には，それにふさわしい職員が必要であり，その職員は，従前は地方教育行政法により教育委員会が任命し配置してきたものです。仮に，社会教育施設を移管させたとしても，当該施設を運営した経験のない長部局の行政職員によりその円滑な運営が確保されるとは思えず，結局は教育委員会の職員を人事異動により長部局に配置せざるを得なくなることは明らかです。

なるほど，司書を例にとれば，長部局にもわずかながら司書は存在します。都道府県でいえば，長部局の所管である都道府県立大学の大学図書館には司書が配置されています。また，議会図書館にも司書が配置されるでしょうが，これらは教育委員会からの人事異動によって賄われることがほとんどです。すなわち，これらの専門職[5]は，教育委員会からの派遣などによって配置されるのが常態であって，行政職員が，

図書館法第3条に規定する図書館奉仕や議会における図書館業務を円滑に実行できるはずがないのです。

そもそも，長部局に社会教育事業を実施するに足りる職員は採用されてこなかったのであって，司書や学芸員を教育委員会から異動させるのであれば，そのまま社会教育施設と社会教育事業を教育委員会の所管にしておくことにどのような不都合があるのでしょうか。

また，付言すれば，答申は，図書館の新たな機能として，住民交流やまちづくりの拠点，さまざまな情報拠点としての機能を期待しているようですが，これらの取り組みは既に先進的な各地の図書館で実施しているのであって，とりたてて今後の「人口減少時代の新しい地域づくり」の課題としてあげるまでもないことです。

12.4 社会教育施設の長部局移管は執行機関多元主義の趣旨に反する

(1) 長部局による教育委員会支配を促進するのではないか

日本国憲法と同時期に制定された地方自治法は，執行機関多元主義を採用しています。地方自治体に属するさまざまな権限を複数の執行機関（委員会・委員）に分割配分して一機関への権力の集中を排除し，行政運営の公正妥当を期すること，それぞれの機関の目的に応じ，行政の中立的な運営を確保することなどが制度趣旨といわれています。これによって行政の民主的な運営を確保することが予定されているのです。

しかし，条例の定めるところによるとは言いつつも，教育委員の権限に属する社会教育施設およびそこで行われるべ

228

き社会教育事業の管理運営権限を教育委員会からはく奪し，長部局に移管させることを可能とする今次の法律改正は，地方自治法が定める執行機関多元主義の精神と明らかに背馳するものであり，長部局の権限を強化し，教育委員会を弱体化するものであって，きわめて問題である[6]と考えます。

そもそも，教育委員会における当初の制度設計は，学校教育と社会教育を教育委員会の両輪として位置づけておりました。すなわち，おおむね6歳以上の子どもたちには原則として例外なく学校教育を施し，主として学校教育を修了した成人に対しては社会教育を施すことにより，日本国憲法を担うに足りる成熟した市民を育てるということが，教育が目指す大きな目標であり，それを担うのが教育委員会であったはずです。そのことは，準憲法といわれた改正前の教育基本法の前文に明らかです（1章 p.3-4 参照）。

教育基本法は，2006（平成18）年に改正され，学校教育における規律の尊重，公共の精神の強調，伝統の継承を重視する内容を盛り込んだ内容に変更されています。しかも，当該改正については，さまざまな反対意見があったにもかかわらず，しかも教育の基本を定めるものであって国民の多様な意見が反映されるべきであるにもかかわらず，与党による強行採決されたというきわめて不幸な経緯があります。改正後の教育基本法は，政権与党が有する上記の価値観が色濃く反映されたものであり，改正前の教育基本法が定める日本国憲法が保障する各種基本的人権を尊重し擁護し，多様な価値観を有する個性豊かな国民を育てるという教育目的よりも，公共の秩序や伝統，愛国心などを強調する内容に変更されていることは，教育目的もこれに沿ったものとなることにほかなりませ

ん。

　価値の多様性を否定し，特定の価値を押しつけられるので
はないかという可能性を指摘する論者がいることは，ある意
味で当然想定される論点といえるでしょう。

　今次の法的措置が教育基本法の改正と当然に連動するとい
う明白な証拠はありませんが，執行機関多元主義が日本国憲
法と同時期に制定された地方自治法の大きな原則であること
は明らかですし，今回の法改正がこの地方自治法の大事な原
則が骨抜きにされるような制度改正であることは否定できま
せん。日本国憲法を支える法体系の中の重大な法原則である
権力の分立が崩されて，長部局という特定の執行機関に権力
が集中されつつあると懸念することは単なる杞憂ではないと
考えます。

(2)　教育委員会は政治的に中立であるべきである

　執行機関多元主義を採用した理由は，一つの行政機関に権
力を集中せずに分散を図ることと同時に，政治的中立の確保
も大きな理由の一つです。今回の改正は，政治的に中立であ
ることを求められる教育委員会の事務事業が，政治的に選挙
された長の施策に奉仕するよう求められるということです。

　なるほど，教育委員会から長に移管された社会教育施設を
地域の中核として機能させるとか，まちづくりの拠点とする
とか，新たな情報発信の施設とするなど，中央教育審議会の
答申には，一見誰もが納得するような理由が並びますが，そ
の達成手法は政治的な施策選択によるのであって，すべての
住民が賛意を示すとは限りません。これらの政策選択自体が
きわめて政治的な問題となりうるということです。したがっ

て，長の所管する社会教育施設が担う役割も当然のことながら政治的にならざるを得ません。このことは理の当然というべきでしょう。

　確かに，日本国憲法上，教育に係る事務を政治から切り離して独立した機関に委ねることを定めた規定は存在しません。しかしながら，地方自治制度を制度的に保障する日本国憲法の規定[7]を受けて，日本国憲法とほぼ同時期に制定された地方自治法において執行機関の多元主義を採用し，教育を政治的影響から遮断することとした意義は無視できないものです。

　地方自治法自体が日本国憲法の有する価値を具現する地方制度を定めたものであることは，その制定経緯からして明らかでしょう。したがって，教育の政治的中立性の確保が日本国憲法の内包する価値と無縁であるとは思えないのです。

　また，教育基本法以下の教育法体系も，長から独立した教育委員会が価値中立的な，価値多様性のある教育を行うことにより，民主主義を担うに足りる市民に成長することを支援することが存在目的であるというべきです。このことは，民主主義を採用する先進国において，教育が政治的に選挙されて任用される長から独立した行政委員会によって担われているという事実もこのことを示すものといえましょう。

12.5 補助執行により長部局に社会教育機関を移管させることは脱法ではないか

(1) 補助執行の制度趣旨

　補助執行とは，地方自治法第 180 条の 7 の規定により，教育委員会の権限に属する事務を長部局の職員に実施させるも

のです。すなわち,「上記条文は,地方自治法第 180 条の 2 と対照をなすものであり,委員会又は委員の自主性と職務権限の独立性を侵害しない限度において地方公共団体の機構を簡素化し事務の能率的処理を促進し,地方公共団体の一体的行政運営を確保しようとする意図にもとづいたもの」[8] です。そうすると,教育委員会の本来的権限に属する事項である社会教育施設の管理運営は,長の補助執行になじまないと解され得ることになります。

　三重県などは,補助執行制度を利用して,教育委員会の本来的権限に属する博物館や図書館などの 4 施設の管理運営を長部局の環境生活部が行っているようですが,上記解釈のとおり,このような措置は,補助執行制度に関する地方自治法の規定をその趣旨に反して拡大解釈を行い,脱法的に教育委員会の権限を奪っていると解されます。

(2)　補助執行制度の利用は脱法行為ではないか

　現在,日本全国で補助執行制度を利用して教育委員会から長部局へ図書館が移管された例が 30 例以上あるようです[9]。しかし,三重県の事例に際して述べたように,私はこの方法による社会教育施設の長部局への移管は地方自治法の脱法行為ではないかと考えています。

　補助執行の典型的な例をあげるとすれば,教育委員会の予算編成と執行について,教育委員会の内部組織である教育財務課の職員に行わせ,教育委員会に関係する条例の起案を教育委員会の関係課の職員に行わせる場合や,教育委員会に係る情報公開事務についてその窓口を長部局の職員に行わせる場合などが考えられます。

いずれも，両執行機関において手続的に一本化・合理化する方が適切な事務であって，重畳する事務でもあることから，組織的に適切に配分することが適当とされる事務が対象であり，一方の執行機関に専属すべき事務を他の執行機関に移管することを内容とするものではありません。補助執行は両方の執行機関の専属的な事務を尊重し，侵害することなく両立させる制度であって，一方が他方の事務を失わせる制度趣旨ではないということです。

　しかし，これまでに補助執行制度を利用して教育委員会の所管する社会教育施設を長部局に移管させた例は，補助執行の本来的制度趣旨に反して，補助的ではなく，自己完結的な一団の事務を他方の機関にはく奪的に移管しようとするものであって，このことが私が補助執行を利用した社会教育施設の長部局への移管を脱法行為と評価する所以です。

　なるほど，教育委員会の事務を長部局の職員に行わせることについて条文の文言上の形式的制限はありませんが，上記のような補助執行の制度趣旨からいえば，こうした解釈運用に大きな疑義があることは否めません。補助執行の制度は，長が保有する権限の一部を教育委員会の職員に分任させる，あるいは，教育委員会が所管する事務の一部を長部局の職員に兼務させる場合に活用すべき制度であって，一方の執行機関の事務事業を根こそぎ移管させることを可能とする制度とは思えないのです。なるほど，法の解釈は各自治体がそれぞれに行うことができるものではありますが，制度の趣旨を超えてあるいは拡大して行うことは法令解釈権の濫用というべきではないでしょうか。自治体には越えてはならない限界が自ずとあると考えます。

12.6 教育委員会に求められる矜持

(1) 教育の本質

　教育学の専門家ではない私が教育の本質を語ることは僭越でしょうが，少なくとも日本国憲法や改正前の教育基本法を学んだ学徒として，また地方自治法に不断に接してきた者として，執行機関多元主義と教育委員会に期待されてきた役割を論ずることは許容されると考えます。その視点でいえば，今次の改正は明らかに制度設計が行われた当初の趣旨を逸脱するものと言わざるを得ません。社会教育事業を教育委員会の所管から外すという意思決定自体，教育の本質に対する深い洞察と長期的な展望が前提となっているとは思えないからです。

　世の中には変化してよいもの，変化すべきものと，変化しない方がよいもの，変えてはならないものがあると考えます。後者の最たるものが教育制度であり，社会教育も 70 年以上の風雪に耐えて実施されてきた事業です。これらは，「社会的共通資本」[10] と呼ぶべきものであり，社会が健全に存続していくためになくてはならないものであって，政治や社会状況によって安易に変化してはならないものと考えます。日本国憲法を具現する成熟した市民を育てるための重要な仕組みであって，定常的でなければならないと考えます。

　教育は営利事業ではなく，国民を日本国憲法を担うに足りる成熟した市民として養成するための営為であるべきことは既に述べたとおりです。そのこと自体は，成立過程と内容について問題なしとしない改正後の教育基本法でも否定されているわけではありません。

しかしながら，今次の法改正は明らかに長部局に権力の集中を図るものであり，その意図は長の施策に奉仕するためです。教育委員会が長の政策に協力的であることは一概に否定するものではないのでしょうが，長といえども執行機関の独立性は尊重すべきであって，仮に教育委員会の所管する事務事業が長の施策に活用できるとしても，それは地方教育行政法に定める総合教育会議等を通じて行うべきことが本来予定されているというべきで，長の申し入れに従って単純に長の政治的な施策に協力することは，長期的視点から子どもや成人の学習権を保障すべき教育委員会の設置目的に適うとは言えないと考えます。

　一般的に制度自体が時代に合わなくなり，世の中の進展に伴い変更すべきことは勇気をもって行うべきでしょうが，一方で変更しないことが国民に利益に沿うという制度もあるはずです。教育制度は安易にその時々の時世に従って変更するのではなく，「教育は国家百年の計」といわれるごとく，安易な変更を回避し慎重にして長期的視点から運営されるべきではないでしょうか。

　そして教育委員会はその事務事業を行う機関としての，時の政治に左右されずに，価値中立的でしかも多様な価値観を尊重する立場の機関としての矜持を有するべきと考えます。

　仮に時代に合った社会教育事業を志向するならば，長年社会教育事業に携わってきた教育委員会こそがその専門性を活かして社会教育事業の革新に当たるべきでしょう。今次の法改正は社会教育事業に長の施策を反映されるべきとの動機は語られていますが，要するに簡単に言えば社会教育事業は教育委員会には任せられないといっていることと同義です。こ

れに対して教育委員会側から有効な反論がない[11]ことは，教育委員会から教育を所管するという自負心と矜持が失われている[12]ことを示すことだと言ったら言いすぎでしょうか。

(2) 学校教育と社会教育は車の両輪ではないか

これまで，学校教育と社会教育は教育委員会の事務事業の二本の柱として，車の両輪として，相協力し連携して行ってきたはずです。少なくとも日本国憲法制定当時の教育委員会の制度設計上は，そのような事務分掌を前提としていたと考えられます。

これは，1945（昭和20）年に当時の文部省に社会教育局が復活し，学校教育と並んで文部省の主要事務となったことからも明らかです。戦前から存在した図書館や博物館に加え，1946（昭和21）年に社会教育委員が設けられ，翌年以降「公民館設置運営の要綱」が通達されたことにより，現在の社会教育体制の大本が整備されたことは文部科学省自身も認めています。

以来，日本の民主化を進める上で成人教育の重要性が指摘され，社会教育の重要性が強調されてきたことは言うまでもありません。すなわち，一定の学齢期に達した児童・生徒に対しては学校教育が，学校教育を終えた成人に対しては社会教育が行われ，その実施主体として教育委員会が予定されていたことは歴史的に明白です。こうした歴史に裏打ちされた教育委員会の事務のうち，日本の民主化に資するためとして構築された社会教育事業を長部局に移管することは，教育の本質に照らして適当な行為なのでしょうか。それとも，日本の民主化は既に達成され，成人に対する社会教育はその必要性を失ったということなのでしょうか。しかし，社会教育が

重要な役割を果たしていることは中央教育審議会自身が認めており，その重要性も否定しているわけではありません。

　中央教育審議会は，今次の答申を出すにあたって，次のような時代認識を明らかにしています。

　「我が国は，少子化による人口減少，急速な高齢化，グローバル化，第4次産業革命の進展など大きな変革の中にあり，地域社会においても，地域経済の縮小や地方財政の悪化，医療・介護の需要ひっ迫，一人親世帯の増加等を背景とした貧困問題，地域の伝統行事等の担い手の減少，人と人のつながりの希薄化による社会的孤立の拡大など，様々な課題に直面している。」

　この時代認識に異議はありませんし，その課題解決のために行政がさまざまな施策を展開すべきことは理解できますが，その具体的手法として社会教育施設の長部局への移管が必要であるとは，その論理必然性が感じられないのです。仮に，地域づくりやまちづくりのために社会教育施設を活用することが真に必要だとしても（そのことに対する理解は，異論もあるはずです），地域づくりないしまちづくり等の新たな施策のために，地域の拠点・まちづくりの拠点として社会教育施設を教育委員会から長部局に移管しなければならない論理必然性が理解できません。これらの課題解決は，教育委員会と長部局が連携を強化することで克服可能な問題ではないでしょうか。それがなぜできないのでしょう。私は，日本社会の現状に照らして，従来の学校教育・社会教育の二輪体制を壊して社会教育施設を移管し，教育委員会から社会教育事業の実施権限を奪う理由がどうしても合理的に理解できません。社会教育施設の長部局への移管が地方自治体の政策選択の問題と

しても，それを必要とし合理化するための立法事実が十分に示されているとは思えません。せいぜい地方自治体において，その判断によりそういう道を選択してもかまいませんよという程度の理由ではないでしょうか。

したがって，仮に議会にそのための条例案を提案するとしても，長が議会に対して，中央教育審議会からこれを認める答申があったこと以上の当該自治体における社会教育施設移管の合理性・必要性を説得的に説明できるのでしょうか。

しかも，元日本図書館協会事務局長の松岡要氏によれば，先行的に長部局に移管された図書館について，職員体制，予算，サービス状況等を統計数字で見たときに，これらの図書館が教育委員会所管の図書館に比較して特段に優れた活動をしているとはいえないという評価がされています[13]。したがって，文部科学省のヒアリングに際して，一部の社会教育関係者が，社会教育施設が長部局に移管されることによって人員増となり，予算が増額されるなどにより，より充実した社会教育施設となり得る旨の発言をしていますが，何の根拠もない単なる希望的観測にすぎないことが明らかでしょう。

(3) 教育委員会に対する長支配

長とは別個の執行機関である教育委員会に対する長の影響力は，相当大きくなっており，場合によってはその中立性や独自性すら維持できなくなっているという現実的な状況があります。

例えば，教育長や教育委員の任命制は，議会による同意制によって地方教育行政法が定めるこれらの者の資質の確保が担保されるシステムとなっているにもかかわらず，議会にお

ける同意制が空洞化し，ほとんどチェックがされずに素通り状態です。任命制をとること自体が長の施策に親和的な人物が当てられる可能性があるのであって，これをチェックすべき議会の同意制の運用状況がきわめてお寒い状況であり，教育委員の独立性や政治的中立性が議会によって担保される制度はもはや機能していないといってもよいでしょう。

また，これも既に紹介しましたが，出雲市における教育委員会の事務を長部局に移管する試みは，教育委員会の解体ともいうべき事象の先駆をなすものであり，これにより教育委員会は「学校教育委員会」として学校教育に特化すべきものとされたのです。

長が地方自治法の定める執行機関多元主義の趣旨を尊重するのであれば，長は教育行政に対して過剰な関与を抑制すべきであって，教育行政は教育長および教育委員による合議体である教育委員会に委ねられるべきです。また，教育委員会は学校教育や社会教育の本質に照らし，常に教育の重要性を認識し，長期的視点から，成人や児童・生徒の学ぶ権利に配慮した施策を展開すべきなのです[14]。

したがって，長が行うべきは，教育の事務事業が本来の趣旨に適うように教育条件や教育環境整備にあたるべく予算措置を講ずるというのが，本来想定された役割分担というべきでしょう。

(4) 図書館は教育委員会が直営すべき

最後に，特に図書館は教育委員会が所管すべきとの視点から私の理解を述べます。図書館は地方教育行政法第 30 条に定める教育機関であり，教育機関である以上その所管は本来

教育委員会に属します。仮に図書館が長部局の所管となった場合には、長の意向が図書館の管理運営に反映することが可能となります。したがって、政治的存在である長がその政治的思想・信条を反映させることが可能であるということです。中央教育審議会の答申によれば、図書館が長の管理に服する場合には、商工労働部や健康福祉部局等との連携を図って、個人のスキルアップや就業機能の充実が図られたり、情報拠点としての役割が強化されたり、健康づくり等の機能が期待されることや、地域の拠点として新たな仲間づくりや中心市街地活性化などの役割が期待されることなどがあげられていますが、その本来の役割は職業訓練校や保健所等が担うべきであって、わざわざ図書館に期待される機能とは思えません。もちろんその機能を図書館が担って悪いわけではありませんが、図書館の機能は図書館法に定める図書館奉仕を実現することであって、その余の機能は副次的なものです。図書館を長部局に移管しなければ実現できないほどの必要性と必然性があるとは思えません。

　図書館が担うべき機能は、まず図書館法第3条に規定する図書館奉仕であって、これを可能な限り充実させるのが図書館の役割のはずです。しかし、いまだ多数とはなっていないものの、図書館の運営を指定管理者制度の導入により民間営利企業等に関与させたり、図書館職員として常勤の司書を採用するのではなく非常勤職員を多く雇用して日常業務に当たらせるなど、図書館法に定める機能の充実とはほど遠い措置がとられているのが現実ではないでしょうか。

　社会教育施設の機能の拡充を言うのであれば、社会教育施設の質的充実がまず先決であり、人的・財政的な措置の充実

を図り，現場の職員の創意工夫を求めることが必要でしょう。中央教育審議会が真に教育の将来を思うのであれば，社会教育の足りない部分をより充実させるための提言を行うべきであって，社会教育施設を教育委員会から取り上げろと言わんばかりの提言をするのは，話が逆です。

　図書館が人員的にも予算的にも削減傾向の嵐に晒されていることは，統計的にも明らかです[15]。長が社会教育を一層活性化させたいと思うのであれば，図書館をはじめとする社会教育施設の機能を十全に発揮するために適正な予算と人員を配し，これまでの教育委員会の取り組みに対して改善点があると思料すれば，総合教育会議等を通じて改善を求めればよいはずです。「餅は餅屋」に任せるべきです。一方教育委員会も自分の役割を再認識し，長と対等な執行機関として長からの安易や要望に対しては，教育に責任を有する機関として「是は是，非は非」で臨み，社会教育活性化のための改善策を講じて，市民の福祉増進に応える気概を持つべきでしょう。

注

1)　日本国憲法に明確に抵触しない限り，法律の制定改廃は可能であるが，その改正内容が憲法の規定を受けた法制度の趣旨ないし精神に抵触するような内容であれば，形式的には違法でなくとも，実質的には違憲と評価されるような場合もある。私は，その典型例が，社会教育施設の管理運営権限を教育委員会から奪い，長部局に移管する今回の社会教育諸法の改正ではないかと考えている。

2)　ちなみに，中央教育審議会は，「地方公共団体から，地方公共団体の長が公立社会教育施設を所管することができる仕組みを導入すべきとの意見が提出されている」と述べているが，すべての地方自治体がそのように望んでいるわけではない。文部科学省はヒアリングを行い，いくつかの自治体の意見を聞いているが，それは文科省が選んだ自治体からの

話であって，これをもってすべての自治体が社会教育施設の長部局への移管を希望していると結論づけるのは適当ではない。それどころか，社会教育諸法の改正は第9次地方分権一括法の制定時に行われたが，その際には当該改正の前提とされた地方からの要請が三重県名張市からあったとされているけれど，実は国の担当官庁（総理府）から名張市に対して社会教育施設の長への移管に関する要望を挙げてほしいという働きかけによるものであることが国会の場で明らかになっている。

　この事実については，長沢成次『公民館はだれのものⅡ』（自治体研究社，2019）p.5において指摘されている。

3)　立法事実とは，一般的に「法律を制定する場合の基礎を形成し，かつその合理性を支える一般的事実，則ち，社会的，経済的，政治的もしくは科学的事実を（いう）」（芦辺信喜『司法のあり方と人権』東京大学出版会，1983，p.215），あるいは「法律の立法目的および立法目的を達成する手段（規制手段）の合理性を裏付け支える社会的・経済的・文化的な一般事実」（芦辺信喜・高橋和之補訂『憲法　第5版』岩波書店，2011，p.372）をいうと観念されている。

4)　社会教育の専門家であり公民館活動に造詣が深い長澤成次氏は，『公民館はだれのもの』（自治体研究社，2016）p.48において，三重県名張市からの提案について，その提案内容は現在の公民館において十分実施可能な事業であって，ことさらに社会教育施設を長部局に移管しなければできない事業ではないと指摘している。

　なお，名張市の提案は市が主体的に行ったものではなく，国からの要請に基づいたものであることは既に指摘済みである。

5)　自治省は，2014（平成26）年に地方公務員法の一部改正を提案し，国会で議決され，成立した。この改正は，人事管理制度全体の変革にあり，職務職階制を廃止し，人事評価制度を導入しようということであると説明されている。すなわち，従来の年功序列的な人事管理から能力と実績に基づく人事管理を行うこととし，長や教育委員会等の任命権者は，職制上の段階の標準的な職とその職の職務の遂行する上で発揮することが求められる能力として「標準職務遂行能力」を定めることになる。

　この過程で，図書館法に規定される「司書」という専門職がどのように取り扱われるかが問題となる。言うまでもないが，図書館には，図書館法第第4条に規定する専門的職員としての司書が配置されることが予定されている。ところが，図書館には常勤職員としての司書の他，非常

勤職員が数多く配置されているのが現状である。任命権者がこうした状況を改善することなく，自治省が導入を求めている「経歴管理システム」（1997年に当時の自治省が自治体職員の人事異動に関連し導入を指示）の稼働とともに，新たな人事管理制度の導入に合わせて，専門職を廃止するのではないかとの疑念があるのである。すなわち，経歴管理システムでは，職員の適性を見るという建前で，比較的短期間の人事異動が想定されている。一方，職階制が廃止されれば（もともと日本の公務員制度は職階制を採用していなかったのであるが），法的には特定の職に長くとどまるという制度的な根拠がなくなることになる。専門職とは，特定の業務を守備範囲としてもっぱら当該職務を処理するという立場であって，この点からいえば，人事管理上専門職という存在自体が人事管理上の阻害要因と観念される可能性がある。この場合，最悪の事態を想定すれば，専門職自体を廃止して，すべて人事上の一元管理を容易にするため職種自体の変更・廃止を行うことになりかねない。換言すれば，司書という専門職を廃止して，職種間の人事異動を容易にするという発想を人事管理者が有するならば，図書館における専門職である司書職が廃止され，結果として経験豊かなベテランの司書が人事異動により他部局に配置転換されて，図書館業務の弱体化につながるという懸念が生ずるのである。教育委員会が長部局からの要求に応じて図書館等の社会教育に当たる専門職を減員しようとしている状況は統計的に明らかであり，本来職階制の廃止及び能力主義の採用と専門職の配置とは，直接の関係がないはずであるが，こうした制度変更に伴って専門職の配置まで否定する動きが出てくるのではないかと警戒する図書館関係者が現に存在する（松岡要「日本図書館研究会特別研究例会報告　図書館の公契約基準の提起−図書館員の専門性蓄積と雇用安定のために」（2011年5月29日，『図書館界』vol.63, no.6, 2012.3, p.462-463）の松岡氏の発言参照）。

6)　本件問題に関して，文部科学省のヒアリングが行われた。その際に，予算の獲得が容易になることや長の施策との連携が容易になるなどのメリットを挙げる機関があったが，社会教育施設を長部局に移管することについての本質的な理由にはなりえないと考える。そもそも予算の獲得が容易になるから社会教育事業を長に移管させるということは，社会教育実施者としての役割放棄ではないか。社会教育事業者としての矜持があるならば，自らの機関がどれだけ有用な社会教育事業を実施しているか，また今後も実施できるかを示し，主張して，財政当局と交渉すべきなの

であって，社会教育施設を長部局に移管すれば予算の増額が期待できるなどということは何の根拠もない。移管の必要性・合理性についてきわめて説得的ではない理由である。この見解は，社会教育施設としての存在理由を示して，予算の増額を求めるのではなく，社会教育施設を長が利用するからということで予算の増額を期待するのであれば，それは長の事業に対して予算が加わるのであって，当該社会教育施設の本来事業の予算が増えるわけではないことを考慮していない本末転倒の議論ではなかろうか。多少下品な言い方をお許しいただければ，「予算をつけてくれれば社会教育施設を差し出します」と言っているに等しいと考える。

　ところで，文部科学省のヒアリングでは，長部局に関することのデメリットを挙げる機関もあり，一様に長部局への賛意を示しているわけではない。特に図書館については，公正中立な資料の収集ができなくなる恐れなど政治的中立の確保や事業の継続性・安定性に対する疑念を表明する機関もあることを忘れるべきではない。

　また，町村教育長会が社会教育施設の長部局への移管に積極的に賛意を示している全国町村教育長会の見解は，全国の町村で進んでいる過疎化対策等に対応するため，図書館や博物館でさまざまな地域課題に的確に対応することが求められているということであり，当該自治体全体としての地域課題であることは理解するが，教育を所管する機関としての立場での見解としては全く不十分である。教育委員会は長部局とは異なる役割があり，その立場からこのような地域状況を踏まえどのような社会教育事業が教育委員会として実施すべきなのかについて言及すべきであろう。教育委員会としては，社会教育事業を所管しているが，現状の体制では適切な事業を行えないという認識と説明があって初めて長部局への移管が議論としてテーブルに乗るのではないか。

7)　日本国憲法第 8 章は「地方自治」に関する規定を置いている。当該規定において「地方公共団体の組織及び運営に関する事項は，地方自治の本旨に基づいて，法律でこれを定める」と規定するが，法律を変えればいかような制度も構築できると解するのは適当ではなく，当該法律に基づく諸制度は日本国憲法の価値を具現するものでなければならないと考える。日本国憲法は権力分立主義を採用しており，一の機関への権力の過度の集中を回避する価値観を保有しているのであって，この精神は地方制度にも適用されるべきと考える。

8)　『逐条地方自治法　第 8 次改訂版』（学陽書房，2015，松本英昭・[運

用］2参照（アンダーラインは筆者による）。

　なお，地方自治法第180条の2に関する逐条解説は，補助執行について「当該執行機関本来の事務執行に支障がない限り，組織機構や職員の配置の重複を避け，行政の能率的処理と一体性の保持とに寄与させようとするものである。」と，加えて「（補助執行は）行政能率向上，行政の一体性確保のためであるから，本条により委員会，委員長，委員若しくは職員に委任または補助執行させるべき長の権限に属する事務としては，当該委員会又は委員の本来の事務の執行に直接関連のあるものについて行われるべきものであり，長の専属的権限に属すると解される事務は，委任または補助執行させることはできない」と記述されている。したがって，これを教育委員会の視点で見れば，教育委員会の専属的権限に属する事項については，長に補助執行させることは不適当と解される。

9)　日本図書館協会・長所属の図書館設置団体（文部科学省からの提供データによる）

10)　宇沢弘文『社会的共通資本』岩波新書，岩波書店，2000，p.22～

11)　反論どころか，長部局への社会教育施設を移管することを教育関係者が歓迎するというのはどういうことなのだろうか。既に述べたように，中央教育審議会が行ったヒアリングにおいて，教育機関やその団体から社会教育施設の移管を肯定する例が少なくない。その理由として長の施策との連携協力の必要性なり可能性が挙げられているが，それが現行制度では不可能であるとは主張していない。社会教育事業を長部局に移管しなければ不可能な事業を教育委員会が担わされているならば，そもそも理不尽であるし，そのような見解は聞いたことがない。すなわち，現行制度の枠内でも工夫次第でいかように対応できるのではないか。現行制度の中で連携協力関係が確保できるならばそうすればよいだけのことであろう。長の要求に応じて社会教育施設を移管させる積極的な理由はないというべきである。

12)　なるほど，地域の実情に応じて選択肢が増えるとの見解もあったが，選択肢を増やすためだけに法改正を行い，教育委員会の権限と責任を放棄できる体制をとることは教育委員会の存在理由にも根源的な影響を与える問題ではないだろうか。その懸念に言及しない教育委員会あるいは教育委員会所管の機関とは何なのだろう。

　きわめて善意に解釈すれば，教育委員会は学校教育に特化すべきで，社会教育を教育委員会から切り離したいという意思の表れとも解釈され

るが，学校教育ですら満足に対応できない教育委員会もあり，一部の長からは教育委員会不要論も出されている。特に，女児を虐待する父親から当該女児を守れずに死に至らしめてしまった千葉県北西部の某教育委員会や，教師同士のいじめを生じさせる悪制度を改善できなかった関西地方の某教育委員会などは，学校教育に特化したからといって十分にその役割を発揮できたかどうか疑問である。要は，教育委員会及びその事務局が責任ある事務事業を実施できるかどうかが問題なのだともいえるが，学校教育に特化すれば教育委員会が十分な機能を発揮できると考えるのは，楽観にすぎると思われる。

13) 『図書館政策セミナー「公立図書館の所管問題を考える」講演録』日本図書館協会，2020，p.13，p.28-29

14) 近時は，学校における不祥事の多発を受けて教育委員会は学校教育に特化すべきである旨の意見や養育委員会不要論も増えているようだが，長から独立した組織において，教育を所管する専門組織の必要性の否定は大勢とはなっておらず，依然として教育委員会の役割は重要である。

15) 『日本の図書館　統計と名簿 2019』日本図書館協会，2020

第 **II** 部

図書館サービスと
トラブル Q&A

Q1 図書館における問題行動に対処する基本的な考え方はどうあるべきでしょうか?

　筆者が図書館職員研修を依頼されて各地にお邪魔する際に，例外なく問われる事項の一つに，問題行動をする利用者 [1), 2)] に対する対応があります。

　特に，最近増えつつあるといわれている過剰なクレーム，暴力的なクレームに対して，図書館員としてどう対応すべきかという質問が圧倒的に多くなっています。

　図書館は一面サービス機関でもあり，図書館職員は図書館利用者の要望に応じてさまざまなサービスを展開する一方，各種のクレームに対しても可能な限り穏やかに対応してきました。しかし，こうした穏やかな方法で対応できないケース，すなわちクレーマーの中には執拗に苦情を繰り返す者や，暴力的な苦情を行う者など，問題行動と思える図書館利用者が増えているようです。

　筆者は，こうした苦情者に対しては，他の利用者の利用環境を保全し，図書館の機能の円滑な維持・管理のために，多少「こわもて」の対応をしてもやむを得ないのではないかと考えているところです。

　さて，図書館でこうした過剰な苦情や暴力的な内容を伴った苦情が増えてきた背景の一つには，退職後の高齢者の利用の増加があると考えています。誤解のないように申し述べますが，高齢者のすべてが問題行動を起こしていると述べているわけではありません。高齢者が退隠生活の一環として図書館で新聞や雑誌を読み，あるいはさまざまな分野の書籍を読

破しようとすることは，むしろ望ましいことです。しかし，多くの図書館利用者が利用する公的な場においては，わがままな行動は許されず，多くの利用者の円満な利用が確保されるためには互譲の精神が不可欠であるにもかかわらず，近時，いわば「自分が一番」ともいうべき，他の利用者の迷惑を考えずに行動する高齢者が散見されます[3]。

こうした高齢者の中には，些細なことで他の利用者とトラブルを起こすケースが見受けられます。例えば，図書館の開館と同時に新聞閲覧コーナーに向かい，数紙を独占して読み始めたり，新聞を読んでいる人に対して新聞をめくる音がうるさいなどと怒鳴ったりすることがあると，筆者も知り合いの図書館員から聞くところです。

こうした傾向のある高齢者が，図書館内で何か気に入らないことがあったときに，図書館職員に食ってかかる場合があることは容易に想像することができます[4]。

苦情自体は忌避すべきものではなく，嫌悪すべきものでもありません。図書館における苦情は，その内容によっては図書館の業務改善につながるものであり，一般的には耳を傾けるべきでしょう。しかしながら，過剰な苦情，度を越した苦情はその態様によっては犯罪に該当するものもあり，こうした場合には苦情を申し立てる者に対してその旨告知し，注意を喚起すべきと考えます。

繰り返すようですが，図書館を含む行政機関は，原則として住民からの苦情には耳を傾ける責務がありますが，過剰な苦情，度を越した苦情，暴力的な苦情，理不尽で他責的な苦情に対しては「できないことはできない」と明確に断るべきです。その苦情が許容限度を越える理不尽で暴力的なもので

あるときは，毅然とした対応をとるべきであると考えます。すなわち，図書館の現場で行われた過剰な苦情等に対して，図書館長は，「図書館職員は公務員だから，多少の苦情はしょうがない」として職員に耐えること，我慢することを強いるのではなく，行き過ぎた苦情によって職員の業務遂行に悪影響を及ぼすのであれば，また，他の利用者の利用環境を阻害するようであれば，これに対して一方的に受容するのではなく，場合によっては苦情者に対して法的責任を問う姿勢が必要です。具体的には，こうした苦情者に対して，図書館業務の円滑な遂行が困難になるので，館内秩序を維持するために，図書館利用規則（管理規則）の定めるところに従い，退館命令を発し，相手方が任意に退館しない場合には，刑法第130条の住居侵入罪（不退去罪）に該当するとして警察に通報することが適当であると考えます。

　こうした対応には，強権的に過ぎるとの批判や，図書館利用者への行為制限は基本的人権の保障の観点から見て問題であるといった主張が想定されますが，こうした問題行動を行う者に対して図書館職員が穏やかに接しても改善されない場合は，周辺の利用者にとっても迷惑行為にあたるのであって，職員にとっても利用者にとっても速やかに解消されるべき事態であると思うのです。また，基本的人権の保障も無制限ではなく，権利濫用に該当するような主張は図書館による規制になじむというべきです。

　そもそも，図書館という施設において刑法に抵触する行為が行われないわけではありません。例えば，図書館資料を無断で持ち出せば窃盗罪（刑法第235条），図書館資料を返還する意思がないのに借り出したとすれば詐欺罪（刑法第246条），

借り出した図書館資料をその後返還する意思がなく自分のものにしようとした場合には横領罪（刑法第252条），図書館資料を故意に毀損すれば器物損壊罪（刑法第261条）が成立します。苦情だけがどのような態様のものでも，図書館だからという理由で，自由に，何の問題もなく行えるわけではないでしょう。図書館は犯罪行為の聖域ではありません。その行動の程度や態様によって該当条文は異なるものの，

① 苦情の際に暴力を振るわれれば，暴行罪（刑法第208条）
② いわれのない悪口雑言を受けた場合には，名誉棄損罪（刑法第230条），侮辱罪（刑法第231条），業務妨害罪（刑法第233条）
③ 暴力的な言動で図書館業務を妨害すれば，威力業務妨害罪（刑法第234条），公務執行妨害罪（刑法第95条）
④ 職員に怪我をさせれば，傷害罪（刑法第204条）
⑤ 害悪を告知して脅かせば，脅迫罪（刑法第222条）
⑥ 脅かして義務のないことをさせた場合には，強要罪（刑法第223条）

などに該当する可能性のあるものなのです。

　もちろん，図書館利用者の問題行動に対して，機械的に法を適用して権力的に抑圧すべきだと主張しているわけではありません。こうした問題行動が認められたときに，図書館職員は法に抵触する可能性のある行為であることを相手方に告知し，その抑制を求め，なお改善されなかった場合には，図書館利用規則を適用し，退館命令を発するなどの対応がとれることを強調したいのです。

　再度確認しますが，図書館は住民に奉仕すべき施設です。しかし，だからといって，図書館職員が一部の利用者による

理不尽な行為を受忍しなければならない理由はありません。図書館における理不尽で暴力的な苦情申立ては，受忍限度を越えれば犯罪行為であり，図書館が住民に奉仕すべき施設であるからといって利用者のわがままが許容される理由はなく，こうした行為が館内で放置されてよいはずもないのです。

　なるほど住民は，地方自治法第 10 条の規定により，その所属する地方公共団体から等しくサービスを受ける権利を有しますが，その権利は濫用が許されません。同時に，住民が同条により負担することとなる義務（＝納税義務等）と，その受ける住民サービスとは，理念的にはともかく，厳密な意味で対価関係に立つものではなく，「おれたちは税金払ってるんだ」という理屈によって地方公共団体の職員に何をしてもよいという特別な法律関係は存在しないのです。

　なお，筆者は，図書館利用者による不法行為に対しては，原則的な対応をすることで，少数の住民による誤解を回避できるのではないかと考えています。すなわち，「あの図書館は管理や対応が甘いので何をやっても平気だ。借りた本は返さなくても本気で督促してこないし，少し強く出れば何でも言うことを聞いてくれる」といった認識を一部の図書館利用者からもたれるならば，図書館の不十分な対応がモラルハザードを引き起こす結果となり，行政としてはゆゆしき事態となります。図書館側にとっても，事なかれ主義的な対応は多くの住民に対する責任上許されないというべきです。

　最後に，図書館長や教育委員会が，理不尽な苦情申立者に対して職員の我慢や忍耐を求めるだけで，適切な対応をとらなかったことにより，図書館職員が欝病を発症するなど心身を病むことがあれば，職場の安全配慮義務を欠いたとして，

これらの管理職員は法的責任を問われ，損害賠償責任を負う可能性があることを付言しておきます。

注

1)　平成 24・25 年度富山県公共図書館部会委員会の大人向け図書館利用マニュアルの作成部会で富山県内の公共図書館で起こる迷惑行為に実態を把握するため，「公共図書館における迷惑行為に関する調査」を実施した。その集計結果は，『富山県図書館研究集録』第 45 号に掲載されており，おおむね以下のとおりの迷惑行為が挙げられた。こうした事例は，およそ公立図書館では，事例の多少や異同はあるものの，ほぼ同様ではないかと考えられる。

  ①　話し声や携帯電話との使用等による騒音の発生

  ②　決められた場所以外での飲食

  ③　ホームレス風利用者による悪臭

  ④　図書館資料の延滞・紛失

  ⑤　図書館資料の独占的利用

  ⑥　デジタルカメラ等による図書館資料の無断撮影

  ⑦　座席の長時間の独占

  ⑧　悪質なクレーム

  ⑨　覗き・痴漢行為

  ⑩　喧嘩や暴力行為

  ⑪　施設設備の破壊

  ⑫　図書館資料の盗難

  ⑬　居眠り

2)　2016 年 7 月 18 日に，福島県二本松市立二本松図書館で，貸出カードの再発行を申し込んだ男が，運転免許証記載の住所が福島市内であったために，二本松市立図書館の利用規則により図書館職員から「市内在住者や在勤者でなければ貸出できません」と断られたことに腹を立て，いったん図書館から外へ出たが，ブロックを片手に舞い戻り，カウンター内の図書館職員に襲いかかるという事件が発生した。さらに，2 階から駆けつけて制止しようとした館長や利用者に対してナイフで切りかかったという。

こうした傷害事件は稀ではあるが，理不尽な行動に出る来館者もいるのだという意味で，図書館における危機管理の必要性が改めて強く認識された事件である。

3)　野木秀子早稲田大学大学院客員教授は，『経（Kei）』2012年1月号において，「時間を持て余す高学歴者がモンスターやクレーマーになる」というエッセイを書いておられるが，その中で，図書館クレーマーに言及している。定年退職したおじさんたちが，「平気で本や雑誌の切り抜きを行い，税金で買っているものになぜ悪い！とくる。新聞のとりあいも見苦しい。早く行って新聞を二，三紙抱え込む人」など，困った利用者の実態の一端を挙げている。もっとも，野木氏は，こうした困った利用者のうちで，高学歴の図書館クレーマーは，基本的には常識とプライドのある方々が多いため，味方に引き入れ，逆に図書館ボランティアとして活動しているところもあると紹介している。

4)　高齢者の精神的傾向に関する事例として，NHKの番組，「おはよう日本　今朝のクローズアップ」の「キレる高齢者」についての特集の中で示されたアンケートなどが適例かと考える（2017年11月17日放送）。当該番組で紹介されたNHKネットクラブアンケートで，487人から回答を得て，「高齢とともに感情抑制が困難となる」と回答した者が，3割いるという事実が挙げられている。また，その原因として，加齢による脳機能の低下等が挙げられている。

Q2 図書館におけるクレーマーに対応するために録音したいのですが,問題はありませんか?

　結論からいえば，苦情申立者の発言を録音したとしても何の問題もありません。図書館職員の録音行為は，施設管理権の範囲であり，例えば，苦情申立者を会議室に誘い，そこで録音したからといって不法行為を形成しませんし，相手方が録音を拒否したからといってこれを中断する必要もありません。したがって，仮にプライバシーの侵害であると相手方が主張した場合には，「録音をとることは図書館の施設管理権の範囲であり，裁判所も許容されるといっている」と反論すれば足ります。すなわち，録音は相手方の承諾を得る必要がないことは，判例上も明らかなのです[1]。また，仮に相手方に録音の事実を示さず，秘密裏に録音したからといって，証拠能力は否定されないという判例[2]もあり，無断録音も可能ですが，トラブル回避のためには，相手方に録音機を示し，「録音します」と断った方が適当かと考えます。

　もちろん，相手方が，図書館側が録音を開始したことでこれを忌避して席を立つ場合があり，その際に当該相手を会議室等にとどめ置く権利はありません。退出は自由ですし，相手方を物理的に拘束した上で録音を相手方に受忍させ，強制する権限もありませんので，「苦情を正確に記録しておくために必要な行為である」として録音をしようとしたとたんに，相手方が録音されることを嫌って退出したのであれば，これを阻止することはできないと心得るべきでしょう。

注

1) 最高裁第2小法廷判決・平成12年7月12日『刑集』第54巻6号，p.513

2) 東京高裁昭和52年7月15日判決『判例時報』867号，p.60。この判決は「話者の同意なくしてなされた録音テープは，通常話者の一般的人格権の侵害となりうることは明らかであるから，その証拠能力の適否に当たっては，その録音の手段方法が著しく反社会的と認められるか否かを基準とすべきものと解するのが相当」と判示して，原則は証拠能力があるが，録音の手段方法が著しく反社会的と認められる場合に否定すべきと解している。図書館クレーマーの苦情について，後日言った言わないというトラブルを回避するために行われる録音は，たとえ秘密裏に行われたとしても，明らかに公益目的であって，録音目的は正当であるから，支障はないと考えられる。

Q3 図書館における貸出の法的性格を説明してください

(1) 図書館資料の貸借の法的性格

「図書館資料の貸借は，民法上の貸借と同じでしょうか」との質問を受けることがあります。確かに，図書館資料の貸借は無料であり，外形上は民法第593条以下に規定する使用貸借と似ていますが，非なるものというべきでしょう。図書館資料の貸借は，図書館という公の施設の利用形態の一つであり，しかもその中核的部分をなすものです。公の施設は地方自治法第244条以下に法的根拠を有するものであり，住民は，原則として住民であることに伴う権利として公の施設の利用権を認められており，その利用関係が契約により規律されることを想定しているものではありません。

すなわち，公の施設の設置および管理運営は条例およびその委任を受けた規則で規律されますが，公立図書館については，設置を条例により，その管理および運営は教育委員会規則によることとされています。つまり，公立図書館の具体的な利用関係は教育委員会規則に委ねられており，当該規則により図書館の利用に関する具体的な法律関係が整備されることとなります。例えば，利用時間，休館日，貸出冊数，貸出期間，返却が遅滞した場合の館長がとるべき措置，館内の秩序維持に関する館長の権限などの各規定を前提とし，こうした法律関係の中で，住民は図書館資料の貸借その他の図書館の利用を行っています。

地方自治法，図書館設置条例，図書館利用規則などはいう

までもなく公法の分野に区分される法関係であり，図書館の利用については直接こうした法律・条例・規則が適用されます。住民の図書館を利用する権利もこうした諸規定の適用を受けて行使されるものですから，そこに市民対市民の関係を規律する民事法的な関係の成立を認めることは不適当です。

ただし，図書館の利用が公法関係だといったところで，当然に権力的な法律関係が支配することになるわけではありません。行政が主体となって行う事務事業の中には，権力的な作用のほかに非権力的なものもあり，前者については公益実現のために強制的な手段や，場合によっては刑罰をもって履行を確保しますが，後者については私法の適用される関係とその本質を同じくするものも少なくはないのです。

このように，公法の中でも非権力的な関係が妥当する分野があります。つまり，警察，租税，収用などの行政主体が優越的な立場から国民（住民）に対して命令強制する権力関係が想定される場面ではなく，また，許可・認可等の行政処分が介在するものでもありませんから，こうした分野では強権的な法律関係とは異なる法関係が成立することとなります。その典型が公の施設の管理運営に関する法律関係であるといわれます[1]。

このような場面では，例えば，貸し出した図書館資料の返却が期限までに行われないという場合には，強制力を行使して強制執行をしたり，自宅を訪ねて，図書館利用者の抵抗を物理的に排除してまで図書館資料の回収ができるわけではありません。図書館資料の返却をめぐって市民と行政主体との間に何らかの紛争が生じた場合でも，行政事件として行政不服審査法や行政事件訴訟法により解決されるのではなく，あ

たかも私経済関係のように，民事訴訟法などを経由した民事的な手段によって解決されることが想定されています。図書館資料の貸借は，こうした非権力的な公法関係に属すると整理することができます。

ただし，図書館長が利用者に対して図書館の利用制限を行う場合には，当該制限行為は行政処分として行われますので，利用制限を受けた利用者は，審査請求を行うことが可能であり，その場合には行政不服審査として処理されることとなります。

(2) 貸出は公の施設の利用そのもの

図書館資料の貸出に係る利用は，通常は，利用者が図書館利用規則に従い資料貸出券の交付を受けることから開始されます。この場合，資料貸出券の交付を受けることのできる者として，当該地方公共団体の住民または通勤・通学者を原則とすることが一般的です。その際に，身分証明書，運転免許証その他本人およびその住所を確認できるものの提示が求められるはずです。

このことは，公立図書館が地方自治法第244条に規定する公の施設として，地方公共団体がその住民の福祉を増進するために設置するものである以上，その利用者が住民であるか否かを確認するためのものであり，施設の性格上当然のことといえます。ちなみに，図書館は公の施設である以上，正当な理由がない限り，住民に対して利用を拒否してはならず，また不当な差別的取扱いをしてはならないという地方自治法上の制約を受けることとなります。

このように，上記の資料貸出券の交付は，図書館の本来的

利用権を有する者について，その法的権利を確認するための手続にすぎず，資料貸出券の交付によって図書館の利用権が創設されるわけではありません。抽象的な権利の具体化という法的意味を持つということです。ただし，住民ではない通勤・通学者については，地方自治法上の本来的利用権者ではありませんから，資料貸出券の交付によって当該図書館の利用権が創設的に付与されたと考えてよいでしょう。

　図書館は，図書館法第3条に規定する図書館奉仕を行う施設として設置され，その設置目的に照らし，住民は図書館から図書館資料の貸出を受ける権利を有していますから，住民は公の施設の利用権の行使として図書館資料の貸出を受け，図書館は，その権利を保障するために図書館法に定められたサービスを，当該地方公共団体の財政と組織的・人的範囲において提供する責務を負うということになります。

　図書館法は，その第17条において，「入館料その他図書館資料の利用に対するいかなる対価をも徴収してはならない」旨規定していますので，住民は無償で図書館資料を利用することができ，その外観は，民法第593条に規定する使用貸借に類似しています。したがって，図書館の保有している財産を無償で貸しているという法的構成も可能なように思えます。しかし，図書館資料の貸出は財産的側面に着目してその財産的価値を利用するための使用貸借契約によるものではなく，公の施設である図書館の図書館資料の資料的価値に着目した利用関係の具体化というべきであって，図書館法に基づく独自の法律関係であると考えるべきです。つまり，図書館資料の貸出は，住民の申込みがあり図書館が許諾したことによって成立する民法上の貸借関係ではなく，公の施設の利用関係

として定められた法的関係です。したがって，図書館利用規則は契約約款ではなく，教育委員会が公の施設の利用関係の調整のために付与された制定権限に基づくものであって，私法関係ではなく公法関係として整理されることになります。

　このことは，公の施設を利用する権利に関する処分について不服がある場合には，審査請求または異議申立てができることとされていることからも明らかです。図書館の利用関係が私法関係であれば，不服申立てができるはずもないからです。

(3)　図書館の利用関係に私法が適用される場合

　このように，図書館の貸出に係る関係については，図書館利用規則が適用され，民法その他の私法は適用されません。ただし，図書館資料の利用関係について民法がいっさい適用を排除されているかといえば，必ずしもそうではありません。例えば，図書館資料を汚損・毀損した場合には，その利用者は賠償責任を有しますが，その根拠は民法第 709 条です。つまり，図書館資料という地方公共団体の財産を侵害した結果，民法上の不法行為として評価されることから賠償責任を負うのであって，仮に図書館利用規則に賠償規定がない場合であっても，当該地方公共団体は，民法の規定に従って損害賠償の請求を行うこととなります。その法的な構成は財産権の侵害の問題として処理されるからです。

　図書館資料は，一方で図書館という公の施設において住民の利用に供されるという属性を有するとともに，地方公共団体が財産として管理するという側面もありますので，利用関係では前者が前面に出て，損害賠償の場面では後者が前面に

出てくるという関係として理解することができます。

　図書館利用規則の守備範囲と民法の守備範囲とが判然としないという印象を持つかもしれませんが，図書館法に規定している法的関係なのか，それ以外の法的関係として説明できることなのかがメルクマールになるものと思われます。

注

1)　住民とは，当該地方公共団体の区域に生活の本拠を有する者をいう。必ずしも住民登録が済んでいることを要件とするものではないが，公園にブルーシート等を張ったりテントを設置したりして「住んで」いるホームレスの人は，住民とはいわない（大阪高等裁判所平成19年1月23日判決・最高裁判所平成20年10月3日上告棄却。詳細は，p.272の注1)を参照のこと）。

　なお，身分証明書や運転免許証の記載内容を信頼して資料貸出券を交付した場合といえども，当該身分証明書や運転免許証の記載内容が事実とは異なっていた場合（例えば，学校を退学したり，勤務先を退職したり，区域外に住所を移転したけれども，その事実が記載されていなかったりする場合など），その事実を知りながら図書館職員に告げず，資料貸出券の交付を受けた場合には，利用権を詐取したこととなる。これが明らかになったときは，そもそも図書館の利用権が認められないのであるから，資料貸出券の付与は取り消されるべきものである。

Q4 図書館資料を汚損,破損,紛失した場合の賠償の方法と限界について教えてください

(1) 汚損・破損の態様

　図書館資料の汚損・破損の態様はさまざまです[1]。子どもが興味本位で図書館資料を保護するための接着透明フィルムを剥がして裏側を見たり,図書館資料にマーキングをしたり,雑誌記事を切り抜いたりするほか,来館した泥酔者が図書館資料に放尿したという例もあるとも聞いています。

　こうした行為によって,図書館資料が使用に耐えなくなった場合には,必要な補修をしたり資料を買い換えたりすることとなります。ただし,通常の用法に従って使用された結果,図書館資料が劣化したり損耗した場合にはともかく,利用者が,図書館資料を適切に取り扱わなかった結果損傷したり,故意に汚損・破損したりした場合には,その補修や買い換えの費用は汚損・破損の原因者に負担させることが適当です。

　なお,図書館資料の故意による汚損・破損行為は,器物損壊に該当し,刑事責任を問われてもやむを得ない場合があります[2]。

(2) 賠償の根拠

　図書館利用者が図書館資料を汚損・破損・紛失した場合には,損害賠償を請求することができます。図書館利用規則に損害賠償に関する規定が置かれていることもありますが,この規定は創設的な規定ではなく,確認的なものです。図書館利用規則に規定されていないからといって損害賠償ができな

いことはなく，図書館資料に対する汚損・破損行為は民法第709条に規定する不法行為ですので，この規定を直接的な根拠として行為者の賠償責任を追及することができます。

(3) 賠償の方法

　賠償の方法は，民法上の不法行為であれば金銭賠償が原則ですが，図書館資料の汚損・破損の程度が著しく補修が困難な場合および紛失した場合には，当該図書館資料の同種の現品を購入して返還させるべきと考えます。このことは図書館利用規則に「利用中の資料を汚損・破損し補修が困難な場合又は紛失した場合には，当該資料の利用者は，現品又は相当の代価を持って賠償しなければならない」と規定されていた場合でも，同様です。

　すなわち，その規定の趣旨は，図書館資料を損傷し，または紛失した場合の賠償の方法として現品と相当の代価とを完全に選択的に並置したものではなく，現品による返還を原則とし，現品の返還を求めることが困難である場合（例えば，当該図書館資料が絶版となってしまっている場合など）にはじめて相当の代価による賠償を求めることにあると考えます。なぜならば，図書館は，図書館資料を収集し，住民の利用に供することを図書館サービスの重要な柱とするものですから，図書館資料は反復継続して住民の利用に供することが当然の前提とされており，図書館資料の利用者はその利用に際して他の利用者の利用を妨げないように当該資料をその目的に沿って誠実に利用し，返還する義務を負っているからです。したがって，上記の図書館利用規則の規定は，他の利用者の利用を保障する観点から，図書館資料の利用者が万一これを紛失

し，または損傷した場合には，現品の返還を求め，これが不可能であるか社会的に見て妥当でないときにはじめて相当の代価をもってこれに換えるとの趣旨であると考えるべきなのです。そうでないと，利用者が図書館資料を自己のものとしたいと考えたときは，図書館資料の収集時の価格を提供すれば容易にこれを取得することができることとなり，住民の利用に供されるべき資料が特定個人に独占されてしまうことにもなりかねないからです。

　なお，図書館利用規則に明文の規定がない場合には，民法第417条（不法行為の場合には，同法第722条第1項で準用されています）の規定により，金銭賠償が原則とされつつも，「別段の意思表示がないときは」との留保がされています。図書館資料については，上記のような性質から，当該規定に準拠して図書館から現品で返還するべき旨の黙示の意思表示がされていると解することができます。

(4) 賠償の限界

　賠償の方法について，原則として現品主義としたところですが，この原則をどのような場合にも貫徹できるものではありません。では，その限界をどこに求めるべきでしょうか。

　まず，図書館資料が書籍であって絶版の場合ですが，一般的には現品による返還は困難となります。ただし，古書店などにおいて容易に入手することができるものであれば，現品による返却を求めたとしても利用者にとって過酷な結果にはならないでしょう。この場合において，古書店における設定価格が当該図書について成立する常識的な交換価値ではなく，絶版に伴う希少価値の反映であれば，現品として返却を求め

る範囲を越えたものと判断することができるでしょう。

　また，例えば，返却を求めるべき図書館資料が作家Mによる著作物でA出版社から出版されたもので，これが絶版であっても，別のB出版社から同じ作家の同じ作品がほぼ同等の価格で出版されているとすれば，当該B出版社のものをもって返却を求めることは可能であると考えます。

　さらに，例えば，返却を求めるべき図書館資料がカセットの音楽テープであった場合，すでにCD化されていてカセットテープとしては入手困難であり，その価格がほぼ均衡がとれているのであれば，当該CDをもって返却させても許容の範囲と考えます。

　結局のところ，同種のもので，同等の内容で，均衡のとれた価格のものがあれば，可能な限り現品をもって返却を求める，その際のメルクマールは健全な社会常識に照らして相当な範囲内で考えるということになりそうです。

注
1)　『図書館が危ない！　運営編』（鑓水三千男・中沢孝之・津森康之介，株式会社エルアイユー，2005）では，群馬県内の町村図書館・公民館図書室運営研究会で報告のあった図書館に係るさまざまな問題について解説を行っているが，その中で，図書館資料の汚損・破損等の実際が例示されている。
2)　接着透明フィルムを剥がす行為は，図書館資料を保護するものを損壊する行為であり，図書館資料そのものの損壊・汚損につながる行為であって，それ自体器物損壊に該当する。もっとも，接着透明フィルムを剥がしても，容易に，ほとんど費用もかからずに修復できるのであれば，犯罪性は薄いということになろうし，行為者が14歳未満の子どもであれば刑事未成年として責任は問われないが，だからといって放置してよいものではない。補修に係る費用は，民法第714条の規定により親権者

たる親に請求できるので，民事上の責任は明確にしておくべきである。単に子どものいたずらということで放置するのではなく，違法な行為であることを認識させ，場合によっては親に対して通知するなどの対応も検討すべきである。

　また，図書館資料に印をつける行為も，図書館資料を汚損するものであり，仮に物理的な使用に支障がないとしても，次の利用者がこうした汚損された図書館資料の利用に不快感を抱く結果，買い換えなければならない場合もある。このような場合には，汚損行為を行った利用者に対し損害の賠償を請求すべきである。被害の額が僅少であれば，刑事事件としては違法の程度が軽微であるとして，起訴猶予ないし不起訴とされることもあろうが，この場合でも簡単に看過すべきものではないと思われる。特にこのような行為が特定の者によって反復継続されるようであれば，刑事事件として立件される可能性があり，また，図書館利用規則の定めるところにより，図書館の利用を制限し，あるいは禁ずることができると考える。

　なお，器物損壊には，物理的な機能を失わせる行為のほか，事実上または感情上，器物を本来の目的の用に供することができない状態にさせることも含むと解されており，図書館資料を糞尿等で汚損し，その結果，感情的に使用することができずに廃棄せざるを得なかったのであれば，これも器物損壊に該当するものである。

Q5 　図書館使用者が貸出登録をする場合の制限の可否と限界はありますか?

(1)　図書館利用者の貸出登録の原則

　公共図書館は地方自治法第244条に定める公の施設であり，同条第2項の規定により，正当な理由がなければ住民が公の施設を利用することを拒んではならず，また，同条第3項の規定により，住民が公の施設を利用するについて不当な差別的取扱いをしてはならない旨規定しています。したがって，図書館利用者の貸出登録もこの原則に従った対応をとることになります。

①　住民であること

　まず，原則として，住民であれば基本的に貸出登録を拒否できません。このことは図書館法に規定はありませんが，図書館法の一般法である地方自治法第244条第2項に「普通地方公共団体……は，正当な理由がなければ住民が公の施設を利用することを拒んではならない」と規定しており，その旨を明確にしています。ところで，住民とは何でしょう。地方自治法第10条第1項では，「市町村の区域内に住所を有する者は，当該市町村及びこれを包括する都道府県の住民とする」と定めています。また，市町村は，住民票を編成して住民基本台帳を作成し，住民に関する記録を保有しています（地方自治法第13条の2，住民基本台帳法第6条）が，住民登録の有無にかかわらず，市町村の区域に住所を有する限り，当然に地方自治法上の住民となります。したがって，住民かどうかは，

当該市町村の区域に「住所」を有するかどうかが決め手になります。

「住所」とは，「生活の本拠」（民法第22条）をいい，住民基本台帳の住所は地方自治法上の住所と推定されますが，その認定は，客観的な居住の事実を中心として，そこに居住者の主観的な居住の意思を含めて，総合的に行われます。したがって，ある場所を不法に占拠してそこで一定の期間生活しているからといって，当該場所が生活の本拠として住所たりうるかといえば，そうではありません[1]。また，市町村の区域内の宿泊施設に宿泊している者は住民ではありません。法的には滞在者として扱われます[2]。

このように，社会生活上ある場所を生活の本拠として居住していれば，住民登録の有無を問わず，住民と認められることになります。住民であることの要件としては，住所を有することのみですから，国籍，収入，思想・信条，年齢，性別を問いません。外国人も住民であり，住民税を納付していない者も住民である以上，図書館の利用を拒否することは許されません。また，特定の宗教集団に属していることを貸出登録を拒否する理由とすることもできません[3]。

② 通勤・通学者

市町村の外から当該市町村に所在する事業所や学校に通勤・通学する者は，住民そのものではありませんが，当該市町村において一定の社会生活を送っているという関係に着目して，いわば「住民に準じて」図書館の利用を認めているのが通常でしょう。

通勤・通学者は，住民そのものではないことから，地方自

治法上の公の施設の利用権が当然に認められるものではありません。しかし，図書館利用規則において通勤・通学者にも登録を認める旨の規定が置かれていれば，当該図書館規則において登録により利用権を創設的に認めたという法的構成になります。

この場合，通勤・通学者の図書館の利用権の内容は，図書館利用規則で定められるものであり，住民とまったく同様の権利内容を保障しないことも可能です。例えば，貸出冊数や貸出期間について住民と同じ内容でないとしても，不当な差別的取扱いを禁ずる地方自治法第244条第3項に抵触しないからです。

③　その他館長が適当と認めた者（研究者・隣接市町村居住者）

研究者が図書館に収蔵されている図書館資料を研究のために利用したいと申し出た場合には，図書館長はその研究の内容や必要とされる図書館資料を比較検討してその当否を決定することができます。図書館長が研究者の要請に応じないとしても差し支えありません。この場合，当該研究者が憲法第23条で保障する学問の自由に対する侵害である旨主張するかもしれませんが，学問の自由は，公権力が特定の学問研究を禁じたり，特定の学説を研究者に強いたりすることを想定して，このような関与を禁止する規定であって，国・自治体が研究者に対してその研究に協力する義務を定めたものではありません。

隣接市町村居住者に対する図書館の開放も，公共図書館が文化施設でもあることから可能な限り多くの市民の利用に供されることが望ましいとはいえますが，当然に利用権が認め

られるものではないことは，通勤・通学者についてと同様です。したがって，そもそも図書館の利用を隣接市町村の住民に認めるかどうか，認めるとしてもその内容・程度をどうするかは，当該図書館長の判断（むしろ，隣接市町村間で公の施設の相互利用を認めて，公の施設の効率的設置や運用を図るという市町村の政策判断に及ぶこともありえます）にかかっているといってよいでしょう。

その判断は基本的に裁量行為ですが，いったん制度として隣接市町村の住民について利用を認めた場合には，可能な限り隣接市町村住民の利用を継続的に認めることが適当であると思われます。

(2)　登録の限界－図書延滞者等に対する措置

図書館資料の延滞者に対し，図書館の利用を制限する一環として登録を抹消し，あるいは登録を拒否することはできるでしょうか。結論からいえば，地方自治法第244条は合理的な理由があれば公の施設の利用を拒否することが可能である旨理解できることから，一般的には可能であると考えます。ただし，その要件は厳格に定め，しかも運用は慎重に行うべきでしょう。したがって，図書館利用規則にその旨明確に定めるとともに，その運用についてあらかじめマニュアルを定めるなど，恣意的にならないように努める必要があります。

すなわち，数回の返却期限不遵守があった程度でただちに登録抹消・再登録を拒否することは早計です。少なくとも，返却期限の不遵守が反復すること，督促に容易に応じないことといった事実が必要です。加えて，貸出冊数の制限や貸出期間の短縮など，より柔らかな措置を講じてもなお図書館資

料の貸出ルールを無視する傾向が著しく，そのまま放置することにより他の図書館利用者の利用に支障を及ぼすおそれがある場合に，期限を区切って行うのであれば，登録の抹消および再登録の拒否は，許容されるものと考えます。

　そもそも，こうした措置はルール違反に対する制裁というよりは，公の施設の利用の調整という観点から行われるべきものですし，また，措置を受ける者に対して他の利用者に対して迷惑をかけていることへの反省を求めるものですから，必要にして最小限度でなければならず，またそれで足りるはずです。

注
1)　この点で参考となるのが「大阪市都市公園ホームレス居住事件」（大阪高等裁判所平成 19 年 1 月 23 日判決・最高裁判所平成 20 年 10 月 3 日上告棄却）である。この事件は，大阪市北区の都市公園でテント生活していたホームレスの男性が公園を住所とした転居届を不受理とした処分の取消を区長に求めた訴訟である。当該男性は，2000 年頃から公園にテントを設置して生活しており，2004 年 3 月に公園を住所とする転居届を区役所に提出したが受理されなかった。第 1 審の大阪地方裁判所は，公園に生活の本拠としての実体があるとして住民登録を認めたが，大阪高等裁判所はこれを拒否し，男性は，最高裁判所に上告したが，同裁判所はこれを棄却した。大阪高等裁判所は，「住所」について，次のように判断した。

　　「住基法にいう住所とは，生活の本拠，すなわち，その者の生活に最も関連の深い一般的生活，全生活の中心を指すものであり，一定の場所がある者の住所であるか否かは，客観的に生活の本拠としての実体を具備しているか否かによって決すべきである。もっとも，そこにいう『生活の本拠としての実体』があると認められるためには，今日においては住基法にいう住所の有する上記の基本的生活に鑑みると，単に一定の場所において日常生活が営まれているというだけでは足り

272

ず，その形態が，健全な社会通念に基礎付けられた住所としての定型
性を具備していることを要するものと解するのが相当である。」

2) 2000年以前の地方自治法では，市町村の事務として「住民，滞在者
その他必要と認める者に関する戸籍，身分証明及び登録等に関する事務
を行うこと」(改正前の地方自治法第2条第3項第16号) と規定されて
おり，住民と滞在者とは別の概念である。

3) 市町村によっては，無差別大量殺人事件を惹起した特定の宗教集団
に属している者に対して転入や公の施設の利用を拒否したりしている
が，これは法的には憲法違反の疑いがある。憲法第22条第1項は「何
人も，公共の福祉に反しない限り，居住，移転及び職業選択の自由がある」
と規定しており，上記の対応は当該規定上問題があるのではないかと思
料されるからである。自治体の上記対応に対する法的な説明は，「上記
宗教集団が公安上の監視の対象となっており，その反社会性が依然とし
て払拭されていないことから，上記対応は憲法の定める公共の福祉に反
しない限りという留保条項に該当する」というものと考えられるが，こ
の説明が妥当するのであれば，上記宗教団体の信者は，居住も転居もで
きないこととなるのであって，はたして妥当な理論構成となりうるか疑
問である。

Q6 迷惑利用者を館外に退去させる法的根拠を教えてください

　図書館にはさまざまな迷惑利用者がいるようですが，それをあえて類型化し，その対策と法的根拠を示すとすれば，おおむね次のとおりになります[1]。

(1) 館内で迷惑行為を行う者
① 粗暴な利用者
　最近，不機嫌な時代世相を反映してか，大声を発し，職員に物を投げつけたり，カウンターで女性職員を脅したり，些細なことで激高して言葉の暴力をふるったり，突然怒鳴り出したりする利用者などが決して珍しくないといいます。

　こうした行為は，公務執行妨害罪（刑法第95条）ないし威力業務妨害罪（刑法第234条）に該当すると考えられます[2]。公務執行妨害罪が成立するためには，暴力行為が直接公務員に向けられる必要はなく，図書館資料を床に叩きつけるとか，カウンターに持参したバッグを叩きつけるなどの行為によって職員を畏怖させれば，それで十分犯罪として成立します。

　最近，公務員に対する市民の暴力や脅迫行為が目につきますが，これらは刑法の適用がある違法にして不当な行為です。公務員がこうした行為を受けた際にはこれを甘受する理由はまったくありませんので，行為者に対しては違法な行為であることを認知させ，関係機関の協力を得て，きちんとその責任を追及すべきです。

　仮に，利用者が図書館職員に対して暴力をふるった場合に，

当該図書館職員が自分の生命身体に対する侵害から防衛するために，暴力行為を行った者に対して反撃した結果，当該暴力をふるった者が負傷したとしても，その反撃が相当の範囲内であれば正当防衛が成立し，職員が刑事責任を追及されることはありませんし（刑法第36条），民事上の責任も負うことはありません（民法第720条）。

公務員に対する暴力行為・脅迫行為は，「行政対象暴力」として，各警察本部でも本格的に規制のための対策をとりつつあります。「行政対象暴力対応マニュアル」を策定している地方公共団体もあり，警察と行政とが緊密な連携をとり，図書館職員をこうした市民による理不尽な暴力から擁護するために所要の対策をとることは，図書館長等の管理職の責務であると心得るべきです。

② 閲覧室で受験勉強をする者

図書館は原則として図書館資料を利用するための施設であり，学生・生徒による勉強のためだけの閲覧室の利用は，図書館の目的外の利用です。図書館法第2条において図書館を「図書，記録その他必要な資料を収集し，整理し，保存して，一般公衆の利用に供し，その教養，調査研究，レクリエーション等に資することを目的とする施設」と定義しており，図書館が図書館資料の利用を前提とする施設であることは明らかです。

受験勉強のために閲覧室を占拠された一般の利用者が学生・生徒に対し不満を持つのは理解できますし，そのまま放置しておくことはトラブルの原因ともなりますので，こうした状態が続くのであれば，あらかじめ図書館の入口に図書館

資料を利用しない者や受験勉強のためだけの閲覧室利用はできない旨の掲示をしておくべきです。

　もちろん，施設に余裕がある場合には，学生向けの学習スペースを設置することも許容されるでしょうが，図書館では本来的な図書館利用が優先されるべきです。特に，受験勉強中の学生・生徒が勉学に飽きておしゃべりなどを始め，図書館の静謐が維持されずに，他の図書館利用者に迷惑をかけることがあったのでは，図書館として本末転倒になるでしょう。

③　携帯電話使用者・声高に会話をする者等

　図書館における静謐な環境の保持は，読書や調査研究をするための施設という性格上当然のことですが，当然のマナーが当然のこととして守られない世相の下では，図書館といえどもそのような状況から無縁というわけではないのかもしれません。携帯電話で通話を行うとか，閲覧室などで声高に会話をしたりすることが，図書館にふさわしくない迷惑行為であることは常識的にも判断できます。このようなルールは，性別や年齢の如何を問わず，遵守が求められます。

　したがって，こうした行為が行われて他の図書館利用者から苦情が寄せられた場合には，まず注意喚起をし，そのような行為をやめるか，館外で行うように誘導することが適当です。それにもかかわらず，それらの迷惑行為を中止しないのであれば，退館を命ずることになるでしょう。

　携帯電話でメールを発することは，特に大きな音声を発するわけではなく，他の利用者に対する迷惑の程度は通話や声高な会話よりも低いといえます。しかし，閲覧室などで図書館資料を使用せず長時間にわたってメールをし続けることは，

閲覧室の使用目的に照らし適当とは思えず、閲覧室の利用の順番を待っている他の利用者にとってみれば、目的外の利用として苦情の対象となることが考えられます。このような状況であれば、やはり注意喚起して閲覧室本来の利用を再開するか、他の利用希望者に席を譲るよう求め、当該利用者がこの指導を無視して携帯電話の操作を継続するのであれば、後述のとおり退館を求めることも可能であると考えます。

④ 私物を置いたまま長時間閲覧席から離席する者

図書館は不特定多数の住民の利用に供されるために設置された施設ですから、可能な限り多くの人々が平等に利用できることが望ましいものです。したがって、特定の者が長時間を独占的に使用することは好ましいことではありません。利用者が調査研究のために長時間閲覧室を利用している場合には、他の利用者からそれほど苦情が出るとは思えませんが、机上に資料を広げたまま、あるいは座席に物を置いたままで長時間にわたって離席する場合に、特に閲覧室に余裕がないときは、他の利用者から不満の声が上がるのは必至でしょう。同じ公の施設でも、体育館やグラウンドなどの施設は、使用料を徴収していることもあって、時間ぎめの利用形態をとっています。しかし、図書館の場合は、通常利用時間の制限を設けておらず、最初に閲覧席の利用を始めた人がいつその利用を終了するか予測ができないことから、離席が長時間に及ぶ場合には、次の利用を望んでいる者から苦情が出ることは容易に想像できます。

閲覧室の他の席が空いていれば別ですが、混んでいるときの長時間の離席は、多くの利用者から利用の機会を奪うもの

であり，他の利用者にとっての迷惑行為となり，ひいては図書館の円滑な運営の支障となります。そこで，こうした長時間の離席をする者に対しては個別に注意を喚起するとともに，頻繁に苦情が出されるのであれば，図書館利用規則に，一定の時間離席した場合には図書館職員が私物を片づけて次の利用者に席を提供することができる旨規定し，そのことを閲覧室に掲示しておくことが適当でしょう。

　なお，図書館職員が長時間離席者の私物を片づけた場合，これに抗議し法的根拠を示せと主張する利用者がいるかもしれません。その場合には，上記のとおり図書館利用規則に規定を置いた場合には当該条文を示し，規則化をしていないときは図書館長が有する図書館に係る管理権限の行使であると説明すれば足りると考えます。離席者の私物を閲覧室から撤去し，事務室等で預かったことが「強制撤去にあたるもので，違法だ」とクレームをつける者がいるとしても，利用者の抵抗を排除して撤去したものではありませんし，公の施設の管理者に認められている権限に基づく管理行為の一環として行ったと説明することで十分です。

(2)　図書館利用以外の目的での来館
①　不審な行動をとりつつ館内を徘徊する者

　書架をいっさい見ないで単に館内を歩き回っているとか，特定の人物の後をつけまわしているとか，他の図書館利用者をジロジロと眺めて物色しているかのように振舞っているとか，図書館の利用を目的として来館したとは思えない行動をとっている人がいる場合，図書館としてはどのような対応をとることが可能でしょうか。

図書館利用者からこうした不審者がいると通報された場合には，図書館職員は，当該不審者を観察した上で，通報されたことに理由があると認めたときには，まず，来館の目的や用件を確認することが適当です。その際に，回答を拒否したり，辻褄のあわない回答であったりした場合には，その者に対し，図書館内を徘徊することは図書館の目的外の利用であるとして，退館を勧告することで対応すべきでしょう。

　また，図書館利用者の中には，図書館職員に対する一方的な恋愛感情や好意の念から，執拗につきまとったりする例もあるようですし，ストーカーまがいの行動をとる者もいるようです。このような，ストーカー規制法の対象となるような行動を示す者に対しては，館長その他の管理職にある者が早期に警察へ相談することが適当です。図書館が住民に対してサービスを提供する機関とはいえ，図書館職員は利用者から図書館サービス以上の対応を求められても，これに応ずべき職務上の義務は当然ありません。

　さらに，恋愛感情や好意の念からではないつきまとい行為である場合には，各都道府県で制定されている「迷惑行為防止条例」が適用される可能性があります。

②　ホームレス問題

　特に都市部における図書館の最大の問題の一つが，ホームレス対策であるといってもよいかもしれません。異臭・悪臭のする清潔とはいえない服装で図書館に出入りし，図書館資料を利用するというよりは，冷気や暖房の効いた快適な空間環境を求めているとしか思えない行動をとり，他の利用者から苦情が寄せられる，あるいは図書館のトイレで洗濯したり

体を洗う……図書館におけるホームレス問題はこうした形態をとるようです。

　ホームレスと図書館をめぐる問題については，既にいくつかの論文や提案が示されており，実際にさまざまな対応が図書館の実務レベルで行われているようです[3]。したがって，ここでは法務的対応に限って言及したいと思います。

　ホームレスは，多くの場合，図書館を設置した地方公共団体の住民ではありません。一方，公立図書館は公の施設として設置されるものですから，当該図書館の利用権は住民について保障されていますが，住民ではない者に対し当然にその利用権は保障されません。

　ホームレスに対する対策を求める住民から，「住民ではないホームレスのために，我々住民が不快な環境におかれ，利用を阻害されている現状に対しどう考えるのか」，「住民税も払っていないホームレスのために我々の税金で建てた図書館の利用に支障がでているのは本末転倒ではないか」といった苦情は，感情的な部分がないとはいいませんが，法的に整理すればまさしくその点を指摘するものであり，これについては有効な法的反論が難しいと思われます。

　もちろん，こうした見解には，日本国憲法が保障するホームレスの人権を対峙させて理論構築することも可能ですし，一自治体の設置する公の施設性を越えた，図書館の有する普遍的な文化価値の観点からホームレスの利用を拒否すべきではないという立論も可能であろうと思います。

　とりわけ，表現の自由の保障に関して受け手の視点で議論する場合，ホームレスの入館を制限し，退館を求めることは「ホームレスの有する表現の自由」を侵害することになるの

ではないかとの見解がある[4]くらいです。

　既述のとおり，表現の自由は受け手の自由が確保されていなければその実質を失う等の議論があり，ホームレスも日本国民である以上，基本的人権を享受すべきものですから，ホームレスというだけで図書館の利用関係から排除することは人権侵害にあたるとの見解があるのです[5]。

　しかしながら，筆者はこの見解に与しません。なぜなら，ホームレスの図書館利用関係からの排除・抑制は，表現の自由（受け手の側から見た場合における「知る権利の自由」）の侵害には必ずしもあたらないと考えるからです。ホームレスという理由だけで，他の利用者に対する迷惑行為を行っていないにもかかわらず図書館から排除し，その利用を制限する[6]のであれば，図書館の施設管理権の濫用という批判はありえますし，ホームレスの人権（この場合には，むしろ幸福追求権等のより普遍的な人権）を侵害したという評価はありうるかもしれませんが，そのためにはホームレスに図書館の設置自治体の住民と同様に公の施設利用権を認めるという前提が必要ではないでしょうか。

　現実に，図書館は一方で社会教育施設であり，他方で文化施設でもあることから，その利用は可能な限り多くの人々に開かれるべきであり，その趣旨から，図書館資料の貸出などは別ですが，図書館資料の閲覧は住民に限らず来館した人に認めてきた経緯があります。図書館の入口で住民であるかどうかをいちいちチェックしているわけではありません。

　そうすると，異臭・悪臭がするというだけでは入館を拒否することは困難ですし，また，新聞を閲覧するなど平穏に図書館資料を利用しているのであれば，風体が異様であるとい

うだけで利用を拒否することもできないと考えます。ただし，異臭・悪臭の程度が著しく，一般の利用者が明らかに不快感を抱き，通常の利用が阻害されるに至った場合とか，明らかに図書館の利用目的ではなく，冷気や暖房を求めて入館し[7]，しかも館内を徘徊し，あるいは休憩コーナーを占拠して，他の利用者から苦情が寄せられ，その存在が図書館の円滑な利用の支障となり，その状態が一般の利用者の受忍限度を越えると認められる程度に至ったのであれば，当該ホームレスに退館を求めることは可能であると考えます。

　すなわち，ホームレスに対する図書館の利用制限は，それがホームレスということによるのではなく，清潔とはいえない服装や風体，他の利用者の嫌悪感を催す著しい臭気が他の図書館利用者の円満な利用を阻害するという理由によるものであり，その意味では飲酒を伴う利用者や大声を上げて騒ぐ利用者に対する退館命令等と異なるところはないのです。いずれも，広い意味で図書館内の秩序の維持を目的とした館長の施設管理権（公物警察権）によるものであり，その具体的な行使の場面であって，ホームレスを狙い撃ちにしたというわけではないのです。

　繰り返すようですが，公の施設利用権は，地方自治法により住民に保障された権利であり，ホームレスが住民でない場合には，当然に公の施設利用権が保障されるものではありません。理論的には，図書館の利用を住民だけに限定するという図書館もありうるのであって，この区別が当然に地方自治法に抵触するとはいえないのです。ホームレスに限って住民性の有無を問う形になり平等原則に照らし問題ではないかとう批判もありえますし，確かに，従来図書館における閲覧自

体に厳密に住民性を問うてはいないと考えられます。しかし，図書館が公の施設である以上，理念的には住民性の問題が潜在化していることは否定できません。仮に，住民だけの図書館の入館券を発行し，入口でその提示を求めるという制度を導入したとしても一見明白に地方自治法に反する対応とはいえないでしょう。むしろ，図書館利用者の円満な利用を妨げている実態があり，その当事者について利用を抑制・制限しない場合に，図書館長は図書館の管理権を適正に行使していないという批判を受けるのではないでしょうか。

　この事案の根底には，ホームレスの人権問題が存在します。「好んでホームレスとなったわけではない者に対して，あまりにも冷たいではないか」，「自治体としてホームレスの人権をどう考えるのだ」という問題提起です。しかし，ホームレスの問題は図書館が対応できる範疇を越えるものですし，本来，民生・社会福祉関係部局の守備範囲に属すべき事項です。

　地方公共団体の長が構築するホームレスの自立支援のための総合的施策の中で，図書館がその一端を担うというのであればともかく，図書館限りでの対応には限界があると考えます。

　単に図書館はホームレスの利用を拒否すべきではないと主張するだけで，問題が解消されるわけではありません。住民の図書館利用権とホームレスの人権とを並列させて，憲法で保障する人権が法で保障する権利よりも上位であるから，図書館利用者は我慢すべきだといった問題でもありません。住民にも憲法で保障された人権はあるのであって，それを前提として，住民であることで保障された権利が，住民でない者の無制限な利用を認めることで侵害されているではないかと

いう議論なのです。

　地域にホームレスを支援する民間団体がある場合には，図書館側が当該民間団体に対して，ホームレスの図書館利用について，住民とのトラブルを回避するために一定の配慮（例えば，可能な限り清潔な服装で来館するとか，飲酒の上の来館は控えるとか，他の利用者に不快感を与えるような利用態度を改めるとか）を求めるなどの働きかけを行うことは望ましいと考えます。しかし，こうした努力を図書館に当然のこととして要求することは，法の限界を越えることであると思います。

　ホームレス問題は，究極的には労働政策・社会政策・福祉政策の分野に属するものであり，地域政策として取り組むのであれば地方公共団体の長がその主体となるべきであって，図書館としては長部局と緊密な連携を確保しつつ対応することが必要であり，また適当でもあります。

③　泥酔者

　館内での飲酒は論外ですが，酒気帯びで来館したからといって当然に利用を拒否ないし退館を求めることができるものではありません。ただし，泥酔状態で来館し，嘔吐や放尿などにより図書館の施設や図書館資料を汚損し，他の利用者に食ってかかったり，言いがかりをつけたり，その他の迷惑行為があれば，退館を求めることができます。

　加えて，図書館資料の汚損等については，器物損壊罪の成立が認められる場合があることは既に述べたところです。また，正常な利用が期待できないような状態で来館したり，そもそも図書館の設置目的にそぐわない利用のために来館した場合には，目的外の来館となり，場合によっては刑法第130

条の住居侵入罪を構成するものです[8]。

　泥酔状態がひどく，自分の行為の意味内容がまったく理解できないような前後不覚の状況であれば，犯罪成立が認められない場合もありますが，頻繁に泥酔状態で来館するいわば常習者であれば，前後不覚であることを理由にできないことがあります。酒を飲めば際限なく飲んで泥酔状態になることが常態であるならば，未必の故意があったと認められる可能性があるからです。

(3)　必要な措置と根拠

　上記(1)および(2)に掲げた者に対しては，図書館の円滑な利用関係の確保の観点から退館を求めることができます。その法的根拠は，直接的には図書館利用規則にほぼ例外なく規定されているであろう以下の規定です。また，仮にこのような規定が図書館利用規則にない場合であっても，図書館長は施設管理権に基づき，同様の権限が行使できます。

　（入館の制限等）
　第○条　館長は，次の各号のいずれかに該当する者に対しては，入館を禁じ，又は退館を命ずることができる。
　　(1)　館内の秩序を乱し，又は他人に迷惑を及ぼした者
　　(2)　その他館長の指示に従わない者

　上記の規則による退館命令が恣意的に発せられることがあってはならず，地方自治法の公の施設に関する規定の趣旨（理由のない利用の拒否ができないこと，および差別的取扱いが禁止されていること）を踏まえて，適切な運用が求められます。した

がって，どのような場合に当該命令を発するかについては，運用マニュアルを作成しておくことが適当です。

　また，利用者の行為が刑法に該当する犯罪行為である場合には，図書館職員は，当該利用者を現行犯として逮捕することもできます。ただし，利用者の行為がそのようなものではなく，単に退館を求めることが適当と思われる場合には，強制的に，つまり退去を求めるべき図書館利用者の自由を拘束する形で，あるいは物理的実力を行使することはできません。退館を命じたにもかかわらず相手方が任意に退去しない場合には，刑法第130条に規定する不退去罪を構成するものとして警察へ通報し，警察官の助力を得るべきです。

注
1)　『図書館が危ない！　運営編』（前掲）では，迷惑利用者について具体的な対応方法と法的な解説が加えられている。また，図書館における危機管理に関する文献として，日本図書館協会図書館政策企画委員会『こんなときどうするの？』改訂版編集チーム編『みんなで考えるこんなときどうするの？　図書館における危機安全管理マニュアル作成の手引き』（日本図書館協会，2014）も参考となる。
2)　公務執行妨害罪と威力業務妨害罪との差は，対象となる業務が公務性を有するか否かにある。判例は，公務には公務所において公務員が職務上なすべき事務の取り扱い一切を含むとしてきた。しかし，有力説は，公務執行妨害罪の職務は，権力的公務，ないしは非現業的公務に限るとしている。したがって，図書館の業務の非権力性に着目すれば，公務執行妨害罪ではなく，刑法第234条の規定する威力業務妨害罪によるべきではないかとの見解が成立しうる。しかし，非権力的な業務であっても，税金によってまかなわれる公共的生活のものの円滑な執行については，公務執行妨害罪による保護が図られるべきであるとの理解もある。また，図書館の業務は，権力的なものではないが，現業に該当するものではなく（地方自治体における現業の事例としては，公用車等の運転手，清掃

作業員，給食調理員，学校用務員，電話交換手などが挙げられる），その職務の妨害行為による影響は多数の利用者に対する及ぶものであることから，やはり，公務執行妨害罪が適用されるべきものと考える。

　もっとも，本件のような場合は，厳密な意味での学説の妥当性を問うものではなく，刑法に抵触するおそれのある行為であることを認識することが重要である。

3)　西河内靖泰「カウンターからみた『図書館とホームレス問題』」（『みんなの図書館』268 号，1999，図書館問題研究会），山口真也「山谷労働者と公共図書館」（『ず・ぼん』no.4，p.124，1997）

4)　松井茂記『図書館と表現の自由』岩波書店，2013，p.97〜

5)　松井，前掲書，p.98

6)　アメリカでは，図書館における身なりの規制によって，衛生状態の悪い人を図書館から排除する規則の下で，この規則に反する人を図書館から排除したことについて，この規制を支持した事例があるとされている（松井，前掲書，p.92）。

7)　松井名誉教授も「もちろん，ホームレスの人の入館が図書館の図書等を利用する目的ではない場合，ホームレスの人以外の場合と同様，図書館の利用を拒むことができる。暖を採ったり，涼んだり，居眠りするだけの図書館の利用は，情報を受け取ることを目的としていない以上，それを拒んでも表現の自由の問題とはならない」と述べている（前掲書，p.98）。

8)　「建造物の管理者があらかじめ立入拒否の意思を表示していない場合でも，その建造物の性質，使用目的，管理状況，管理権者の態度，立入の目的などからみて，現に行われた立入行為を管理権者が容認していないと判断されるときは，他に犯罪を阻却すべき事情が認められない限り，建造物侵入の成立を免れない」旨の判例がある（最高裁判所昭和 38 年 4 月 8 日判決）。

Q7 特定の利用者に貸出を制限できる根拠はありますか?

(1) はじめに

図書館の利用者は,善意の利用者を想定しているとはいえ,中には図書館の利用に関するルールを遵守せずに,他の利用者に迷惑をかける「困ったさん」がいるようです。その場合,図書館職員は個別に対応し,問題の解消に努力するのですが,対処療法ではなかなか根本的に解決することができない場合があります。そこで,ルールを遵守しない利用者に対して,貸出制限等の「ペナルティ」を課すことが考えられます。

ちなみに,ここでいう「ペナルティ」は,行政上の罰則という性格のものではなく,公の施設の利用者間の調整を図るために,ルール違反者に反省を求めるものです。したがって,ルール違反があった場合に機械的に課すべきものではなく,可能な限り抑制的に適用すべきです。

図書館資料の貸借をめぐるトラブルはさまざまで,例えば次のような「困ったさん」がいるようですが,それぞれ次のような法的対応が可能であると考えます。

(2) 返却期限を遵守せず,督促しても容易に返却しない者

このタイプの利用者に対する措置については,既に271ページ以下で述べたとおり,厳しい対応をとることが適当です。そもそも図書館資料は期限を遵守するという前提で貸借されるものであり,期限を徒過すること自体がルール違反です。しかも督促しても容易に返却しようとしないことは,単に他

の利用者の利用機会を奪うだけではなく，その態様によって
は不法領得の意思が認められ，横領罪が成立する可能性すら
あるといってよいものです。

この点で，返却期間を遵守せず，あるいは督促しても容易
に返却しない行為は，図書館資料の貸借に係る迷惑行為の中
でも最も悪質であり，決して看過すべきでない行為です。し
たがって，貸出制限を課すとすれば最も妥当する場合である
と考えます。ただし，こうした対応は延滞の常習者で，しか
も督促しても容易に返却しないような悪質な利用者に限るべ
きです。1，2度返却期限を過ぎたからといってただちに貸出
制限の措置をとった場合には，公の施設の利用権との均衡上
行き過ぎとの非難を受けるでしょう。

貸出制限のためには，例えば次のように具体的な根拠規定
を図書館利用規則に定めておくことが適当です。

（返却を怠った者に対する措置）
第○条　館長は，利用者が図書館資料の返却を怠り，又は
　　返却を要求してもこれに応じないときは，以後の図書館
　　の利用を禁止し，又は制限することができる。

(3)　配架されるのを待って何度も同じ資料を借りていく利用者・同じ資料を何度も借り直して長期間独占する利用者

同じ図書館資料を何度も借り出すことは，適正な手続を経
ていれば，必ずしも非難されるべきものではないと思われま
す。ただし，同じ図書館資料について予約がある場合など利
用希望者がほかにもおり，特定の者が特定の図書館資料を事
実上長期にわたって独占的に借り出している結果，他の利用

者の利用が妨げられているのであれば，やはり何らかの措置を講ずるべきだと思います。現に次の利用希望者がいて予約がある場合には，当該予約をした者を優先させることが適当です。図書館資料は特定個人に独占されるべきではなく，多くの利用者に均等に利用機会が提供されるべきだからです。

そこで，図書館利用者間の適正な利用の調整を行うという観点から，図書館利用規則中に，一定の期間事実上の独占状態を解消するための利用の制限を行うことができる旨の規定を置くことは，許容の範囲内であると考えます。具体的には，次のような規定が適当ではないでしょうか。

（反復継続する利用の制限）
第○条　館長は，特定の図書館資料について，特定の者による利用が反復継続することにより他の図書館利用者の利用に支障が生じていると認めるときは，一定の期間，当該特定の利用者による当該特定の図書館資料の利用を制限することができる。

ちなみに，本件のように特定の図書館資料を継続的に利用する者に対して，他の利用者からの利用希望がある旨を告げて利用の機会を譲るよう要請すれば，理解していただけることがほとんどであろうと思います。ただし，中には「図書館資料の利用は早い者勝ち」，「ちゃんと手続を踏んだのだから問題はないはずだ」と主張し，「利用を制限する法的根拠はあるか」などと反論される可能性も否定できませんので，図書館規則中に明文の規定を用意しておくことが必要でしょう。

なお，貸出期限を延長する制度を設けている場合でも，そ

の延長回数を無制限とすることは適当ではないと考えます。例えば，千葉県立図書館の図書館利用規則では，第6条第5項に「個人貸出しを受けることができる資料の数は，一人一回につき5冊（図書以外の資料の数を含む。）以内とし，その貸出期間は2週間以内とする。ただし，貸出期間内に，当該個人貸出しを受けた者から申出があったときは，2週間以内に限り，その貸出期間を延長することができる」と規定しています。この趣旨も，無制限の貸出期間の延長を認めず，特定個人による事実上の独占的使用を回避し，利用者間の利用機会の公平の確保を意図したものと考えられます。

(4)　自動貸出停止の問題点

　図書館資料を滞納した場合に，一定期間経過後に自動で事後の貸出を停止することは，問題があると解します。

　公立図書館資料の貸借は，民法上の使用貸借ではなく，公の施設の利用関係から生ずるものであり，住民の有する図書館利用権の行使にあたります。したがって，これは公法上の権利行使であって，図書館利用規則に基づいて図書館長が住民の利用権を制限することは，図書館長の行う行政処分に該当するものです。

　行政処分である以上，当該処分の意思表示は相手方に到達していなければ法的効果は発生しませんので，図書館の利用停止が自動的に行われて図書館利用者に利用の停止が通告されないということは，法的に問題があると考えます。

　また，図書館の利用制限が不当と考える図書館利用者は，地方自治法第244条の4の規定により地方公共団体の長に対し審査請求ができます。その審査請求を行うにあたり，図書

館の利用制限処分が通知されていなければ，審査請求自体提起できないことになるからです。

　たとえ，一般的に滞納者に対しては一定期間経過後に自動的に図書館の利用を停止する旨の措置を内部規約として，教育委員会の決裁が済んでいたとしても，それは内部の意思確認であって，個別の図書館利用者は与り知らないことであり，該当する図書館利用者に対して個別に通告しなければ，行政処分の個別処分性に照らしても，利用停止の法的効果は生じないと考えます。

Q8 資料のリクエストを拒否できる根拠はありますか?

(1) リクエストによる相互貸借の恣意的利用

図書館に収蔵されていない図書を住民が利用したいと思う場合に，これを図書館に伝え，設置主体の異なる他の図書館から取り寄せるというサービスは，住民にとってきわめて便利なものであり，図書館の有する特徴的な機能の一つです。住民が図書館に求める資料は多種多様であり，これらをすべて単一の図書館ですべて備えておくことは必ずしも効率的ではなく，財政的な側面からも限界があり，その点では図書館間の相互貸借はきわめて合理的な制度です。その法的根拠は，図書館法第3条第4号に求められます。しかし，他方では，他の図書館に一定の負担を求めることでもあり，いわば「お互い様」の世界の中で行われているものであって，濫用を慎むべきです。こうした図書館間の相互貸借制度の利用で，特に対応に苦慮する事例としては，貸出手配後にキャンセルされることであり，これが頻繁に行われると相互貸借の相手館にとっては大きな迷惑ともなりかねません。

また，他館から取り寄せた図書館資料を貸し出しても即日返却してきて利用した形跡が見られず，これが頻繁に行われる場合，相互貸借の当事者となる図書館の職員にとっては，「せっかく取り寄せたのに」という気分になり，また，真剣に相互貸借を活用して図書館資料を使用する意図であったのか疑問を感じることもあるでしょう。

このような場合に，何らかの対応が可能でしょうか。端的

にいえば，こうした相互貸借の濫用ともいえる状況がある場合に，リクエストを行う利用者に対してそのリクエストを拒否できるかという問題です。

　こうした行為が繰り返されると，いたずらに図書館の経費の増大を招き，また相互協力に応じている他館の信頼を失い，相互貸借の利用がしにくくなるという結果を招きかねません。ひいては他の利用者の迷惑にもなります。したがって，このような行為が繰り返されることに何らの合理的な理由も認められず，客観的には権利濫用に近い状況があるならば，当該利用者のリクエストを拒否しても差し支えないと考えます。

　住民には公の施設の利用権が認められていますが，権利に内在する制約としてその濫用が許されないのは当然であり，憲法第 12 条の規定，民法第 1 条第 2 項および第 3 項にその趣旨は明確に示されています。

　こうした行為を繰り返すことによって図書館職員が困惑するのを期待し，その業務の妨害を意図しているとすれば，当該利用者について刑法第 233 条に規定する偽計業務妨害罪を構成する可能性もあります。

　いずれにしても，こうした行為を繰り返す利用者に対しては，注意を喚起した後，依然として反復継続するようであれば，リクエストを拒否することができると考えます。

　一般的に，図書館利用規則中に，利用者に対し図書館の適正利用を求める規定を置くことは稀であると思いますが，不適正な利用が頻繁に発生し，注意を喚起してもその法的根拠を要求され，かえって開き直られる場合があるとするならば，以下のような規定を置くという方法も考えられます。

（利用者の責務）

第〇条　図書館利用者は，図書館を利用するに際して，図
　　書館利用規則を遵守し，図書館の機能を損なうことにな
　　いように適正に利用しなければならない。

2　図書館利用者は，図書館を利用するに際して，他の利用
　　者の権利を尊重し，正当な理由がなくその利用を妨げる
　　ことのないように配慮しなければならない。

(2)　相互貸借と受益者負担

　以前，次のような質問を受けたことがありました。

　「自館にはない専門書を大量にリクエストする利用者がい
ます。当館は，相互協力のための移動費用は予算化しておら
ず，負担に耐えがたい状況です。しかも，当該利用者は，取
り寄せた資料をほとんど参照せず，その場でペラペラとめく
るだけで，返却してしまいます。こうした場合，利用者負担
を求めることはできるでしょうか。」

　この問題については，以下のように考えてよいのではない
でしょうか。

　他館からの図書館相互協力による図書館資料送付代は，一
般的には借りる館が全額負担することが通例のようです。ま
た，図書館相互利用制度を利用して他館から図書館資料を借
り出した場合，その費用の負担を図書館利用者に求める館と
求めない館があるようです。後者の場合で，特に予算措置を
していない館の場合には，図書館の運営費で当該費用を負担
することとなるので，潤沢な運営費が予算措置されている館
は格別，そうでない場合には他の運営費を削減して賄うこと
となります。

加えて，相互利用制度を活用して他館から取り寄せた資料
をろくに利用もせずにペラペラとめくるだけということになる
と，手間と暇をかけて取り寄せた図書館にとっては，せっ
かくの作業が無にされたと感ずることも多いでしょう。何よ
りも，他の自治体の住民のために自己の住民の用に供する図
書館資料を送付してくれた館に対して，申し訳ないという気
分が生ずることも否定できないでしょう。

　図書館の相互利用は他館との信頼関係の中で成立する業務
ともいえるのであって，他館からの取り寄せを希望する者も
このことを十分認識して制度の趣旨に沿った利用を行うべき
です。他館の好意に依存する制度である以上，相互協力によ
る他館からの図書館資料の貸出は，厳密な意味で図書館利用
権の行使とはいえないと考えます。逆にいえば，図書館は住
民から求められた場合に，当然に相互利用制度を実施しなけ
ればならない義務はなく，他館も相互協力を求められた場合
にこれに応じなければならない法的義務があるわけではない
と考えます。

　もちろん，図書館が一般的には相互協力を行っており，特
定個人について応じないことは，合理的な理由がなければ地
方自治法の公の施設に係る住民の平等取扱いの原則に照らし
許されないことですが，図書館の一般的方針として，およそ
相互協力を実施しないとしても図書館法に違反するわけでは
ないということです。他館との相互協力は，図書館法第3条
に規定する図書館奉仕ではあり，これが行われることは望ま
しいことではありますが，図書館にとっては同条に規定する
図書館奉仕は，当然に行われなければならない法律上の拘束
的な義務ではなく，努力目標にすぎません。

加えて現実の問題として，こうした設問のような事実が積み重なるようであれば，費用的にも無視できない状況になることでしょう。そうであれば，こうした他館からの取り寄せを希望しながら制度の趣旨を濫用しているとも思える図書館利用者から，せめて実費負担を求めたいと思うことも無理のないことと考えます。

　さて，図書館の相互協力に係る資料の移動費用の負担ですが，一般的に受益者負担としたからといって，図書館の無料原則に抵触するものではありません。したがって，一定の基準を設けて利用者に実費負担を求めることは差し支えないと考えます。もちろん，条例の定めるところにより，手数料として徴収することも可能と考えます。次のような基準が考えられます。

① 　一人当たりの取り寄せ冊数
② 　利用者一人当たりの回数
③ 　同一資料の短期間の複数回の取り寄せの制限
④ 　相互貸借を利用して他館から取り寄せた場合の郵送料の負担およびその方法
⑤ 　相互貸借に係る図書館資料の貸出期間の制限

　これらの事項を定めることは，相互貸借制度の濫用を防ぐためにも，他の図書館利用者との公平を維持するためにも望ましい基準ではないかと考えます。

　ただし，念のために申し添えますが，他館からの取り寄せに係る費用負担の有無は，当該図書館の政策方針の問題です。

(3) 高価な図書館資料の購入要望

　利用したい図書が図書館に収蔵されていない場合，その利

用者が当該図書の購入を要望する場合があります。購入希望
図書を申し出ることは特に問題のある行為ではありませんし，
実際，図書館によっては（むしろ多くの図書館で），利用者の意
向を図書館資料の収集に反映させるために，館内に希望の図
書があればリクエストを申し出てほしい旨の掲示がされてい
ます。

　こうした掲示を見た利用者が，相当高価な資料やきわめて
利用頻度の低いと思われる特殊な分野の資料の購入を求めて
きたときに，これを拒否する場合の特段の法的根拠が必要で
しょうか。仮の話ですが，普段から図書館に何らかの不満を
抱いている人がいた場合には，「リクエストを認めておいて，
要請したら断るのか。だったら最初からリクエストなどさせ
るな」といったクレームが出てきそうです。

　当然のことですが，この場合におけるリクエストは申し出
があったすべての資料について購入を約束するものではあり
ませんし，財政的に許されないことは容易に理解できるはず
です。リクエストは図書館資料の選定に際して参考にするも
のですから，結果として利用者の要望が容れられる場合もあ
りますし，そうでない場合もあります。

　購入希望の資料をそのとおりに購入するかどうかは，基本
的に当該図書館の裁量によるものであり，リクエストはその
裁量権を制約するものではありません。ただし，リクエスト
制度を設けている以上，希望図書を購入しない場合には，何
らかの形でその経緯を説明することが望ましいとは思います。

　また，図書館において図書館資料選定基準を設けている場
合で，それが公開できる内容であるならば，図書館のホーム
ページなどであらかじめ明らかにしておくという方法もある

かもしれません。それが可能である場合，例えば，あまりに高価な図書や利用頻度の低い特殊な分野の図書は収集の対象としない旨の基準が設けられているのであれば，それをリクエストした利用者に示して理解を求めるという方法が最も穏当かと思われます。いずれにしても，誠実に説明するに如くはありません。

　それでも，法的根拠を示せといわれれば，図書館長の図書館管理運営権限によるといわざるを得ないでしょう（図書館法第13条第2項）。

(4)　同じ資料の予約，キャンセルを繰り返す利用者

　同じ図書館資料について予約，キャンセルを繰り返し，実際には借りない利用者がいるが，どう対応すべきでしょうか。

　本件のような場合には，図書館利用権の濫用にあたるとして，予約を拒否して差し支えないと考えます。

　図書館資料について予約とキャンセルと繰り返すことは，一種の愉快犯的行為と解され，正当な理由がなければ，当該行為は図書館業務の支障となるものであり，このことは一般人であれば通常容易に認識が可能でしょう。積極的に図書館業務を阻害してやろうと考えているかどうかは必ずしも明らかではありませんが，図書館業務にマイナスの影響を与えることがあってもかまわないと考えていると判断されるところです。そうすると，未必の故意が認められ，刑法第233条に規定する偽計業務妨害罪が成立する可能性がありますので，当該利用者を図書館に出頭を求め，予約とキャンセルを繰り返す理由を糺した上で，合理的な説明がなされなければ，刑法に抵触する可能性があること，あわせて直近の予約を認め

ないと告知することが適当と考えます。

　もちろん，当該利用者には図書館に出頭して理由を説明する法的義務はありませんが，図書館長としては，当該利用者の行為が偽計業務妨害罪に抵触する可能性がある以上，加えて図書館の円滑な業務執行に支障があると認められる以上，これを放置することは適当ではありません。一連の行為について合理的な説明を求めたにもかかわらず，当該利用者が説明をすることなく，今後当該利用者から適正な図書館資料の予約が期待できないという心証を得た場合には，図書館利用規則の秩序維持に関する図書館長の権限を規定した条文に従い，今回の予約を拒否し，次回の予約を受けないことは可能と考えます。

　また，当該利用者から，「図書館資料の予約を行いこれをキャンセルすることは住民の権利である，どのように権利行使をしようと自分の勝手であるので，非難されるいわれはない」といった反論がありえます。これに対しては，「あなたの行為は権利濫用にあたり，図書館利用規則上の『館長の指示に従わないときは，図書館の利用を拒否し，又は退館を求めることができる』旨の規定に該当する」と回答すれば足ります。

　なお，予約の拒否は直近のものに限り，将来にわたる一定期間の図書館利用の差止めまでは行うべきではないと考えます。一定期間の利用停止は，図書館の利用停止が懲罰的な意味を持つことになり，図書館利用規則の限界を越え，地方自治法第 14 条第 2 項に規定する「義務を課し，又は権利を制限する」場合にあたり，条例事項ではないかと考えられるためです。図書館利用規則は，「地方教育行政の組織及び運営に関する法律」第 33 条の規定により，教育委員会に委任された規

則制定権に基づき制定されるものであり，同規則は教育委員会への委任の範囲を「教育機関の管理運営の基本的事項」としているのであって，罰則の制定まで委任しているとは解釈しがたいと考えます。

(5) リクエストと裁判－熊取図書館事件

　利用者によるリクエストを図書館が拒否して，裁判になった事例があります。

　この訴訟は，大阪府熊取町の設置する町立図書館（以下，「熊取図書館」）により，町民である利用者が図書館資料の提供を拒否されたとして，当該利用者が熊取町に対し国家賠償法に基づく損害賠償を請求した事件です。

　原告は，熊取図書館が行った図書館資料の除籍措置が除籍基準に該当するかどうかを調査するため，情報公開制度を利用して入手した除籍図書リストに基づき，熊取図書館に収蔵されていない図書館資料についてあえて同図書館に貸出申請を行いました。熊取図書館は，当初はこれらの資料を大阪府立図書館その他の図書館から取り寄せて提供していましたが，その後，①本件貸出申込みが通常・一般の正常な公立図書館の利用の趣旨および目的を逸脱していること，②本件貸出申込みに応ずることにより熊取図書館の業務および費用の負担が増大すること，を理由に爾後の申請を拒否したところ，原告が，図書貸出拒否行為は違法であるとして損害賠償を請求したという事件です。

　第1審の大阪地方裁判所は，①公立図書館は住民に対して思想，意見その他の種々の情報を含む図書館資料を提供してその教養を高めること等を目的とする公的な場であって，住

民も公立図書館から図書館資料を受けることにつき法的保護に値する人格的利益を有する，②利用者から収蔵されていない図書について利用者から図書貸出の申込みを受けた場合も，大阪府立図書館その他の図書館から当該図書の協力貸出を受けて利用者に貸し出すかどうかの判断は，館長の自由裁量に委ねられているものではなく，熊取図書館において収蔵している図書について利用者から図書貸出の申込みを受けた場合に準じ，図書館法その他の法令規定に基づいて決せられる必要があるとして，正当な理由がなく利用者の申込みを拒否するときは，利用者の人格的利益を侵害するものとして賠償責任が発生する，と判示しました（大阪地方裁判所・平成19年6月8日）[1]。

　私見によれば，この判決内容にはいくつかの疑問点があります。まず第1に，原告の貸出請求は図書館法の趣旨に照らし逸脱しているのではないかとの被告の主張に対し，きわめて形式的・非論理的に判断していることです。すなわち，「熊取図書館における協力貸出しを通じた貸出しの制度は，利用者から貸出申込みのあった図書を熊取図書館が収蔵していない場合があることを想定している制度である」から，原告の申込みは，図書館の利用の趣旨および目的を逸脱してはいないとしています。しかしながら，原告の本件貸出申込みは，図書館資料を利用するためのものではなく，図書の除籍措置が除籍基準に適合しているかどうかを調査するため，換言すれば，財産管理が適正に行われていないのではないかとの疑問に基づき，財産管理の適正を期すための手段として行われたものです。

　現に原告は，熊取図書館の運営を批判して，図書館費用の

削減を呼びかけるビラを街頭で配布するほか，地方自治法に基づく住民監査請求を行っており，それが認められなかったことは裁判所自身が認定しています。そうすると，原告による貸出請求の意図が図書館法の想定する図書館資料の利用にないことは明らかなはずです。しかし，そのことについて，協力貸出制度がある以上問題はないといわんばかりの大阪地方裁判所の判断は，十分な説得力があるとは思えないのです。

　少なくとも，大阪地方裁判所は「図書館における図書館資料の利用は，当該図書館の業務を意図的に妨害するような態様でない限り，その意図いかんにかかわらず，尊重されるべきである」などの説示を行うべきではないでしょうか。すなわち，大阪地方裁判所が本件の貸出申込みを是とするのであれば，図書館法の立法者意思を踏まえて詳細に理論を展開した上で，「明白な権利濫用に当たらない限り，図書館において利用者の利用の意図は問題とならず，たとえ図書館資料の利用しないような目的外の貸出申請であっても，図書館法はこれを尊重する趣旨である」といった判断を示すべきでしょう。

　また，大阪地方裁判所は，原告の貸出申込みが調査目的であることを認定した上で，「かかる行為は，『図書館……の健全な発達を図り，もって国民の教育と文化の発展に寄与することを目的とする』と規定する図書館法1条の趣旨から逸脱することが明らかとは言えず」として，被告が主張する「本来の協力貸出しを通じて行う貸出しと明らかに相違した，極めて特殊・限定された異常なもの」と評することはできない旨判示していますが，そのように判断した根拠は示されておりません。大阪地方裁判所の理解によれば，住民監査請求的な目的による図書館資料の貸出申込みも，図書館法の趣旨目

的に抵触しないということですが，このような理解は図書館法の趣旨・目的に照らし正当なものとは思えません。

　図書館法の趣旨・目的は，第一義的には図書館の設置および運営に関して必要な事項を定めることであり，図書館奉仕の内容，図書館の組織，専門的職員の資格・研修，公立図書館の組織を明らかにすることを通じて，図書館の健全な発展を図り，究極目的である国民の教育と文化の発展に寄与するという法構造となっています。それにもかかわらず大阪地方裁判所の判決の中には，原告の住民監査請求的な（換言すれば，財産管理の適正さを求める）調査目的による図書館資料の貸出申込みが図書館法第1条の趣旨・目的とどう合致するのかについて何らの言及もなく，唐突感を払拭できません。あえていえば，論理的な説明になっていないと考えます。

　さらに問題なのは，大阪地方裁判所の図書館における相互協力，図書館長の権限，図書館利用の本質，住民の図書館利用権に対する理解が不十分ではないかと考えられることです。

　収蔵していない図書館資料を他館から取り寄せ提供するサービスは，異なる図書館同士の相互協力によって実現されるものですが，他館にとっては，こうした相互協力に応ずることが望ましいとはいえ，これに応ずることが図書館法上の義務として位置づけられているとは思えません。したがって，協力を要請された図書館は，自館の管理運営上支障があるとの理由から，これを拒否することができると考えます。

　また，住民が図書館を通じて求める資料や情報にアクセスする権利は最大限に保障されるべきであり，個別の図書館において図書館同士の相互協力により他館に収蔵されている図書館資料を貸出申込みにより利用できる制度を図書館規則等

により定めている以上，住民にこの制度の利用を求める権利があることは疑いがありませんが，その具体的な行使の場面において，館長の裁量権に基づく制約がまったく認められないというのは疑問です。

　すなわち，図書館同士の相互協力は，前述のとおり，義務として行われるものではなく，相手方の協力が不可欠です。そうした制度の具体的な運用は，他館との信頼関係を維持し，制度の円滑な運営について責任を有する図書館長が一定の裁量権を行使し，ときとして他館の収蔵する図書館資料の貸出申込みについてこれを行わないという選択が行われてもやむを得ない場合がありうると考えます。

　今回の貸出申込みは，貸出を求める図書館資料を通常の用法に従って利用するのではありません。相手方の図書館に収蔵されている図書館資料を積極的に利用するためにではなく，熊取図書館の図書の除籍の当否を判断するために借りようとするのであって，熊取図書館の館長が他館の利用者の利用を妨げてもこれを行うことは適当ではないと判断したことは，それなりの合理性が認められるというべきです。この点について詳細な検討をすることなく，図書館長の図書館の運営に関する裁量権を一言の下に否定することは，審理不尽というべきであり，何よりも図書館長の権限と責務に対する十分な理解をしていない証左ではないかと思われます。

　いうまでもなく，住民は地方自治法上公の施設に対する利用権が認められており，原告が主張するように，理由のない差別的取扱いは禁止されています。しかし，権利にはそれに内在する制約があり，その認められた趣旨目的に従って適正に行使する責務があるというべきです。原告は，熊取図書館

の運営に不満があり，その運営経費を削減すべきであるとの考えから，図書館に収蔵されている図書館資料が不適切に除籍され廃棄されているとの認識に基づき住民監査請求を行っており，これが理由なしとして棄却されたのであれば，本来住民訴訟をもって除籍手続の違法不当を争うのが法制度の趣旨というべきでしょう。

　原告は財産管理の適正を確保するという公的利益を追求するために本件貸出請求を行ったものであり，本来であれば客観訴訟である住民訴訟をもって自己の主張の是非を争うべきところ，貸出を拒否されたという私的な「権利侵害」を理由に今回の損害賠償請求訴訟を提起しました。訴訟の形態を選択することは住民の権利とはいえ，本来の図書館利用とは明らかに異なる動機により，相当量の図書館資料の貸出を請求する行為は，教養，調査研究，レクリエーション等に資すると規定する図書館法第3条の図書館の役割とは相容れないというべきです。こうした行為が図書館法の趣旨・目的に合致するとの判断は，図書館利用権の本質に対する的確な理解とはいえないと考えます。原告が住民監査請求の棄却を不満とし，さらなる監査請求の材料を収集するために，本件貸出申込みをしたことは明白であり，その実質的負担を他館に負わせることは，住民による図書館利用の権利として保護に値するといいうるかどうか，大阪地方裁判所はより精緻な審査をすべきであったと考えます[2]。

注

1)　熊取町はこの判決を不服として，大阪高等裁判所に控訴したが，その後和解が成立した（平成19年11月20日）。ただ，当該和解の条項の

中に「控訴人（＝熊取町）は被控訴人（第1審における原告）の図書館利用申込みに応じないことが不適切であったことに対し，遺憾の意を表明し」とあるのは，今後に問題を残すものではないかと懸念する。

　和解である以上，互譲することはやむを得ないのであって，また，法的判断の他に政策的判断があっても不思議ではない。しかし，和解が成立したとしてもこれで一件落着ではなく，熊取図書館を所管する熊取町教育委員会は，上記の和解条項について，何が不適切であったのか，どのようにすることが適切であったのか，そして今後どのような措置を講ずるべきなのかを明確にする責任があると考える。

　今回の和解は，大阪高等裁判所からの和解勧告によるもののようであるが，仮に当該勧告に応じなかった場合に，敗訴が想定されたのかどうか，そしてその敗訴の結果，今後の図書館運営に支障が生ずるものと認識したのかどうか，気になるところである。これらの点についても，町教育委員会は住民に対し説明責任を負い，また図書館職員に対しても和解に至った判断の根拠を明らかにする責務があるのではなかろうか。

2)　ちなみに，大阪地方裁判所は，国家賠償法の適用の根拠となる権利侵害について，船橋西図書館事件における最高裁判所判決を引用して「公立図書館が住民に対して思想，意見等その他の種々の情報を含む図書館資料を提供してその教養を高めること等を目的とする公的な場」とし，「住民も公立図書館から上記のような図書館資料の提供を受けることにつき法的保護に値する人格的利益を有すると解される」としているが，これは本件における原告の権利侵害を根拠づける説明として適当かどうか疑義がある。

　船橋西図書館事件における最高裁判所判決は，確かに公立図書館を「住民に図書館資料を提供する公的な場」と位置づけているが，それは「そこ（＝公立図書館）で閲覧に供された図書の著者にとって，その思想，意見等を公衆に伝達する公的な場でもあるということができる」としたうえで，著作者の法的権利について「法的保護に値する人格的利益を有する」と論証するための論理的展開の中の一部である。同判決は，続いて次のように判示している。

　　「公立図書館の図書館職員が閲覧に供されている図書を著作者の思想や信条を理由とするなど不公正な取扱いによって廃棄することは，当該著作者が著作物によってその思想，意見等を公衆に伝達する利益を

不当に損なうものといわなければならない。そして，著作者の思想の自由，表現の自由が憲法により保障された基本的人権であることにもかんがみると，公立図書館において，その著作物が閲覧に供されている著作者が有する上記利益は，法的保護に値する人格的利益であると解するのが相当であり，公立図書館の図書館職員である公務員が，図書の廃棄について，基本的な職務上の義務に反し，著作者又は著作物に対する独断的な評価や個人的な好みによって不公正な取扱いをしたときは，当該図書の著作者の上記人格的利益を侵害するものとして国家賠償法上違法となるというべきである。」

他方，大阪地方裁判所は，公立図書館を「公的な場」と評価したことはともかく，そうした公立図書館から住民が図書館資料の提供を受けることを，その実質的内容の如何を検討することなく，「法的保護に値する人格的利益」と即断している。

公立図書館は，いうまでもなく地方自治法上の公の施設であり，住民の図書館を利用する権利は，地方自治法上の公の施設の利用権としての保護を受けるべきである。したがって，住民が公立図書館の利用を不当に制限されたり拒否された場合には，まず公の施設の利用権に対する侵害と構成することができる。

一方，住民の有する，図書館法が典型的に予定する形態による図書館を利用する権利は，憲法上保障された国民の学習権の具体的発現ということができ，それを公権力の主体（図書館長）が不当に侵害するのであれば，それは基本的人権の侵害という側面も併せ有するものである。

しかしながら，大阪地方裁判所は，「（図書館利用者の）法的保護に値する人格的利益」とは憲法上どこに位置づけられるのかについては，何らの説明も行っていない。仮に公立図書館の利用関係について，学習権以外の人格的利益があるというのであれば，その憲法上の根拠を明確にすべきであろう。また，原告の調査目的による図書館資料の提供を求める行為がこの「法的保護に値する人格的利益」に当たるのかどうかについても，十分な説明が行われているとはいい難い。

大阪地方裁判所の判決においては，図書館資料という教育財産が適正に管理されているかどうかの調査を目的として原告が行った図書館資料の提供を求めた行為を，地方自治法上の公の施設の利用権の侵害と構成せず，公の場である図書館に対する図書館資料の提供を拒否されること

が「法的保護に値する人格的利益」とし，その法的な説明として「公的な場である図書館から資料提供を受ける住民の権利は，法的保護に値する人格的利益」と整理したのであって，実体法的な説明が欠如しており，憲法，図書館法，地方自治法等の関係法令の相互関係について十分な検証が行われておらず，到底精緻な理論構成が行われているとはいえないのであって，論理に飛躍があるといわざるを得ない。少なくとも説明不足としての批判は免れないと考える。

Q9 館内外で事故が起きたとき，賠償責任の及ぶ範囲はどうなるでしょうか?

(1) はじめに

図書館は自由使用を原則とする施設ですから，多くの市民が利用します。したがって，その中で利用者同士により，あるいは図書館管理運営の不手際から，何らかの事故が生ずることがありえます。その場合の賠償責任の問題を概観することとします。以下に5つの事例を取り上げます。基本的にいずれも国家賠償法の適用を受けるかどうかという問題に帰着します。

(2) 図書館開館時に利用者が殺到し転倒した場合

例えば，図書館が学習室を設置している場合，夏休み，冬休み，定期試験の前などに学生が冷暖房の効いた良好な学習環境を求めて，長い列ができたりすることがあります。そして開館と同時に，座席を確保するために殺到し，転んだり押し倒されたりして怪我をしたり，めがねなどを壊されたりする者が出た場合，図書館が何らかの責任を負うのでしょうか。

開館と同時に学習室に殺到することが常態となっていることを図書館で承知しており，これに対して適切な対応をとっていなかった場合には，施設の設置・管理に瑕疵があったとして，国家賠償法第2条の規定により図書館の責任が問われ，当該図書館を設置した自治体に損害賠償責任が生ずることは十分考えられます。

同法第2条第1項は「道路，河川その他の公の営造物の設

310

置又は管理に瑕疵があったために他人に損害を生じたときは，国又は公共団体は，これを賠償する責に任ずる」と規定しています。この場合における「設置又は管理の瑕疵」とは当該施設の通常の利用者の判断能力や行動能力，設置された場所の環境等を具体的に考慮して，当該施設が本来備えるべき安全性を欠いている状態をいいますが，施設そのものの構造上の欠陥だけではなく，これを運営する側に適切な管理上の配慮が欠けていた場合も含むものです。

　したがって，開館時に学生たちが我勝ちに学習室に殺到することを承知していながら，あるいは，過去に負傷者や器物の損壊事故が発生したことがあったにもかかわらず，例えば整理券を配布するとか，職員を開館時に配置して整理にあたらせるとかの対策をとらずに漫然と放置していたとすれば，国家賠償法第2条の責任は免れないと思われます。

(3)　館内で子どもが走り回り，子ども同士がぶつかって怪我をした場合

　図書館に児童室が設置されている場合などには特に子どもの来館が多くなります。また，子ども向けのお話会などのイベントが図書館内で行われることもあるでしょう。子どもといえども図書館内ではルールを守り，マナーに従って行動することが求められますが，子どもの特性として常におとなしく行動することができるものでもありません。保護者が同行していれば，当該保護者は子どもの行動を適切に制御して，図書館内では静謐を維持するようにしなければなりませんが，つい目を離した隙に子ども同士でふざけあったり，館内を走ったりすることはないとはいえません。図書館では，そのこ

とを念頭に置いた管理が求められます。

　子どもがいる場合には，職員が館内を常に巡回せよとまでは求められないとしても，子どもがふざけあったり，館内を走り回ったりしはじめたことを認知した場合には，ただちにその子どもたちまたはその保護者に対し静粛にするよう注意を喚起する必要があります。

　特に図書館が主催して子どもを対象とする読書会・お話会などを開催した場合には，子どもが参加することで通常よりも館内の子どもの数が増え，子どもによるトラブル発生の確率が通常よりも高くなるわけですから，一層細やかな配慮が要求されることになります。

　ただし，子どもに起因する事故であっても，子どもが図書館の施設を通常予測し得ないような異常な方法で使用したり，行動した場合の事故についてまで，図書館がその発生を防止する義務があるわけではありませんから，そのような場合には賠償責任は否定されるでしょう。例えば，子ども同士が突然に喧嘩をはじめ，職員が制止するまもなく，いきなり他方が相手方を階段から突き落としたような場合にまで，図書館が管理責任を問われるとは思えません。

(4)　館内で盗難事件が発生した場合

　例えば，閲覧室に手荷物を置いたままトイレに立ったり，書架に図書館資料を戻したりするほんのちょっとの間に，その手荷物が盗難にあったりすることがありえますが，この場合に，被害者が図書館の管理責任を負うかどうかの問題です。

　結論からいえば，基本的に置き引きなどの防止は図書館利用者が自己責任で行うべきものと考えます。貴重品を身の回

りから離さないようにすることは被害防止のイロハですし，貴重品の自己管理を適切に行うことが犯罪機会を与えないことにつながるものです。

　一方，図書館においても，ロッカーを整備するなどの必要な手当をすることで，盗難事故の相当部分を防止することができるはずですから，館内に置き引きに注意するよう注意喚起の掲示を行うとともに，必要な施設整備を行うことが適当です。

　しかし，ロッカーを備え付けていなかったからといって，それがただちに施設の設置の瑕疵とはいえませんし，また，職員や警備員に館内巡視を行わせないことが当然に管理の瑕疵にあたるともいえないと考えます。既に述べたとおり，施設の設置管理の瑕疵とは，当該施設の通常の利用者の判断能力や行動能力，設置された場所の環境等を具体的に考慮して当該施設が本来備えるべき安全性を欠いている状態をいいます。そうすると，図書館利用者に離席の際には貴重品を携帯すること等の自己の所有物の適正管理を求めることは過大な期待とは思えませんし，図書館は銀行などとは異なり貴重品を持参することが通常の利用形態ともいえないのですから，盗難事故にあったことが即施設の管理瑕疵のためであるとまではいえず，また，図書館が館内における利用者の被害を防止するためにあらゆる対応をとることまで求められているとは到底いえないと考えます。

　また，図書館の構造上の欠陥のために，犯罪を誘発しているという特異な状況も考えにくいことです。閲覧室が静謐を保持するために，多数の利用者が頻繁に通行する書架から離れたところに設置されていて，しかも，隔壁などで他からの

視線を遮るような構造となっていた場合には，盗難事故にあった利用者が，これを構造上の欠陥として，国家賠償法第2条に基づき損害賠償を要求する可能性はなしとしませんが，その構造と盗難事故とが損害賠償を認めるに足りる相当の因果関係を有するとまでいえるかどうかは疑問です。

ただし，訴訟自体を抑制することはできませんから，こうした事件が発生した場合には，危機管理の観点から，隔壁を撤去し，あるいは見通しのよい構造とするなどの対応が求められるものと思われます。

利用者の所有物のほか，図書館の高価な備品の盗難その他の犯罪を防止し，あるいは犯罪捜査のために図書館内に監視カメラを設置することが考えられますが，慎重な判断が必要でしょう。最近，公共施設に監視カメラを設置する例が少なくないようですが，特に録画機能のついた監視カメラは，監視のあり方が一過性ではなく，録画した映像を保存することで他の目的に容易に転嫁される危険性を構造的に有するものであって，肖像権やプライバシーの侵害の危険性が高いものです[1]。利用者の秘密を守ることを重要な使命としている図書館において，こうした危険性の高い監視カメラを設置することは，自己矛盾と評価されるように思われます[2]。

(5) 自転車置き場で利用者の自転車にいたずらされた場合

図書館の駐輪場に停めてあった自転車がいたずらにあった場合に，図書館は管理責任を負うのか否かがここでの問題です。結論からいえば，図書館に管理責任はないと考えます。

図書館はその利用者の便宜のために駐輪場を設置することが多いでしょうが，これは，図書館の施設の一部としての駐

輪場を無償で提供しているにすぎず，利用者と図書館との間で，例えば民法第657条に規定する寄託契約（受託者が寄託者のために物を保管することを約し，その物を受け取ることによって成立する契約）が成立しているとはいえません。

　また，国家賠償法第2条に規定する「公の営造物の設置又は管理に瑕疵があった」かどうかについても，否定されるべきです。特に管理については，公の施設の利用者が利用する駐輪場について，その自転車がいたずらや盗難にあわないように，職員や警備員を配置し，監視カメラを設置するなどの万全の防止策をとることまで求められるとは考えられません。

　すなわち，図書館の駐輪場の利用関係は，図書館利用者がその目的に従い自由に使用することができますが，そのかわり自転車の管理は自分自身の責任において行うことが黙示的に了解されているというものです。図書館利用者は，自分の自転車については，自己の責任において，必要な施錠等の盗難防止策を講ずること等の管理を行う前提で使用を認められています。

　ただし，自転車等のいたずらや盗難が頻繁に発生するというのであれば，これを漫然と放置することも適当とは思えません。施設管理権による対応の一つとして，可能な範囲で職員が交代で巡回するとか，注意喚起の掲示を行うことが適当と考えます。

(6)　図書館の入口につながれた利用者のペットの犬が咬傷事故を起こした場合

　そもそも，ペットを連れて来館し，しかも多くの人が出入りする入口付近につないでおくという軽率な行為が咬傷事故

を起こした遠因であり，それによって生じた事故については飼主こそが非難されるべきです。すなわち，動物の飼主は，当該動物による人の生命等に対する侵害を防止するために必要な措置を講ずるべきであり[3]，特に公共空間に犬を連れて外出するときには，犬は不特定多数の者と接触することとなりますから，他人に危害を加えないようにより一層慎重な配慮が必要です。こうした配慮が不十分であることによりペットの犬が咬傷事故を起こした場合の責任は，第一義的に飼主こそが民法上の不法行為責任を負うべきです。

　図書館の入口近くにつないだ犬が他の来館者を咬んで負傷させたとしても，公の施設の管理がそのような事態までを予想し適正な対応をとることまでを求めているとは考えられず，図書館の管理に瑕疵はなかったというべきです。ただし，図書館職員が他の利用者から犬が図書館の入口付近につながれていることを知らされていたにもかかわらず，漫然とこれを放置している間に咬傷事故が発生したとすれば，その間に図書館利用者の安全保持のために適切な措置を講じることができたのに危険な状態を長く放置していたということで，図書館の管理に瑕疵があったというべきでしょう。

注
1)　図書館等の公共空間を監視対象とする監視カメラは，公共空間を利用する者の承諾を受けずに映像を撮影し，または記録するという機能から，肖像権およびプライバシー（自己情報コントロール権）を侵害する性質を有するとされている。そのため，監視カメラを設置する公益的理由を持った主体だけが設置すべきであり，無制限に設置することは許されないという議論もある（『法律時報』75 巻 12 号「監視社会と市民的自由」）。
　イギリスなどでは，駅や空港のほか道路，公園に至るさまざまな公共

空間で監視カメラが設置されているようであるが，それは爆発物による無差別テロが発生するなどの現実的な危険が存在したためと理解することができるし，市民は自己の映像について監視カメラの設置主体に対しアクセスする権利が保障されていると聞く。

　わが国では，大阪・西成の監視用カメラ撤去等請求事件（平成 6 年 4 月 27 日大阪地方裁判所判決）において，裁判所は，京都府学連事件の最高裁判所大法廷判決（昭和 44 年 12 月 24 日）を踏まえ，「犯罪予防の段階は，一般に公共の安全を有するおそれも比較的小さく，録画する必要性も少ないのであって，このような場合に無限定に録画を許したのでは，右自由を保障した趣旨を没却するものであって，特段の自由のない限り，犯罪予防目的での録画は許されないというべきである」と判示している。

2）　公立図書館においても，図書館資料やさまざまな機器を一般の住民等の自由な利用に供している以上，盗難にあう可能性もまた高く，また実際に多くの図書館資料が盗難にあっている実態があって一般の書店その他の商店と変わるところはなく，自治体の財産を守るとの観点から監視カメラの導入は許されるという反論もあろう。しかし，民間事業者が経営する書店その他の店舗とは異なり，公立図書館は商品として図書館資料を展示しているものではなく，その財産の保全は営業権を守るという側面からではなく，図書館利用者の利用機会を奪わないという観点から行われるべきものである。

　したがって，図書館については公共空間における監視カメラの導入の是非という視点が不可欠であること，および従前から利用者のプライバシーを最大限尊重するという管理運営を行ってきた経緯にかんがみると，図書館における犯罪防止等を理由とする監視カメラの設置は，より人権侵害の可能性の低い抑制的な手段を講じてもなお，犯罪行為を防止できない状況が存在し，これを放置することで図書館の設置目的が効果的に達成できず，住民等による図書館利用に大きな支障が生ずるとの状況に至ってはじめて検討すべきものであると考える。

3）　動物愛護法第 16 条でその旨規定されている。また，千葉県犬取締条例第 3 条では「飼い犬を他人の身体又は財産に危害を加えないように係留し」なければならない旨規定している。

Q10 複製機器の利用に関するトラブルへの対処法を教えてください

(1) はじめに

　図書館における複製サービスは，図書館[1]にとって少々悩ましいものかもしれません。図書館法第3条各号に規定する典型的な図書館奉仕には含まれておらず（もっとも，図書館法制定当時の1950年には，複製機器を使った複製サービスはそもそも想定できなかったためかもしれません），しかし利用者からは複製サービスの実施が期待されているでしょうから，その意向はまったく無視はできないものでしょう。図書館の現場では，依然として複製サービスに起因するトラブルは少なくはないようで，その法的整理が必要とされる所以です。

　複製サービスに係るトラブルには次のようなものが考えられます。以下，分説することとします。

(2) 利用者から図書館資料の複製サービスの範囲や部数について苦情が寄せられている場合

　図書館利用者の中には複製サービスについて，特定の図書館資料の全部や複数部数の複製を求めることがあるようです。その場合，図書館職員が部分的な複製しかできないことおよび提供部数も1部であることを説明しても納得せずに，当該図書館職員を罵倒したりする利用者があると聞きます。

　図書館は，著作権法第31条第1項第1号の規定により，図書館利用者のために図書館資料のうち著作物について複製サービスを行うことができます。すなわち，同項は「図書，記

318

録その他の資料を公衆の利用に供することを目的とする図書
館……においては，次に掲げる場合には，その営利を目的と
しない事業として，図書館等の図書，記録その他の資料……
を用いて著作物を複製することができる」と規定し，同項第
1号に「図書館等の利用者の求めに応じ，その調査研究の用
に供するために，公表された著作物の一部分（発行後相当期間
を経過した定期刊行物に掲載された個々の著作物にあっては，その
全部）の複製物を一人につき一部提供する場合」と規定して
いますので，図書館利用者が不満であったとしても，図書館
職員は当該利用者の言い分に妥協する必要はありませんし，
また譲歩することもできません。特定の利用者についてのみ
不利益に扱うのであればともかく，すべての利用者に公平に
扱うのであれば，問題はありません。

　図書館が行う複製サービスが許容される法的根拠は著作権
法ですが，実際に行う複製サービスは図書館と図書館利用者
との民事契約によるものであって，図書館は図書館利用者の
要求に応じて複製サービスを行う法的義務があるわけではあ
りません2)。あくまでも，複製サービスは，当事者の合意に
よって（実際には，図書館が提示する条件を利用者が認諾すること
によって）提供されるべきものなのです。したがって，図書館
が提示した条件（1回に複製するページ数の上限，料金等）を利
用者が納得できなければ，図書館は複製サービスを拒否でき
るのであり，図書館利用者がこれを批判することは法的には
根拠のないものです。図書館は，複製サービスに関する約款
を定め，これに従って粛々とサービスを提供すれば足り，利
用者の意向に左右される必要はありません。

　なお，危機管理上は，あらかじめ複製機器の近くの見やす

い場所に複製に係る約款を掲げておいて，疑問のないように
しておくことが得策です。

(3) 複製サービスの仕上がりが悪いとのクレームがあった場合

　複製サービスを行う場合にその関係を規律するのは，上述
のとおり民法です。図書館が設置した複製機器を利用者が自
ら使用して複製しその料金を支払う場合と，利用者が図書館
資料を図書館職員に示して図書館職員が複製を行う場合とが
ありえますが，契約に関する理解には差が生じます。前者は
複製機器の使用契約的な形態をとっており，後者の場合は一
種の請負契約的な外観を示すことになります。したがって，
複製物の成果に関する具体的な問題は，民法の該当規定に従
って処理すれば足りるものです。

　すなわち，前者であれば，複製機器の不具合の結果複製の
仕上がりが悪い場合には，当該複製機器の設置管理をしてい
る図書館側の責任ということになるでしょうし，複製機器の
性能に何の問題もなく利用者の使用方法の誤りによるもので
あれば，利用者本人の責任となるでしょう。また，後者の場
合であれば，そもそも図書館職員が適切にコピーをすること
ができなかった結果でしょうから，図書館は完全な複製を提
供する義務があります。

　最近は，コイン式の複製機器が図書館に設置され，利用者
が自ら当該複製機器を操作して複製することがほとんどのよ
うですので，複製を失敗した場合にはその損失は利用者に帰
属することが通常でしょう。ただし，複製機器の操作に慣れ
ていない利用者が，そのことに起因する複製の失敗について

も図書館の責任であると主張することもあるでしょうから，使用方法をやさしく解説した掲示物と，複製は自己責任で行うべき旨を明示しておくことが適当です。

　ただし，いずれの場合も，著作権法第31条第1項第1号の規定により行われる複製行為ですから，図書館の支配下において，当該サービスは図書館が主体的に管理するサービスであると認識すべきです。特に，図書館が設置した複製機器を利用者が自ら使用して複製しその料金を支払う場合には，単なる複製機器の貸借や複製の場所の提供と誤解される可能性がありますが，図書館において図書館資料を複製できる法的根拠は，あくまでも著作権法であり，実際の複製のしかたがどうあれ，同法第31条第1項第1号の規定により図書館が利用者の求めに応じて複製サービスを提供しているという法的構成に差はないからです。

　したがって，コイン式の複製機器を設置する場合でも，図書館資料の複製については利用者から申請書を提出させ，利用者が複製を終了したときに複製箇所が申込書のとおりであるかを図書館職員が確認するなどして，利用者による複製を図書館のコントロール下に置く工夫が必要です。図書館においては，実際にそのような処理をしていることがほとんどであろうと思われます。

(4)　利用者が一般の書店では入手不可能な資料を全部複製したいと申し出た場合

　著作権法が図書館に著作物の複製を認めているのは，次の場合のみです（著作権法第31条第1項）。

①　図書館等の利用者の求めに応じ，その調査研究の用に供

するために，公表された著作物の一部分（発行後相当期間を
経過した定期刊行物に掲載された個々の著作物にあっては，その
全部）の複製物を一人につき一部提供する場合

② 図書館資料の保存のため必要がある場合

③ 他の図書館等の求めに応じ，絶版その他これに準ずる理
由により一般に入手することが困難な図書館資料の複製物
を提供する場合

事例の場合は，上記のいずれにも該当せず，著作権法の認
めていない図書館サービスの類型と判断せざるを得ません。
すなわち，対象となる図書館資料が絶版であって入手できな
い類の図書館資料といえども，図書館利用者の申し出に応ず
る形で，すべてを複製することは許されないと考えられます。

したがって，例えば，対象となる図書館資料を，期日を空
けて数回にわたって全部を複製しようとした場合，当該複製
行為は著作権法の脱法行為ということになります。図書館職
員は，複製申込書を適正に管理し，こうした脱法行為が行わ
れないように配慮すべきです。

ただし，複製が相当の期間を空けて行われるような場合な
どには，複製申込書を電子的な手法により管理するなどして，
申請があった場合には前回の申請状況がただちに検索できる
ようなシステムをとらない限り限界があり，実際にはこうし
た作業は相当の困難さが伴うこととなります。通常の注意義
務を尽くした上で，なおこれを回避できなかった場合，脱法
行為を阻止し得なかったことをもって図書館職員の対応が非
難されるのは，酷であるように思われます。

なお，複製機器の近くの見やすい場所に，対象となる図書
館資料を，期日を空けて数回にわたって全部を複製しようと

した場合も著作権法違反である旨を掲出しておくことが，無用なトラブルを回避する一方法であると思います。

(5) 「図書館資料は図書館内では全部複製ができないのに，館外では事実上野放しである。それであれば，図書館内でも全部複製を認めるべきだ」と主張された場合

　著作物をコンビニエンスストアなどに設置されている複製機器を使用して丸ごと複製することは，著作権法上は可能になっています。すなわち，著作権法第30条第1項では著作物を，私的使用の場合（個人的にまたは家庭内その他これに準ずる限られた範囲内において使用することを目的とする場合）には，2つの例外を除き，複製を認めています。その例外の一つが，「公衆の使用に供することを目的として設置されている自動複製機器を用いて複製する場合」ですので，本来であれば，コンビニエンスストアに設置された複製機器で複製することは許されません。しかし，著作権法附則第5条の2において，当分の間，この自動複製機器にはもっぱら文書または図画の複製に供するものを含まないとしていますので，上記の例外が例外でなくなっており，結果的に私的利用のための複製がコンビニエンスストアなどに設置されている複製機器では可能となるのです。

　このような法状況になっている理由は，著作権法の原則どおりに法を適用したとしても，これを遵守させる具体的で効果的な手段が見つからず，違法を捕捉できないことが明らかなので，むしろ当分の間（有効な取締りが可能になるまで）法の適用を停止した方が公平の観点から適当であるという判断があったからと思われます。

しかし，図書館における図書館資料の複製が認められるのは，利用者の求めに応じて行う限定的な場合であって，法的には図書館が主体的に行うことを想定しています。したがって，利用者が図書館資料を借り出した後に，その責任と判断において行う複製行為については，同法第31条第1項第1号の規定が及ぶものではありません。図書館資料を対象として図書館が行う複製行為について許容されるのは同法第31条第1項の場合だけであって，図書館の利用者が借り出した図書館資料について私的利用のために複製をするかどうかについてまで，図書館が関与するものではありません。著作権法は，そのような場合には，図書館資料を借り出した利用者の主体的な判断に委ねていると考えられます。したがって，実態として館外貸出された図書館資料がコンビニエンスストアにおいて丸ごと複製されているとしても，図書館において同様の対応をとらなければならない理由はありません。

　図書館としては，著作権法第31条第1項第1号の趣旨，すなわち，同号は，公共の利益の観点から図書館による一定の範囲での著作物の複製が著作権の侵害にあたらないことを認めているにすぎないという趣旨を踏まえ，著作権法の運用を行うべきものと考えます。したがって，借り出した図書館資料を複製するかどうかは利用者の判断に委ねるというのが，著作権法附則第5条の2の法意であると考えるべきです。

　一方，図書館で行う複製の主体は図書館そのものであって，著作権法の許容する範囲で図書館に認められた権能の範囲で行うものです。ですから，図書館は利用者に単に複製の場所を提供するのではなく，この点で図書館における複製行為とコンビニエンスストアにおける複製行為とは法的な意味合い

を異にするものです。コンビニエンスストアでできるのだから図書館でもできるはずだという主張は，根拠がないものなのです。

　そこで設例のような主張がされたときには，「図書館における複製行為は，利用者の申し出により，図書館の支配下において図書館が行うという法的な位置づけであり，コンビニエンスストアで行う複製行為とは法的な意味が異なる。コンビニエンスストアで行う複製については，私的利用のためであれば事実上全部複製が可能であるが，それは図書館のあずかり知らないことであり，図書館で行わないことが法的な前提となっている」と説明して理解を求めるべきです。

(6)　デジタルカメラで図書館資料を複製している者に対する措置

　図書館において，図書館利用者は自由にデジタルカメラやスマートフォン（以下，「デジタル機器」）で撮影することができるか，については，筆者は否定的です。図書館資料のこれらデジタル機器による撮影は，図書館資料の複製にほかならず，そして図書館における複製は著作権法第31条第1項第1号に規定する要件に該当する場合にのみ認められるというのが著作権法の趣旨と考えるからです。

　周知のとおり，図書館資料の複製は，著作権法第31条第1項第1号に規定する場合であって，しかも，図書館司書の立会いの下に認められうるものです。図書館以外の施設でも，当該施設が収蔵する資料を複製することはできるのですが，その施設は著作権法施行令第1条の3に限定列挙されています。このことは，法令で定める施設以外では複製は認めない

という趣旨にほかなりません。しかも，著作権法施行令は，複製を認める施設には「図書館法第4条第1項の司書又はこれに相当する職員として文部科学省令で定める職員が置かれているものとする」と規定されています。これは要するに，資料の複製は限定的な施設において，司書またはこれに相当する職員の管理下においてのみ認めているということです。そうすると，図書館における図書館資料の複製は，著作権法および著作権法施行令の趣旨を踏まえれば，図書館内で何の制約も受けずに自由に行えると解することは困難でしょう。

　加えて，著作権法第31条第1項第1号は，図書館利用者に対して図書館資料複製請求権を付与したものではなく，図書館が住民の求めに応じて複製物提供義務を負うことを定めたものではないとの判例3)もあり，図書館利用者がほしいままに図書館において図書館資料の複製を行うことには法的根拠はないというべきです。

　図書館が図書館資料の複製を行うことは，上述のとおり，著作権法に基づき認められたものですが，これは著作権法第31条第1項に従い複製を行う限り，図書館は合法的に，著作権法に違反することなく，複製を行うことができます。図書館における複製は，図書館法第3条に規定する図書館奉仕ではなく，図書館の義務ではないのであって，実務上，図書館利用者の便宜を図るために，図書館利用者からの複製申込みに対して，図書館の提示した条件＝著作権法第31条第1項に定める要件等に従うものであれば複製物を提供するという，図書館の許諾によって成立する一種の民事契約に基づくものであると考えます。

　したがって，例えば，複製申込者が複製の価額を下げろと

か複数部複製させよとかの無理難題をいうのであれば，図書館は複製を拒否しても何の問題もありません。

　ところで，文化庁著作権課や著作権情報センターの見解では，図書館におけるデジタル機器による図書館資料の撮影は，著作権第30条第1項の「私的使用」の範囲にとどまる限り可能であるが，図書館の施設管理上の問題として禁止することはできるとしています。この見解は妥当なのでしょうか。筆者は否定的です。その理由は以下のとおりです。

① 著作権法上，図書館における複製に言及しているのは第31条第1項のみです。これは，図書館における図書館資料の複製は，司書のコントロール下でのみ，著作権法第31条第1項の規定する要件に該当する場合のみ認めるというのが法の趣旨ではないでしょうか。

② 私的使用であれば，図書館におけるデジタル機器による複製も可能とする場合，第31条第1項による複製は，従来の複製機器を用いた場合のみに限定することとなりますが，そうした趣旨を同項に認める根拠はありません。しかも，図書館においてデジタル機器による私的使用として複製を無制限に認めるならば，著作権法第31条第1項は不要となるはずです。図書館でデジタル機器による撮影を自由に行うことができるならば，館内での複製は事実上放任されることになります。著作権法第31条第1項の制度趣旨は，没却されることにならないのでしょうか[4]。

③ 文部科学省等の解釈によれば，図書館ではより厳格な要件により図書館資料の複製を定めていることになります。そのように解釈しなければならない理由とは何でしょうか。こう解釈するのであれば，私的使用ならば図書館でも一般

的に自由に複製が許され，研究用であれば司書のコントロール下で厳格に複製が行われるということになります[5]が，その理由が不明です。きわめてバランスの悪い解釈になりませんか。

④　文部科学省等の見解によれば，管理上の支障があれば図書館資料のデジタル機器による複製も禁止されるとのことですが，具体的な管理上の支障を例示しておりません。当該支障の具体例を著作権法と図書館法の所管部局である文部科学省は具体的に示す責任があると考えます。

図書館が施設管理上の支障を理由にデジタル機器による図書館資料の複製を拒否した場合において，当該複製希望者からその理由の開示を求められた場合には，図書館としては，説明を拒否することはできないでしょう。仮に具体的な施設管理上の理由を示すことができなければ，著作権法第30条第1項の私的使用を断れないこととなり，図書館における複製に係る秩序の維持が困難となります。

施設管理上の支障については，一般的例示が困難であれば，個別判断が求められることとなりますが，具体的にどのような支障が認められるのでしょうか。例えば，シャッター音がうるさいという場合には，複製希望者から別室を用意してといわれる可能性があります。また，デジタル機器で撮影する場合には，ライトを照射する[6]わけでもなく，単に撮影するだけならば，図書館資料が損傷する可能性もほとんどないでしょうから，これを理由とすることは困難です。そうすると，図書館としては，施設管理上の支障の説明に窮することになりそうです。

注

1)　ここでいう図書館としては，典型的には図書館法上の図書館を想定しているが，図書館法上の図書館ではない図書館では著作権法第31条第1項の複製サービスが提供できないのかが問題となりうる。

　結論から先にいえば，図書館法上の図書館ではない図書館においても，著作権法第31条第1項の複製サービスは提供できるものと考える。

　著作権法第31条第1項は，図書館その他の施設における図書館資料の複製サービスを一定の範囲で許容する規定である。同条は対象施設を「図書，記録その他の資料を公衆の利用に供することを目的とする図書館その他の施設で政令で定めるもの」と規定しており，これを受けて著作権法施行令第1条の3は政令で定める施設を「次に掲げる施設で，図書館法第4条第1項の司書又はこれに相当する職員として文部科学省令で定める職員が置かれているもの」と規定し，その第1号において「図書館法第2条第1項の図書館」を掲げているほか，第4号において「図書，記録その他著作物の原作品又は複製物を収集し，整理し，保存して一般公衆の利用に供する業務を主として行う施設で法令の規定によつて設置されたもの」を掲げている。

　図書館法上の図書館ではない図書館でも，地方自治法第244条第1項に規定する公の施設として条例で設置され，その業務が図書館法第3条に規定する図書館サービスを提供するものであれば，著作権法施行令第1条の3第1項第4号に規定する施設に該当すると理解されることから，著作権法第31条第1項に規定する図書館その他の施設に該当するものと判断される。ただし，この場合には，図書館法施行令第1条の3の規定するところにより，当該「図書館」に司書またはこれに相当する職員が配置されていることが必要である。

2)　いわゆる多摩市立図書館第2事件において東京地方裁判所は「著作権法31条1号は図書館に対し複製物提供業務を行うことを義務付けたり，蔵書の複製権を与えたり，図書館利用者に図書館の蔵書の複製権あるいは一部の複製をする権利を定めた規定と解することはできない」旨判示している（平成7年4月28日判決）。

3)　上記2)に示した判例がこれに該当する。多摩市立図書館複写拒否事件・東京地裁判平成7年4月28日（『知的裁集』27巻2号，p.269），東京高裁判平成7年11月8日（『知的裁集』27巻4号，p.778），最判平成

9 年 1 月 23 日（判例体系 D-ROM）

4) 図書館においてデジタル機器による複製が私的使用として認められるならば，事実上著作権法第 31 条第 1 項はその存在理由が失われることとなろうから，削除すべきではないだろうか。

5) 著作権法第 31 条第 1 項は図書館における複製目的を「研究用」としているが，図書館における実務では，この要件は検証不能であり，複製は事実上の自己申告制となっている。

すなわち，図書館における複製は「私的利用」としても事実上行われていると解すべきであり，その意味でも著作権法第 30 条第 1 項は，同法第 31 条第 1 項の運用に包摂されてしまっているというべきである。

6) 図書館が保有する郷土資料その他の貴重な資料の場合には，一般的に撮影等による複製は許可制にしているようである。これは，撮影に伴うライトの照射その他の取扱いが適正を欠いた場合には，図書館資料を傷めてしまうおそれがあるからで，当該場合の許可制は合理的な理由が認められる。

Q11　減価償却を理由に図書館資料の弁償に応じない者への対処法を教えてください

　図書館資料の汚損・破損・紛失に伴う賠償は，本来，次の図書館利用者の利用権を保障する観点から行われるべきであり，単に損害の回復（失われた財産的価値の回復）という目的だけで行われるものではありません。したがって，既に述べたところですが，図書館資料の汚損・破損・紛失等があった場合，金銭的賠償は最後の手段であり，原則的には，代替物の返還を求めるべきものと考えます。

　しかも，これらの図書館資料は，除籍基準に従って適正な手続きにより除籍処分とされるまでは，図書館資料であることに変わりはありません。それゆえ，例えば，図書館利用者が，当該図書館資料について「古くなったので，既に町の本屋さんでは販売していない」，「もうすぐ廃棄処分にされるものなのだから，賠償は不要ではないか」，「仮に賠償するとしても，古い資料なので，減価償却され，取得時の価格で賠償せよとは納得できない」などと主張しても，図書館としては，たとえ古くても図書館資料である限り，次の利用者の利用に供されるという前提で，賠償に臨むべきと考えます。

　「町の本屋では入手できない」という主張に対しては，最近のインターネットを通じた古本市場で比較的容易に入手できる可能性があります。また，廃棄されるまでは図書館資料であり，しかも廃棄するかしないかは利用者に判断によるのではなく，あくまでも図書館長の裁量によるものであって，しかも減価償却の主張に至っては，問題外というべきです。

なぜなら，減価償却という概念は，企業会計の概念であり，固定資産等の価格が高い資産の再取得に備えて積み立てるための会計上の操作であって，公会計では採用していません[1]。要するに，減価償却とは財産的価値のある物品について，所得時の費用を将来にわたって配分し，投下した資本を回収するという役割を持ったものですから，図書館資料に適用するのは妥当でないことになります。

ただし，古くなった図書館資料が古本市場において骨董的価値で取引されており，合理的な価格での入手が困難となった場合には[2]，除籍処分するほかはないと思われます。この場合においては，資料的に貴重なものであるがゆえに，紛失したと偽って自己のものとしてしまうという一種のモラルハザードを招来する可能性なしとしませんので，慎重な対応が求められるでしょう。

注
1)　最近では，地方公共団体においても「新会計制度」を採用し，地方公共団体を経営の側面から見ようという動きがある。この新たな会計制度では，民間の企業会計の発生主義の考え方が導入され，自治体財政のストック情報やコスト情報を明らかにすることを目的とし，遊休資産を売却可能資産として時価評価することや，債権（貸付け金や未収金など）の回収不能見込み額を算定するなど，主に資産評価の面に改良が加えられている。この場合，重要な物品について減価償却が行われる場合があるが，この場合でも，例えば東京都では所得価格が100万円以上のものが対象となる。
2)　筆者が学生時代に，某民法学者の著書が絶版となり，古本市場で数百円の出版時の価格が数万円で取引されているという実例があった。

Q12 集会室の利用を特定の団体が独占し，その他の団体の利用を制限できますか?

(1) 集会室が公の施設として設置された場合

　まず，集会室の法的性格を考えます。図書館に設置された集会室が公の施設の一部と位置づけられている場合と，図書館の会議室を事実上集会室として開放している場合があるからです。

　前者の場合ですが，図書館に付置された公の施設としての集会室であるとすれば，原則として特定の団体が独占的に使用することは許されません。そもそも，地方自治法第244条第2項および第3項の規定により，住民が公の施設を利用しようとする際に正当な理由がない限りこれを拒否できませんし，差別的な取扱いも禁止されています。特定の団体に独占的に使用させることが他の住民の利用を拒否する正当な理由になるはずがありませんし，特定の団体のみに公の施設を利用させることは，他の住民にとっては差別的な取り扱いそのものです。

　そして，何よりも，同法第244条の2第2項において，条例で定める重要な公の施設について長期かつ独占的な利用をさせる場合には議会の特別議決（出席議員の3分の2以上の同意が必要）とされていることからも明らかなように，本来，公の施設はすべての住民に公平に使用させることをその本質的目的とするものですから，こうした手続を経ることなく特定の団体が長期独占的な使用をすることはありえません。

(2) 集会施設が行政財産として管理されている場合

　次に，集会室が図書館職員用の会議室であって，それが使用されていない場合に，申請により図書館利用者に開放するという取扱いになっている場合には，その使用関係は行政財産の目的外使用許可という手続をとることとなります。その法的根拠は，地方自治法第238条の4第2項であり，その許可は行政処分として行われるものであって，当該行政財産の本来的用途または目的を妨げない範囲で認められるものです。したがって，そのような行政財産としての会議室を特定の団体が長期独占的に使用を認めることは，制度的にありえない話です。

　事実上長期独占的に使用が認められている場合とは，例えば，庁舎の一部を当該地方公共団体の指定金融機関が支店や出張所として利用する場合がありえますが，これは税金その他の納付金を納付する場合などの住民の便宜をも考えての措置です。また，職員の福利厚生のために職員用の食堂として生活協同組合等に使用を認める場合などが考えられますが，こうした特段の理由がなければ，行政財産の目的外使用許可を事実上長期にわたって認めることはありません。したがって，図書館の会議室を住民の集会室として活用することがあっても，一時的な措置であり，行政財産の目的外使用許可制度を活用して特定の団体に会議室を長期にわたって独占的に使用をさせることはありえません。

　集会室が公の施設であっても行政財産としての管理をしているものであっても，上記のとおりであり，特定の団体が長期に独占的使用が認められることはきわめて困難というべきです。

Q13 図書館に監視カメラを設置して問題はないでしょうか?

　図書館に監視カメラを設置することを抑制ないし禁止する法的根拠はありません。したがって，施設管理権の範疇に属することとして，公の施設に監視カメラを設置すること自体を一般的に禁止することはできないでしょう[1]。

　しかし，「図書館の自由に関する宣言」において「図書館は利用者の秘密を守る」として，図書館利用者のプライバシーの保護を重要な価値としている以上，図書館については他の公共施設とは異なる配慮が求められると考えます。

　監視カメラが犯罪捜査に有効なツールであることは疑いがありません。犯罪等が行われた場合，その周辺に設置されている監視カメラの映像をチェックすることは，いわば犯罪捜査のイロハでしょう。また，現実に監視カメラの映像の解析を通じて被疑者が逮捕されることもしばしばあります。一方で，「監視カメラ」という表現は，警察国家や監視社会を連想させるため，あまりよいイメージを持たれないのかもしれません。

　カメラそのものに犯罪抑止機能が備わっているわけではなく，「監視カメラ」の設置によって犯罪捜査が円滑に進み，被疑者逮捕がより容易になった結果，監視カメラが設置されていれば犯罪を実行しようとする意欲がそがれる，犯罪を行っても容易に逮捕されることとなれば，犯罪を実行しようとする意思が抑制されるという説明になるものと思われます。むしろ，「監視カメラ」の機能の第一は住民の監視機能であって，

監視されている中では犯罪は行われない（犯罪抑止効果が期待される）[2]。また、犯罪が行われたときには監視カメラの映像の解析によって被疑者の逮捕につながるという点でしょう。

　さて、監視カメラの上記の機能に照らし、および「図書館の自由に関する宣言」の趣旨に照らし、図書館利用者から「図書館に監視カメラはふさわしくない」との苦情があった場合、どう対応するかということですが、建前上は「図書館における犯罪防止と施設管理上設置しているものである。利用者のプライバシーの保全については、最大限配慮している」と答えるべきでありましょう。

　しかし、図書館における犯罪防止や施設設備の適正な管理という視点からの監視カメラの設置は、より人権侵害の可能性の低い抑制的な措置を講じてもなお、犯罪行為や施設設備の適正な管理に支障のある行為が反復継続し、これを防止できない状況が存在し、これを放置することにより図書館の設置目的が効果的に達成できず、住民等による図書館の利用に支障が生じている場合に検討されるべきものかと考えます。

　図書館に監視カメラを設置する場合には、当該監視カメラの適正な管理のために、「監視カメラの設置及び運用に関する基準」を教育委員会規則として定めることが適当です。教育委員会規則とすることで、機関として責任をもって監視カメラの管理運用にあたるという責任を明確にできるからです。

　上記の基準として定めておくべき事項は、例えば、以下のとおりです。

① 　目的
② 　設置の場所および撮影範囲
③ 　管理責任者の指定（例えば、図書館長）

④　運用責任者の指定（例えば，庶務課長）

⑤　録画データの管理方法（保存期間の限定）

⑥　録画データの利用・提供制限（警察からの提出要求に対しては，令状の提示を求める等）

⑦　監視カメラの設置表示を行う旨

⑧　苦情処理の方法・手続き・体制

　実際に，監視カメラを運用する場合には，図書館内に監視カメラを設置した旨，および現に稼働していることを掲示するなどして利用者に告知しておくべきです。

注

1)　伝統的に，公共空間にはプライバシーは存在しないという議論もある。ローレンス・レッシグ著，山形浩生訳『CODE VERSION　2.0』翔泳社，2007，p.281

　なお，「プライバシーの現状と課題」（『知的資産創造』2008 年 4 月号）において，中村実氏は，公共空間におけるプライバシーも保護されるべきとの見地から論述している。

2)　監視カメラの設置によって特定の地域の犯罪発生件数が減少したという文献としては，政策研究大学院大学「まちづくりプログラム」の「防犯カメラの設置による窃盗犯罪の抑止効果について」（2017 年 2 月）がある。

あとがき

　私は以前，千葉県立図書館の職員を中心に他の公立図書館職員の方々も加わった勉強会「図書館の会」で，講師役を数回務めたことがありました。この会では，当時千葉県立中央図書館の司書であった方がコーディネーター役となって，図書館をめぐるさまざまな法的問題を法務担当職員の視点から回答し解説するという形で，いわばケーススタディを行ってきたものです。この司書さんは，この勉強会の関係資料を大切に保存されておられました。本書の淵源は，「図書館の会」のこのレジュメにあります。

　「図書館の会」の活動については，図書館職員の取組み例として，1994年6月の第2回公共図書館セミナーにおいて報告されましたので，「図書館の会」の存在は日本図書館協会でも了知されていたようです。そのことが縁となって，私は，図書館の関係者でもなく，図書館に関する研究者でもないにもかかわらず，日本図書館協会の研修会で話をする機会を与えていただいたり，同協会の刊行物に小論を掲載していただいたりするようになりました。一時期，千葉県教育委員会事務局に文書法規担当係長として籍を置いたことがありますが，地方公務員として多くの年数を知事の事務部局で過ごしてきた私の図書館とのかかわりは，こうしたことが契機となったものです。

　一方，2005年6月に㈱エルアイユーから，群馬県草津町教育委員会社会教育課主査（当時）の中沢孝之氏および私の同僚であった津森康之介氏との共著という形で，『図書館が危ない！　運営編』が出

版されたのですが，その内容は，「図書館の会」で議論したものと趣旨において重なるものでした。すなわち，図書館において発生するさまざまな法的問題に適切に対応するために，図書館職員も一定の法的知識を備え，理論武装する必要があるということです。ただ，『図書館が危ない！　運営編』の方が，より日常的な問題に視点を置き，個別具体性の高い問題を対象にしており，その刊行の意図として一種の危機管理的発想があったものと思われます。

　他方，「図書館の会」における議論は，実務的な問題もありましたが，図書館の法的位置づけや公立図書館としての制度論にかかわる論点もあり，したがって理念的な観点からも図書館に係る法的諸問題に議論が及んだものでした。

　その後に，日本図書館協会の出版委員会から，「図書館の会」の成果を中心にして，図書館に関する法的な諸問題に関する参考図書ができないものであろうかとの申出がありました。

　私としては，本編の中で多く引用させていただいた『図書館法を読む』や『図書館法と現代の図書館』など，図書館研究者や実務家の方々による図書館法に関する優れた文献があり，これらにさらに加えるべき内容があるかどうか疑問でしたので，「図書館の会」のコーディネーターであった司書さんに相談したところ，これまで勉強した結果をより広く共有すべきだし，そのことは『図書館が危ない！　運営編』が出版されたとしても変わらないのではないかとのご意見をいただきました。また，公立図書館の設置者が自治体であり，私が長く自治体法務の実務に携わっていたことで，研究者や図書館の実務家の方々とは異なる視点で書くことができるものがあるかもしれないと考え，無謀にも執筆を始めることとしました。

　その間，自治体職員としての本来業務が多忙となり，執筆は遅々として進まず，完成は予定よりも 2 年以上も遅れてしまったのは，

筆者の力不足以外の何者でもありません。その間何度か挫折しかかったのですが，断念することなくとりあえず脱稿したのは，ひとえにその時々に励ましてくれた「図書館の会」の司書さんのおかげです。加えて，司書さんには原稿の内容についてチェックをお願いし，数々の貴重な助言をいただきました。その助力がなければ，さまざまな誤解や勘違いがこの小稿のあちらこちらに見えたはずです。

　この小稿を明らかにするに当たっては，さまざまな文献を参照させていただき，その過程で多くのことを学ばせていただきました。また，所要の箇所を引用させていただきましたが，その内容に誤解があれば，まったく私自身の浅学非才のなせる業であり，ひらにご容赦を願う次第です。また，文中の意見にわたる部分は，すべて私の個人的な見解であることをお断りしたいと思います。

　本書ができるまで辛抱強く見守っていただいた日本図書館協会出版委員会には，完成予定を大幅に徒過しまったことにお詫びのしようもありません。また，日本図書館協会事務局長の松岡要さんには，図書館の専門家のお立場から，有益な示唆や助言のほか，本書に盛り込むべき事項と明確にすべき論点についてのご意見をいただきました。その結果，本書は執筆を開始した当初よりも一層今日的な内容を備えることができたのではないかと考えています。

　本書が誕生するまでは，多くの方々の支援があったことを感謝の念とともに記して，あとがきに代えたいと思います。

2009 年 9 月

鑓水　三千男

改訂版へのあとがき

　ようやく改訂原稿を書き上げ，ほっとしています。そもそもこうした本を書き始めたことは，一介の地方自治体職員としての職務領域を越えたものであり，しかも図書館の研究者でもなく図書館職員でない者が，図書館と法を論ずるというなんとも無謀な作業を始めてしまったものだという思いを今でも払拭できないでいます。

　そして，まだまだ改訂に際して触れるべき問題点が多々あるのでしょうが，そこまで到達できなかったのは，ひとえに筆者の能力不足によるものであり，浅学菲才であることを自覚しないわけにはいきません。

　今回の改訂においては，従前の拙著では不十分と思える部分が散見されましたので多少補充したこと，特に指定管理者に関する法的な疑義に関する部分を補足したこと，PFI事業と図書館整備について私見を加えたこと，図書館資料滞納者に対する過料や督促手数料に関する事項を加えたこと，図書館におけるデジタル機器による図書館資料の複製に関して自説を加えたこと，さらに後半のQ&Aに若干追加し削除したことなどが特徴として挙げられますが，いずれにしても私見・愚見であって，反論・批判が十分予想されるところです。

　ところで，指定管理者制度の導入の可否については，最終的には自治体の政策判断ではありますが，各議会でいろいろ質問があり，その制度の導入については慎重な検討が求められているにもかかわらず，法的な視点からの議論があまりされていないと見えることは驚くべきことです。それだけ現実には，自治体においては公の施設に係る経費削減の要請が強く，地域における図書館の理念的役割が軽視されているのかもしれません。

地方議員の多くが首長提案の議案に対して，十分な検討もなく，「地域の賑わいが創設されるならばいいや」とか，「費用の削減につながるならばよしとしよう」とか，「開館時間が延長されるならば，市民の利便性が向上するのだから，文句はないだろう」とか，さらには「著名なカフェが併設され，図書館が市民の憩いの場になるのであればけっこうではないか」といった，図書館の本質とは無縁なところでの議論に終始するのであれば，あまりに皮相的というべきです。

　安易な指定管理者制度の導入は図書館の重要な機能の衰退につながりかねないのであって，そのことのしわ寄せはいずれ住民自身に及ぶのではないかと懸念されます。

　したがって，地方議会議員諸氏には，首長の経費削減の一環としての指定管理者制度の導入に対して単に了とするだけではなく，そもそも論から議論して，法的視点からの検討を加え，指定管理者制度の対象とすべきでない公の施設の存在を主張してほしいと考えます。

　筆者は，市場経済に委ねることができない，委ねてはならない公の施設もあると思っています。もともと「公」とは営利事業になじまない分野を行政が責任をもって担当し，住民福祉に寄与するという役割を有するものではないでしょうか。もっとも，義務教育諸学校の経営にすら特区を利用して株式会社が進出する世の中ですから，「図書館を株式会社が営利目的で経営するのに何の問題があるのだ，開館時間が延びればそれでいいじゃないか」との声も聞こえてきそうではありますが。

　筆者の愚見に対しては，図書館の現実と地方自治の現状を知らない者のたわごとにすぎないとの声もあるでしょう。そうしたご意見に対しては，ごもっともと甘受するほかありません。いろいろご批判はあろうと思いますが，すでに定年退職した身でもあり，思うと

ころを開陳させていただきました。今後，筆者が疑問とするところを解消する議論が十二分に展開されることを心から期待します。

　なお，紙幅の都合上，初版で触れた部分も何か所か削除させていただきました。ご寛恕をいただきたいと存じます。

　もともと，この本の執筆自体筆者の能力を越えたものであるところ，改訂に際しても，日本図書館協会の関係者の方々から多大なご支援とご鞭撻をいただき，何とかゴールにたどり着きました。また，筆者と同期の元千葉県立西部図書館長の励ましも，改訂のための推進力となりました。末尾になりますが，ここに記して，私の背中を押してくれた皆様に感謝とお礼を申し上げます。

　2018 年 7 月　　　　　　　　　　　　　　　　　　　鑓水　三千男

改訂版増補へのあとがき

　教育はいわば社会的共通資本として，政治的に行動する長部局よりは政治的に中立であることが求められる教育委員会の所管とするのが，日本国憲法の定める地方制度（執行機関多元主義）の趣旨であると考えます。社会教育施設を長部局に移管させるという動きは，教育委員会の権限を削減し，長部局への権力の集中を図るものであって，地方制度上大きな問題をはらんでおり，多数とはいえないまでも長部局の所管する「図書館」が登場している現在，図書館関係者にとっても他人事とはいえないものであり，十分な関心を有してほしいと考えます。その思いを込めて，第 12 章を増補しました。教育関係者や市民による多様にして活発な議論を期待します。

　2021 年 3 月　　　　　　　　　　　　　　　　　　　鑓水　三千男

事項索引

*本文中の事項を五十音順に配列しました。
*末尾に条文索引を付しました。

【あ行】

新しい人権……………………………… 13
新しい歴史教科書をつくる会……… 19
一般社団法人及び一般財団法人
　に関する法律……………… 2,23,88
一般法……………………………… 24
威力業務妨害罪……………… 251,274
いわて県民情報交流センター
　……………………………… 144,150
岩手県立図書館 …94,97,121,144,150
インターネット…………… 120,206,331
「宴の後」事件……………………… 212
浦安市立図書館……………………… 204
閲覧料……………………………… 200,202
延滞………………68,69,253,271,289
延滞料……………………………… 68
横領罪……………………59,68,251,289
大阪市都市公園ホームレス居住
　事件……………………………… 272
大阪府教育委員会………………… 154
大阪府立図書館…… 137,154,301,302
公の施設……… 14-16,23-25,28,38,42,
　45,49-52,55-57,71,72,76,78-84,86,
90,92,95,100-102,104-106,109-114,
117-112,124,126,128,129,131,132,
138,140,146,148-151,156-158,163,
186,201,257-261,268,270-273,277,
278,280-283,285,288,289,291,294,
296,305,308,309,315,316,329,333-
335,341,342
公の場………………………… 193,196,309
汚損…………… 125,197,198,261,263,
264,266,267,284,331

【か行】

外部データベース…… 199,200,203,204
学習権……………………10,58,109,308
学生・生徒………………………… 275,276
学問の自由………………………… 5,6,270
家庭教育…………………………… 35,36,105
監護教育権………………………… 76
監視カメラ………314,316,317,335-337
監視用カメラ撤去等請求事件……… 317
官製ワーキングプア……………… 117,137
館長の司書資格…………………… 38
管理委託……………………………49,80

管理委託制度 ……………………79-81,148
危機管理 ……………39,79,138,254,286,
314,319,339
記者の目 …………………………… 130
規則制定権 …………………… 25,27,32,300
北九州市立図書館 ………………… 130
寄託契約 ………………………… 315
貴重資料 ………………………… 124
器物損壊 ……… 251,263,266,267,284
義務履行確保 ………………………70
教育委員会規則 ………15,26-28,32,52,
56,61-64,99,257,336
教育委員会の職務権限 …………24,52
教育を受ける権利 ………………10-12
行政財産 ………………… 145,201,334
行政事件訴訟法 ………………… 258
行政事務代行型指定法人 ………… 128
行政対象暴力 ………………… 275
行政不服審査法 ………………67,258
競争の導入による公共サービスの
改革に関する法律 …………… 133
協定書 ………………117,119,124-126
業務委託 ……… 78,79,82,136,139-141,
147,162
業務委託契約 …………………78,80,89
協力事業 ………………………… 121
金銭賠償 …………………… 264,265
熊取町 ………………… 301,306,307
桑名市 ……… 158,159,162,163,165-167
刑事告訴 …………60,68,73,74,75,77
携帯電話 ………………… 253,276,277

権力関係 ………………………… 258
公益法人 ………………… 2,21,44-46,48
咬傷事故 ………………… 315,316
幸福追求権 ………… 12,13,20,109,281
公務執行妨害罪 …… 251,274,286,287
公立図書館 ………… 2,8,14,15,19,21,
22,24,27,37,38,44-51,56,68,76,81,
82,84-94,97,101-104,106-108,114,
115,119,120,132,137,140,142,143,
146-150,159,168-172,174,179,180,
183,104,185,189,192-196,199-203,
205,208,213,214,253,257,259,280,
291,301,302,304,307,308,317,339
高齢者 ………… 11,164,248,249,254
国際人権 A 規約 ………………… 13
個人情報 ……… 119,123,151,152,208,
209,212-218,220
個人情報保護条例 ……… 123,124,151,
152,208,209,213,214,218
子どもの権利条約 …………………76
コンビニエンスストア ………… 323-325

【さ行】
債務名義 …………………………70,77
裁量権 ………………………… 298,305
裁量行為 ………………………… 271
作為請求権 …………………5,194,195
参政権 …………………………5,8,9,109
塩見昇 ………… 4,19,48,184,197
自己情報コントロール権 …… 213,214,316
司書（補）…… 18,19,35-41,47-49,104,

105,112,113,137,139,140,146,154,
161,168-184,189,191,194-196,220,
325-329

市場化テスト……109,133-139,153,154

司書養成教育……………………39,184

思想信条の自由…………23,51,57,58,
188,196

執行機関…………23,51,57,58,188,196

執行機関多元主義…228-230,234,239

指定管理者（制度）………9,15,16,49,
57,75,78-80,82-91,93-102,104-133,
136,139,141-153,156-158,162,163,
173,341,342

自転車置き場……………………………314

下関市立図書館…………………………131

社会教育…………11,19,23,25,29,34,
37,41,42,52-58,89,95,97,103,105,
106,113,140,143,151,168,171,173,
174,176,186,205,338

社会教育委員…………………105,106

社会教育施設……11,19,28,36,38,49,
51,52,54,54-56,66,84,93,101,103,
106,112,113,121,131,132,144,281

社会教育主事……………………36,174

社会教育法の一部を改正する法律
…………………………35,131,174

社会権………………5,10,11,193

社会的共通資本……………234,235

集会室……115,149,199-202,204,205,
333,334

自由権………………………5,193

住所……50,214,218,259,262,268,269,
272,273

住民以外の利用…………………………14

住民監査請求………75,77,303,304,306

住民訴訟…………………195,196,306

受益者負担……115,199,200,295,297

主観訴訟…………………………196

受験勉強………………………275,276

取材請求権………………………211

守秘義務…………………122,123,208

生涯学習……6,35,40,44,46,52-55,84,
131,132,140,167,174,184,203,205

情報開示請求権…………………7,219

情報公開条例……………7,152,220

情報公開制度…………57,58,190,275

職員人件費抑制…………………135

除籍基準…………19,192,194,196,197,
301,302,331

私立図書館…………16,43,44-47,51,88

資料貸出券……72,73,259,260,262

資料収集方針……………………189

知る権利…………6,7,9,17-20,109,196,
210,216,281

審議会等………………………186,187

人権…………3-7,13,14,16,30,31,147,
193,250,280,281,283,308,317,336

親権………………………76,266

ストーカー……………………279

政策法務課………………………75,218

生存権………………………10-12

世界人権宣言……………………13

346

接着透明フィルム …………… 263,266

説明責任 ……… 106,108,189-191,210, 211,307

選書ツアー ……………………… 191

選定基準 ………………… 119,152

専門的職員 ………37,89,104,112,113, 136,142,143,169-175,178,182,183, 196,304

相互協力 ………119-121,205,294-297, 304,305

相互貸借 ………… 48,119,120,202,203, 293,297

捜査事項照会 ……… 123,124,207-210

損害賠償・賠償 …… 125,211,253,261, 263,314

損害賠償請求 ……… 125,211,261,263, 301,306

損害賠償責任 (賠償責任)
………………………………… 253,310

【た行】
退館命令 …………99,250,251,282,285

脱法行為 ……………………53,58,322

多摩市立図書館事件……………… 329

地方分権 (推進)………40,41,163,180

地方分権一括法 ………… 27,61,96,188

中央教育審議会 (分科会)…55,221-223,225,230,237,238,240-242,245

通勤・通学者 ………259,260,269-271

泥酔者 …………………… 263,284

電磁的記録 ………………48,114,124

東京都人事委員会 ………… 170,183

盗難事件 ……………………… 312

独占状態 …………………… 290

独占的使用 ……………… 291,334

督促………59,60,62,63,65-67,69,70,73, 74,153,197,252,271,288,289

督促手数料 ……………… 60,64-69,341

特別法 ………………… 22,24,50,102

図書館員の倫理綱領…………… 207

図書館運営特区 ……………… 90

図書館協議会 …… 97-99,105,143-145, 150,151,185-189,191,197

図書館職員 ………… 2,9,59,66,67,69, 77,89,116,130,132,133,138,139,146, 154,159-161,164,165,169,170, 172-174,176,177,182,187,189-192, 198,207,209-212,215,248-253,255, 262,274,275,278,279,286,288,294, 307,308,316,318-322,334,338,339

図書館資料 ……… 13,16-19,42,47,48, 59-78,88,106,114,119,124-127,132, 149,185-192,196,197,199-206,210, 214-217,250,251,253-261,263-267, 270,271,274-276,279,281,284,288-291,293,297-309,312,317,318,320-332,341

図書館資料選定委員会
………………………… 187,188,191

図書館資料選定基準………… 189-191, 197,298

図書館資料の移動費用 ……… 202,204

図書館設置条例
　……………27,28,32,60,140,141,151
図書館長…………15,16,18,28,38-42,
　62,69,75,89,90-94,97-101,159,166,
　168,178,186-191,216,217,250,252,
　270,271,275,277,283,285,291,299,
　300,304,305,308,331,336
図書館同種施設………………………51,62
図書館の自由………………………20,198
図書館の自由に関する宣言
　………………………123,207,335,336
図書館の無料原則………115,116,199,
　202,203,297
図書館法改正……37,38,45,48,139,142
図書館法上の図書館……49-52,56,57,
　62,82,120,329
図書館法上の図書館でない図書館
　………………………………………329
図書館利用規則………27,28,60,61,69,
　71,73,250,251,257,259,261-265,267,
　270,271,285,289,290,291,294,295,
　300

【な行】
日本赤十字社…………2,21,34,43,51,88
日本図書館協会……4,19,37,48,56,57,
　76,84,134,146,149,153,154,179,184,
　197,220,286,338,339,340,343
入館料…………114,149,199-202,260
ネットワーク………………120,164,204
望ましい基準………43,44,46,47,85,95,

97,98,119,167,168,172,173,174,177,
178,183,297

【は行】
博多駅テレビフィルム提出命令事件
　………………………………………6,218
博物館……4,11,19,23,25,28,29,35,36,
　55,56,84,103,112,121,131,140,215
破損……125,197,198,263,264,266,331
犯罪機会………………………………313
PFI…………………………145,155-167,341
非常勤特別職公務員…………98,186
表現の自由………7,16-20,193-196,210,
　280,281,287,308
複製機器…………………………320-323
複製サービス……………………318-321
附属機関…………53,58,97,98,144,151,
　186-188,191,197
ブックポスト………………………………77
船橋市西図書館蔵書破棄事件
　…………………………8,16,20,191
プライバシー（権）……13,207-209,211,
　212,214,216,219,255,314,316,317,
　335-337
ペナルティ…………………………71,288
返却遅滞…………………………………69
弁護士………………………………70,150
包括業務委託………………………78,79
法情報…………………………180-182,184
報道取材の自由………………210,219
法の下の平等……………………………14

法務能力 ……………………… 182

補助執行（制度）…… 27,53,55,58,231-
233,245

ホームレス …………… 18,253,262,272,
279,284,287

【ま行】

丸投げ委託…………………………79

民営化 ……………… 131,134,145

民事契約 ………………… 205,319,326

民事訴訟………60,68,70,74,75,77,259

名称独占 ………………………50,178

迷惑利用者 ………………… 274,286

文部科学省 ……… 2,23,37,43,44,45,47,
81,82,84-86,90,91,93,95,100,104,
106-108,110,136,140,142,147,148,
163,167,171,172,179,184,326-328,

329

【や行】

山口県山口図書館図書隠匿事件
……………………………………8,19

山中湖情報創造館 …………………… 57

余暇享受権 ………………………13,14

【ら行】

リクエスト ………… 190,191,293-295,298,
299,301

立法事実 ………………… 223,238,242

利用料金制度 ……… 81,110,114,115,
127,146,149

レファレンス ……………9,35,38,87,132,
137,139,141,153,154,180-182,215

条文索引

【教育基本法】…………… 2,4,18,28,29,
35,103

　　　前文（改正前）…………………3

　　　前文（改正後）………………… 18

　　　第 7 条（改正前）………………4

　　　第 12 条（改正後）…………… 19

【刑事訴訟法】………………………… 209

　　　第 197 条……………… 123,152

【刑法】…………………………59,251

　　　第 36 条……………………… 275

　　　第 95 条……………………… 274

　　　第 130 条………………… 250,284

　　　第 204 条……………………… 251

第 208 条 …………………… 251
第 222 条 ……………… 251,274
第 223 条 …………………… 251
第 230 条 …………………… 251
第 231 条 …………………… 251
第 233 条 ………… 251,294,299
第 234 条 ……………… 251,274
第 235 条 …………………… 250
第 246 条 …………………… 250

【憲法】………2-6,10,12-21,72,109,208,
210,212,218,273,280,283,308,309
第 12 条………………………… 72
第 14 条…………………14,15
第 19 条………………………… 17
第 21 条………7,16,17,210,219
第 25 条…………………10,12,20
第 26 条………………………… 10
第 35 条………………… 123,208
第 92 条………………………… 22

【国家賠償法】……… 128-130,192,193,
211,301,307,308
第 1 条 …………………… 129
第 2 条 …… 129,310,311,314,315

【社会教育法】…………2,28,32,35,36,
103,112,131,174
第 9 条 ………………………2,28
第 9 条の 4…………………… 36
第 15 条………………………… 105

第 32 条……………………… 36
第 32 条の 2………………… 36

【障害を理由とする差別の解消の
推進に関する法律】…………29,30
第 7 条………………… 31

【地方教育行政の組織及び運営に
関する法律】…… 22-25,27,32,53,55,
57,58,91,93-95,145
第 14 条……………………… 32
第 21 条……………………… 52
第 29 条………………… 26,75
第 30 条……………………… 103
第 33 条………… 25,27,60,64,300
第 34 条……………89,94,143

【地方公務員法】………… 22,123,124,
183,212
第 34 条……… 123,152,208,220

【地方自治法】………… 2,15,20,22-24,
45,49,50,51,56,58,61,72,79-82,84,
86-88,92,101,102,106,107,110,113,
118,129,136,140,141,144,151,197,
204,257,259,260,269,273,282,283,
285,296,303,305,308,309
第 10 条………………… 252,268
第 13 条……………… 268
第 14 条…………………60,63,300
第 15 条………………………64

第 96 条······················68,76,125

第 138 条の 4 ······32,144,186,187

第 149 条···························26

第 180 条の 2 ····················27

第 180 条の 7 ············53,55,57

第 225 条·························114

第 227 条···························65

第 236 条···························76

第 238 条の 4 ··················334

第 242 条の 2 ··················195

第 244 条····14,15,51,57,118,121,
122,333

第 244 条の 2 ······25,80,111,142,
146,149,268,270,271,329

第 244 条の 4 ···············99,291

【著作権法】·············47,319,321-330

第 30 条··············323,328,330

第 31 条············47,48,318,321,
324-327,329,330

附則第 5 条の 2············323,324

【著作権法施行令】

第 1 条の 3·············47,325,329

【図書館法】·······2,19,21-24,29,35,38,
40,41,47-52,56,59,60-62,65,72,76,
82,84,85,88-95,97-99,101,102,105-
108,111,112,115,119,120,131,136,
139,140,142,144,147-152,159,162,
163,169,171-174,178,183,184,186-
188,190,197,200-205,260,268,296,
302-304,306,308,318,319,339

第 1 条·····················303,304

第 2 条·········2,12,21,34,88,109,
112,275

第 3 条····9,13,34,36,43,48,87,88,
114,115,119-121,124,126,173,
200,201,203,205,260,293,296,
306,318,326,329

第 4 条···············170,326,329

第 5 条·····························36

第 7 条の 3···············36,44,45

第 7 条の 4···············36,44,45

第 9 条·····························19

第 10 条···························27

第 13 条·······37,38,69,89-92,170,
186,299

第 14 条·····················97,150

第 15 条·················97,185,188

第 17 条·····114,116,199,200,205,
206,260

第 25 条···························43

第 26 条························44-46

第 29 条···························51

【博物館法】··················23,35,58,112

第 3 条·····························36

第 5 条·····························36

第 7 条·····························36

第 9 条·····························36

【民法】‥‥‥‥‥2,21,45,60,76,76,82,
141,148,257,260-262,264,291,316,
320,332
　　第1条‥‥‥‥‥‥‥‥‥72,294
　　第22条‥‥‥‥‥‥‥‥‥269
　　第34条‥‥‥‥‥‥‥‥2,21,48
　　第93条‥‥‥‥‥‥‥‥‥148

第417条‥‥‥‥‥‥‥‥‥‥265
第593条‥‥‥‥‥‥‥‥257,260
第657条‥‥‥‥‥‥‥‥‥‥315
第709条‥‥‥‥‥‥‥‥‥‥261
第714条‥‥‥‥‥‥‥‥‥‥266
第720条‥‥‥‥‥‥‥‥‥‥275
第820条‥‥‥‥‥‥‥‥‥‥76

352

●著者紹介

鑓水　三千男（やりみず　みちお）

1951 年　千葉県我孫子市に生まれる
1975 年　東北大学法学部卒業
1978 年　中央大学大学院法学研究科修士課程修了（民事法専攻）
1978 年　千葉県庁入庁
2003 年　千葉県総務部政策法務課政策法務室長
2007 年　千葉県農林水産部農地課長
2009 年　千葉県総合企画部参事
2011 年　千葉県労働委員会事務局次長
2012 年　千葉県庁退職
2012 年　株式会社千葉ニュータウンセンター取締役総務部長
2015 年　公益財団法人千葉県消防協会常務理事兼事務局長
2017 年　千葉県市町村総合事務組合法務専門員
2020 年　千葉県市町村公平委員会苦情相談員

著書　『図書館があぶない！　運営篇』（共著）　エルアイユー　2005
　　　『政策法務の理論と実践』（共著）　第一法規
　　　『図書館と法　図書館の諸問題への法的アプローチ』（単著）
　　　　日本図書館協会　2009
　　　『総論・立法法務』（共著）　ぎょうせい　2013
　　　『図書館制度・経営論』（共著）　樹村房　2014
　　　『ケーススタディ　自治体政策法務』（共著）　ぎょうせい
　　　　2016
　　　『図書館政策セミナー「法的視点から見た図書館と指定管理
　　　　者制度の諸問題」講演録』（単著，JLA Booklet no.4）日本

図書館協会　2018

『図書館政策セミナー「公立図書館の所管問題を考える」講
演録』（共著，JLA Booklet no.7）日本図書館協会　2020

論文等

「地方自治法の一部改正と図書館設置条例」『現代の図書館』
38(4), p.276-283，2000.12（日本図書館協会）

「行政手続法の一部改正とパブリックコメント制度条例化の諸
問題」『自治研究』81(12), p.35-71，2005.12（第一法規）

「政策法務研修の現状と課題」『ジュリスト』1338, p.145-149,
2007.7.15（有斐閣）

「自治体法務と図書館における法情報の提供」『図書館雑誌』
102(4), p.218-220，2008.4（日本図書館協会）

「図書館はデジタルカメラによる複写希望にどう対応すべきか」
『カレントアウェアネス』312, p.8-12，2012.6.20（国立国会
図書館）

「地方自治体の実務担当者から見た条例制定権の可能性と課題
に関する一考察」『千葉大学法学論集』28(1・2), p.293-349,
2013.9

「指定管理者制度の一断面」『自治体政策法務の理論と課題別
実践－鈴木庸夫先生古稀記念』第一法規，2017

「法的視点から見た公立図書館への指定管理者制度導入の諸
問題」『図書館雑誌』112(6), p.388-390，2018.6（日本図書
館協会）

◆ JLA 図書館実践シリーズ　12

図書館と法
図書館の諸問題への法的アプローチ　改訂版増補

2009 年 10 月 10 日　　初版第 1 刷発行 ©
2018 年 8 月 30 日　　改訂版第 1 刷発行
2021 年 4 月 10 日　　改訂版増補第 1 刷発行
2022 年 1 月 30 日　　改訂版増補第 2 刷発行

定価：本体 2000 円（税別）

著　者：鑓水三千男
発行者：公益社団法人　日本図書館協会
　　　　〒104-0033　東京都中央区新川1-11-14
　　　　Tel 03-3523-0811（代）　Fax 03-3523-0841
デザイン：笠井亞子
印刷所：アベイズム㈱　　Printed in Japan
JLA202128　　ISBN978-4-8204-2100-9
本文の用紙は中性紙を使用しています。

JLA 図書館実践シリーズ　刊行にあたって

　日本図書館協会出版委員会が「図書館員選書」を企画して20年あまりが経過した。図書館学研究の入門と図書館現場での実践の手引きとして，図書館関係者の座右の書を目指して刊行されてきた。

　しかし，新世紀を迎え数年を経た現在，本格的な情報化社会の到来をはじめとして，大きく社会が変化するとともに，図書館に求められるサービスも新たな展開を必要としている。市民の求める新たな要求に対応していくために，従来の枠に納まらない新たな理論構築と，先進的な図書館の実践成果を踏まえた，利用者と図書館員のための出版物が待たれている。

　そこで，新シリーズとして，「JLA図書館実践シリーズ」をスタートさせることとなった。図書館の発展と変化する時代に即応しつつ，図書館をより一層市民のものとしていくためのシリーズ企画であり，図書館にかかわり意欲的に研究，実践を積み重ねている人々の力が出版事業に生かされることを望みたい。

　また，新世紀の図書館学への導入の書として，一般利用者の図書館利用に資する書として，図書館員の仕事の創意や疑問に答えうる書として，図書館にかかわる内外の人々に支持されていくことを切望するものである。

2004 年 7 月 20 日

日本図書館協会出版委員会

委員長　松島　茂

図書館員と図書館を知りたい人たちのための新シリーズ！
JLA 図書館実践シリーズ　既刊40冊，好評発売中

（価格は本体価格）

1. 実践型レファレンス・サービス入門 補訂2版
斎藤文男・藤村せつ子著／203p／1800円

2. 多文化サービス入門
日本図書館協会多文化サービス研究委員会編／198p／1800円

3. 図書館のための個人情報保護ガイドブック
藤倉恵一著／149p／1600円

4. 公共図書館サービス・運動の歴史 1 そのルーツから戦後にかけて
小川徹ほか著／266p／2100円

5. 公共図書館サービス・運動の歴史 2 戦後の出発から現代まで
小川徹ほか著／275p／2000円

6. 公共図書館員のための消費者健康情報提供ガイド
ケニヨン・カシーニ著／野添篤毅監訳／262p／2000円

7. インターネットで文献探索 2019年版
伊藤民雄著／203p／1800円

8. 図書館を育てた人々 イギリス篇
藤野幸雄・藤野寛之著／304p／2000円

9. 公共図書館の自己評価入門
神奈川県図書館協会図書館評価特別委員会編／152p／1600円

10. 図書館長の仕事 「本のある広場」をつくった図書館長の実践記
ちばおさむ著／172p／1900円

11. 手づくり紙芝居講座
ときわひろみ著／194p／1900円

12. 図書館と法 図書館の諸問題への法的アプローチ 改訂版増補
鑓水三千男著／354p／2000円

13. よい図書館施設をつくる
植松貞夫ほか著／125p／1800円

14. 情報リテラシー教育の実践 すべての図書館で利用教育を
日本図書館協会図書館利用教育委員会編／180p／1800円

15. 図書館の歩む道 ランガナタン博士の五法則に学ぶ
竹内悊解説／295p／2000円

16. 図書分類からながめる本の世界
近江哲史著／201p／1800円

17. 闘病記文庫入門 医療情報資源としての闘病記の提供方法
石井保志著／212p／1800円

18. 児童図書館サービス 1 運営・サービス論
日本図書館協会児童青少年委員会児童図書館サービス編集委員会編／310p／1900円

19. 児童図書館サービス 2 児童資料・資料組織論
日本図書館協会児童青少年委員会児童図書館サービス編集委員会編／322p／1900円

20. 「図書館学の五法則」をめぐる188の視点 『図書館の歩む道』読書会から
竹内悊編／160p／1700円

図書館員と図書館を知りたい人たちのための新シリーズ！
JLA図書館実践シリーズ 既刊40冊，好評発売中

21. **新着雑誌記事速報から始めてみよう** RSS・APIを活用した図書館サービス
    牧野雄二・川嶋斉著／161p／1600円

22. **図書館員のためのプログラミング講座**
    山本哲也著／160p／1600円

23. **RDA入門** 目録規則の新たな展開
    上田修一・蟹瀬智弘著／205p／1800円

24. **図書館史の書き方，学び方** 図書館の現在と明日を考えるために
    奥泉和久著／246p／1900円

25. **図書館多読への招待**
    酒井邦秀・西澤一編著／186p／1600円

26. **障害者サービスと著作権法** 第2版
    日本図書館協会障害者サービス委員会，著作権委員会編／151p／1600円

27. **図書館資料としてのマイクロフィルム入門**
    小島浩之編／180p／1700円

28. **法情報の調べ方入門** 法の森のみちしるべ 補訂版
    ロー・ライブラリアン研究会編／202p／1800円

29. **東松島市図書館 3.11からの復興** 東日本大震災と向き合う
    加藤孔敬著／270p／1800円

30. **「図書館のめざすもの」を語る**
    第101回全国図書館大会第14分科会運営委員編／151p／1500円

31. **学校図書館の教育力を活かす** 学校を変える可能性
    塩見昇著／178p／1600円

32. **NDCの手引き** 「日本十進分類法」新訂10版入門
    小林康隆編著，日本図書館協会分類委員会監修／207p／1600円

33. **サインはもっと自由につくる** 人と棚とをつなげるツール
    中川卓美著／177p／1600円

34. **〈本の世界〉の見せ方** 明定流コレクション形成論
    明定義人著／142p／1500円

35. **はじめての電子ジャーナル管理**
    保坂睦著／241p／1800円

36. **パッと見てピン！ 動作観察で利用者支援** 理学療法士による20の提案
    結城俊也著／183p／1700円

37. **図書館利用に障害のある人々へのサービス 上巻** 利用者・資料・サービス編 補訂版
    日本図書館協会障害者サービス委員会編／304p／1800円

38. **図書館利用に障害のある人々へのサービス 下巻** 先進事例・制度・法規編 補訂版
    日本図書館協会障害者サービス委員会編／320p／1800円

39. **図書館とゲーム** イベントから収集へ
    井上奈智・高倉暁大・日向良和著／170p／1600円

40. **図書館多読のすすめかた**
    西澤一・米澤久美子・粟野真紀子編著／198p／1700円

Japan Library Association